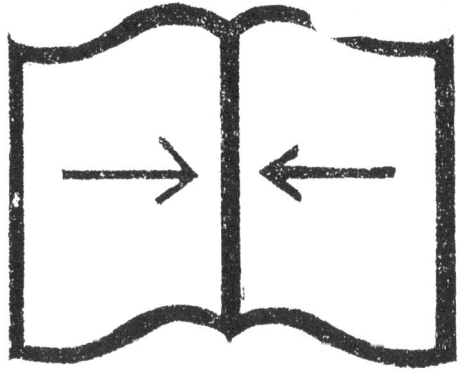

RELIURE SERREE
Absence de marges
intérieures

VALABLE POUR TOUT OU PARTIE
DU DOCUMENT REPRODUIT

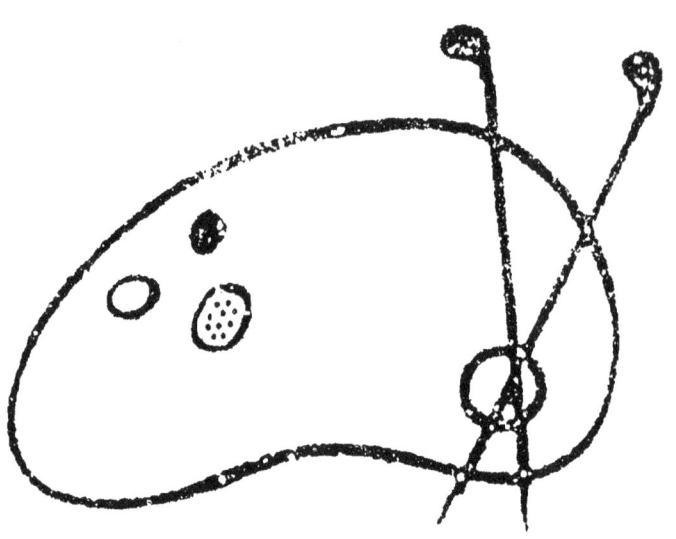

Début d'une série de documents en couleur

COLLECTION NOUVELLE A 2 FR. LE VOLUME

XAVIER DE MONTÉPIN

LA
TRAITE DES BLANCHES

AVEC GRAVURE

CONFESSION D'UN BOHÊME
VI

PARIS

A. DEGORCE-CADOT, ÉDITEUR

70 bis RUE BONAPARTE, 70 bis.

EXTRAIT DU CATALOGUE DE LA LIBRAIRIE DEGORCE-CADOT

COLLECTION DES ROMANS HONNÊTES
à 1 fr. 25 le volume.

MADAME V. ANCELOT
	Vol.
Un Nœud de rubans	1
Georgine	1

BERNARDIN DE ST-PIERRE
Paul et Virginie, suivi de la Chaumière indienne (avec gravures)	1

BERTHET (ÉLIE)
Le Capitaine Rémy	1
La Bête du Gévaudan	2
Les Mystères de la Famille	1
Le Garde-Chasse	1
Le Val d'Andorre	1
La Dernière Vendetta	1
Le Colporteur et la Croix de l'affût	1
Le Gentilhomme verrier	1
La Tour du Télégraphe	1
La Directrice des postes	1
Antonia	1
Le Juré assassin	1
Le Spectre de Châtillon	1

BILLAUDEL (ERNEST)
La Mare aux Oies	1
Un Mariage légendaire	1
Ma Tante Lys	1

CHATEAUBRIAND (DE)
Tous les volumes sont ornés de Gravures sur acier.
Atala et René	1
Les Natchez	2
Génie du Christianisme	2

DESLYS (CHARLES)
Le Mesnil-au-Bois	1
La Jarretière rose	1

GONDRECOURT (A. DE)
	Vol.
Mademoiselle de Cardonne	2
Le Légataire	1
Le Baron la Gazette	2
Un Ami diabolique	1
Le Rubicon	1

FOUDRAS (MARQUIS DE)
Lord Algernon	1
Jacques de Brancion	2
La Comtesse Alvinzi	1
Madame de Miremont	1

LANDELLE (DE LA)
Les Iles de Glaces	2
Une Haine à bord	1

LE TASSE
La Jérusalem délivrée	1

PERCEVAL (VICTOR)
Béatrix	1
Un Excentrique	1
La Plus laide des Sept	1

MADAME RATTAZZI
Si j'étais Reine	1
Le Rêve d'une Ambitieuse	1
Nice la Belle	1

ROBERT (ADRIEN)
Les Diables roses	1

THIERY (VICTOR)
La Dame au Pistolet	1

Cette Collection de Romans, à la fois **intéressants et honnêtes**, s'augmente mensuellement de deux ou trois volumes.

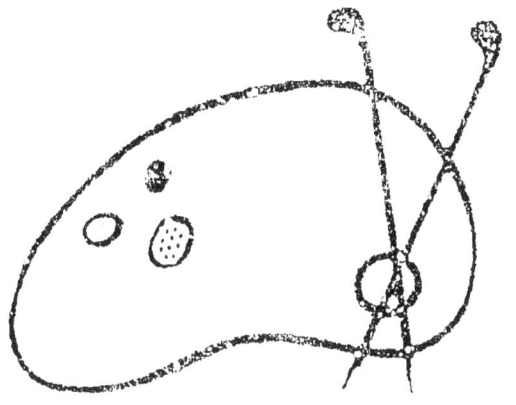

Fin d'une série de documents
en couleur

LA TRAITE
DES BLANCHES

OUVRAGES DU MÊME AUTEUR

Collection DEGORCE-CADOT, à 1 fr. 25 le vol.

Franco par la poste, 1 fr. 50.

	vol.
La Perle du Palais-Royal................	1
La Fille du maître d'école................	1
Le Compère Leroux................	1
Un Brelan de dames................	1
Les Valets de cœur................	1
Sœur Suzanne................	2
La Comtesse Marie................	2
L'Officier de fortune................	2
La Sirène................	1
Viveurs d'autrefois................	1
Les Amours d'un fou................	1
Pivoine................	1
Mignonne................	1
Geneviève Galliot................	1
Les Chevaliers du lansquenet................	4
Les Viveurs de Paris................	4
Les Viveurs de province................	3

Collection à 2 fr. le volume.

Par la poste, 2 fr. 25.

	vol.
Un Drame en famille, avec gravure................	1
La Duchesse de La Tour-du-Pic, avec gravure................	1
Mamzelle Mélie, avec gravure................	1
Un Amour de grande dame, avec gravure................	1
L'Agent de police, avec gravure................	1

Coulommiers. — Typogr. A. PONSOT et P. BRODARD.

ŒUVRES DE XAVIER DE MONTÉPIN

La Traite des Blanches

XAVIER DE MONTÉPIN

LA TRAITE
DES BLANCHES

CONFESSIONS D'UN BOHÊME

VI

PARIS

A. DEGORCE-CADOT, LIBRAIRE-ÉDITEUR

70 BIS, RUE BONAPARTE, 70 BIS

Tous droits expressément réservés.

AVIS DE L'ÉDITEUR.

La Traite des Blanches est la dernière partie de la dramatique et si émouvante odyssée d'un *Déclassé* de ce monde (LE VICOMTE RAPHAËL), que nous avons successivement publiée sous le titre général

CONFESSIONS D'UN BOHÊME :

I.	*Un Drame en famille*, avec gravure.............	1 vol.
II.	*La Duchesse de la Tour-du-Pic*...............	1 vol.
III.	*Mam'zelle Mélie*.......................	1 vol.
IV.	*Un Amour de grande dame*................	1 vol.
V.	*L'Agent de police*.....................	1 vol.

LA TRAITE DES BLANCHES

I

FAMILLE DÉCHUE.

Il existe dans le Marais un hôtel de proportions grandioses et d'apparence aristocratique qui porte encore aujourd'hui le nom d'*hôtel d'Artenay*.

Cette vaste et magnifique demeure, dont la spéculation moderne a morcelé les appartements pour faire des logis d'ouvriers, a été bâtie vers la fin du dix-septième siècle par le baron Hugues d'Artenay, président à mortier et chef d'une ancienne et riche famille que la noblesse de robe comptait avec orgueil parmi ses illustrations.

A l'époque où se passent les faits dont nous sommes l'historien, cette famille avait pour unique et dernier rejeton un jeune homme, Jules d'Artenay, réduit par une série d'événements désastreux à accepter la très-humble position de second clerc chez maître Digoine, avoué.

Le grand-père de Jules était mort sur l'échafaud pendant la Révolution, ne laissant à ses enfants qu'une fortune déjà ébréchée et compromise.

Son fils, homme faible et dissipateur, avait en quelques années dilapidé complétement les débris de l'héritage paternel.

Puis, se trouvant en face d'une ruine absolue, qui atteignait non-seulement lui, mais encore sa femme et son enfant, le courage avait manqué à ce malheureux, il s'était brûlé la cervelle, laissant sa veuve et son orphelin dans la misère la plus profonde.

Jules comptait cinq ans à peine au moment où cette catastrophe vint foudroyer sa pauvre mère.

Madame d'Artenay fut héroïque.

Au lieu de se laisser abattre par les douleurs du passé et par les difficultés de sa situation actuelle, elle ne songea qu'à l'avenir, et toutes les facultés de sa noble et belle intelligence se concentrèrent vers ce but unique : assurer à son fils, sinon les moyens de vivre d'une façon brillante, du moins la possibilité de vivre.

Ce n'était point facile.

Le dénûment de madame d'Artenay était effrayant.

Bientôt il deviendrait absolu.

Quelques jours encore et le pain manquerait pour la mère et pour le fils.

Madame d'Artenay avait l'âme trop fière pour s'adresser à ceux qui avaient été ses amis d'autrefois.

Elle voulait ne rien demander et par conséquent ne rien devoir à personne.

Elle résolut de se suffire à elle-même.

D'abord elle loua dans le plus humble de tous les quartiers de Paris, dans une rue sale et tortueuse du faubourg Saint-Antoine, deux petites pièces mansardées.

Cette location fut conclue moyennant la somme modique de cent francs par an.

Certes c'était bien peu, et cependant, pour madame d'Artenay, c'était encore beaucoup.

Quelques vieux meubles, débris chétifs du naufrage de sa fortune, garnirent ce pauvre logis.

Une fois installée, la courageuse femme chercha du travail.

Elle brodait avec une perfection hors ligne. Elle s'adressa à plusieurs grands magasins de lingerie et n'eut point de peine à obtenir de l'ouvrage.

Mais, hélas ! que le labeur de ses jours et de ses nuits était misérablement payé !

Et pourtant, avec cet insuffisant salaire, elle trouva moyen non-seulement d'exister et de ne point faire de dettes, mais encore d'économiser une petite somme qui devrait couvrir les premiers frais de l'éducation de Jules.

L'enfant grandit.

Il grandit en science et en beauté ; l'esprit, le cœur et l'intelligence se développèrent à la fois chez lui.

Il comprit tout ce qu'il y avait de noble et de beau dans la conduite de sa mère, et il se jura d'être à la hauteur de cette conduite.

Jules se tint parole.

Quand il atteignit sa quinzième année, il avait l'instruction et presque la raison d'un homme de trente ans.

Mais les forces de sa mère étaient à bout.

Elle succombait à la tâche : sa vie allait s'éteindre comme une lampe qui meurt faute d'huile.

Madame d'Artenay comprit que ses heures étaient comptées.

Elle alla trouver un vieil avoué de la rue de Choiseul, lequel était chargé des affaires de la famille, quand la famille existait et quand elle avait des affaires à administrer.

Cet avoué était un homme de la vieille roche, un homme de cœur, et d'une probité antique.

Madame d'Artenay lui raconta sa position et lui dit qu'avant de mourir elle venait le prier de prendre son fils chez lui et de lui faciliter l'entrée d'une carrière.

Tandis qu'elle parlait, l'avoué essuya à plus d'une reprise une larme furtive qui roulait sur sa joue ridée.

Quand elle eut achevé, il prit sa main sur laquelle il déposa avec attendrissement un long et respectueux baiser.

Ensuite il dit d'une voix émue :

— Que votre enfant vienne ici demain, madame ; il y sera reçu comme un fils, et tout ce qui se peut faire pour quelqu'un, je le ferai pour lui...

— Merci! répondit simplement madame d'Artenay. Oh! maintenant, je suis tranquille...

Le lendemain, en effet, Jules entrait en qualité de troisième clerc dans l'étude de la rue de Choiseul.

Mais, le lendemain aussi, madame d'Artenay se mettait au lit pour ne plus se relever.

L'héroïque femme avait porté jusqu'au bout son fardeau sacré, elle avait accompli sa tâche sur la terre!

Son âme d'ange pouvait remonter au ciel.

Au bout de quatre jours d'une longue agonie, madame d'Artenay sentit que son heure était arrivée.

Elle appela Jules qui pleurait, agenouillé au chevet de son lit.

Elle saisit sa main tremblante et la serra entre ses deux mains qui déjà se refroidissaient.

Puis elle dit, mais d'une voix si faible qu'elle en était presque indistincte :

— Je meurs, mon enfant, et je meurs tranquille, car ton avenir est assuré... Tant que j'ai pu veiller sur toi et entourer ta jeunesse de l'abri de mon expérience et de mes conseils, je l'ai fait. Dieu, je l'espère du moins, me permettra là-haut de te protéger encore... Souviens-toi de ce que je vais te dire, mon enfant... Sois honnête pour être heureux... Une vie pure conduit à une mort calme et douce... Le bonheur n'est que dans la vertu... Adieu... mon Jules... adieu!...

Jules sentit avec épouvante que les mains de sa mère se crispaient autour des siennes.

— Oh! mon Dieu! s'écria-t-il, qu'avez-vous?

Madame d'Artenay ne répondit pas.

Sa pâleur était devenue livide.

Sa tête retomba lourdement sur l'oreiller.

On n'entendit plus le souffle glisser entre ses lèvres muettes.

Les battements de sa poitrine s'arrêtèrent.

Il n'y eut plus de regard dans ses yeux largement ouverts.

Madame d'Artenay était morte.

Jules comprit la terrible vérité.

Il se vit orphelin, perdu dans la vie, seul au monde.

Il poussa un cri et il s'évanouit.

§

Huit ou neuf années se passèrent.

Le vieil avoué avait tenu toutes les promesses faites par lui à madame d'Artenay.

Il avait entouré Jules d'un intérêt touchant et d'une affection paternelle, et, de troisième clerc qu'il était d'abord, Jules était parvenu à la seconde place assez rapidement.

Mais, par malheur, un moment arriva où le vieil avoué, blanchi sous le harnais, éprouva le besoin de prendre sa retraite, vendit son étude, et se retira à la campagne, à cinquante lieues de Paris.

A la vérité, avant de partir il recommanda chaleureusement Jules à son successeur, M. Digoine, qui promit de s'intéresser au jeune homme.

Mais ce n'était là et ce ne pouvait être qu'un intérêt de seconde main.

M. Digoine, homme de trente ans à peine, et garçon, appartenait à cette école des avoués élégants que M. Scribe aimait tant à mettre en scène dans ses vaudevilles du théâtre de Madame.

Il était déjà riche et voulait augmenter encore sa fortune, mais sans se donner personnellement beaucoup de mal pour cela.

Il avait des chevaux, il chassait, il allait au bal, il se montrait au bois.

Bref, il s'occupait des jolies coryphées de l'Opéra beaucoup plus que des affaires de ses clients.

Tout le poids de l'étude roulait sur le premier clerc, garçon fort capable, que Jules secondait de son mieux.

Ce premier clerc, aussi bien que le patron lui-même, avait en M. d'Artenay une confiance illimitée.

Seulement aucune chance d'avancement ne s'offrait

1.

pour le pauvre jeune homme, qui se voyait à peu près condamné à végéter toute sa vie, sans honneurs et sans profit, au milieu des dossiers poudreux.

Triste vie que celle-là !...

Vie de privations et de travaux arides, vie sans horizon et sans plaisirs !

Jules travaillait avec courage et avec ardeur, mais non sans amertume et sans souffrance.

Jules souffrait.

Il souffrait d'autant plus que, tout en héritant de l'héroïque patience de sa mère, il avait hérité en même temps des sens impétueux et des ardentes aspirations de son père le dissipateur.

Ce n'était qu'à force de résignation et d'empire sur lui-même que Jules imposait silence à ces instincts impérieux.

Et parfois la résignation n'avait point le dessus.

Jules, qui se savait gentilhomme, Jules, qui se sentait libéralement doué sous le triple rapport de la jeunesse, de la force et de la beauté, Jules s'indignait souvent malgré lui d'être si pauvre et si mal vêtu, quand la fortune aveugle répandait ses faveurs au hasard sur tant d'avortons imbéciles, fils d'usuriers ou de pis encore.

Jules s'indignait de voir que tous les regards et tous les sourires des femmes étaient pour ces crétins mal bâtis, pour ces spectres chétifs de la jeunesse dorée, tandis que lui, le gentilhomme jeune et beau, passait inaperçu parce qu'il était pauvre.

Ces idées de haine et d'envie, ces courroux, ces révoltes, Jules les chassait de toutes ses forces.

Mais ils revenaient malgré lui.

Ils revenaient s'asseoir à ses côtés le jour.

La nuit, ils surgissaient dans ses rêves.

Ils l'accompagnaient partout.

Nous le répétons, Jules souffrait.

Et sa mère, du haut du ciel, ne pouvait rien pour guérir le mal qui dévorait son fils.

II

PREMIER AMOUR.

En sa qualité d'avoué galant et dameret, maître Digoine avait recherché la clientèle des théâtres.

Ses fonctions lui ouvraient les portes du sanctuaire.

Autrement dit, sa charge d'avoué de l'administration lui donnait ses entrées dans les coulisses.

Rare privilége, en effet, et bien digne d'envie!...

On ne saurait se figurer combien ces simples mots : *les coulisses*, exercent sur certaines imaginations une fascination étrange et en quelque sorte irrésistible.

Pour beaucoup de gens *les coulisses* ont le magique attrait du fruit défendu.

Les naïfs bourgeois croient fermement que l'intérieur d'un théâtre est un voluptueux harem dont les actrices sont les odalisques, et que l'homme assez favorisé du ciel pour franchir la porte de ce sérail n'a plus qu'à jeter le mouchoir au hasard, comme un sultan blasé, pour voir à ses genoux cet essaim de jolies femmes.

Aussi le bourgeois en question, pour peu qu'il soit sensuel et libidineux, s'empresse-t-il généralement de commanditer de quelques milliers d'écus toute administration expirante, dont il retarde ainsi de quinze jours la complète déconfiture.

Alors commence pour lui la désillusion.

Il est admis à voir de près l'envers des décorations.

Il peut heurter les machinistes et les allumeurs de quinquets.

Il a le droit d'adresser la parole au pompier de service.

Il jouit du privilége de toucher du bout du doigt les toiles peintes et les femmes qui ne le sont pas moins.

Il fait un cours complet de *postiche* en tout genre.
Car, au théâtre, tout est faux.
Fausses couleurs.
Faux esprit.
Fausses nattes.
Fausses dents.
Fausses gorges.
Fausses hanches.
Faux mollets.
Faux plaisirs.
Fausses passions.
Fausses amours, etc,... etc...

Le bourgeois infortuné s'aperçoit, mais un peu tard, qu'il est tombé dans un affreux guêpier.

Puis le théâtre ferme et le triste commanditaire perd, tout à la fois, ses illusions et son argent.

Bref, maître Digoine hantait les coulisses.

Il y venait en cravate blanche et en habit noir, finement chaussé, fraîchement ganté, et il apportait à *ces dames* des pastilles et des pralines qui le faisaient fort bien venir dans les foyers d'artistes.

Plusieurs héroïnes de vaudeville et de mélodrame l'appelaient : *Mon gros loup !*

Familiarité touchante dont maître Digoine sentait tout le prix et dont il se montrait orgueilleux outre mesure.

Or, il est bon de dire que, si les théâtres paient assez mal leurs avoués, en revanche ils les accablent de billets de spectacle.

Loges pour la femme de l'avoué, stalles pour M. le premier clerc, entrées au parterre pour tout le reste de l'étude, sont libéralement octroyées.

Voilà comment il se fait que nous ayons vu Jules d'Artenay au théâtre de la Porte-Saint-Martin, ce même soir où Norine et sa mère y faisaient la rencontre de madame Belphégor.

D'ordinaire, quand Jules attachait ses regards sur une femme jeune et belle, il sentait aussitôt bouillonner en lui le feu d'impétueux désirs, et son sang se calcinait dans ses veines comme un torrent de lave en fusion.

Alors le pauvre garçon, condamné par sa pauvreté aux rigueurs monacales d'une chasteté absolue, souffrait un supplice à peu près pareil à celui de Tantale, et, vêtu du cilice d'une continence forcée, il rêvait ardemment des voluptés impossibles.

Ce jour-là, en regardant Norine qui ne le voyait pas, Jules éprouva une sensation toute différente.

Au lieu de s'enflammer comme de coutume, il lui sembla que son sang se rafraîchissait.

Aucune pensée profane ne lui vint à l'esprit en face de l'angélique beauté de la jeune fille.

Ce ne furent point des désirs qui se glissèrent en son cœur, ce fut une admiration infinie, respectueuse, et cependant passionnée.

Il aurait donné la moitié de sa vie, lui semblait-il, pour que les grands yeux de cette enfant inconnue s'arrêtassent sur lui, ne fût-ce que pendant une minute.

A partir du premier regard attaché par lui sur Norine, Jules avait compris l'amour.

Son cœur venait de battre.

Il aimait.

Il aimait ou plutôt il allait aimer, d'une de ces tendresses profondes, sans bornes, sans limites, qui décident du sort de toute une existence, qui sont un bonheur divin ou un malheur sans remède.

Car, quelque chose que l'on ait pu dire sur l'amour, quelque chose que nous ayons écrit nous-même à ce sujet, l'homme ne peut aimer qu'une seule fois dans sa vie : les passions changeantes et multiples ne sont pas dignes du nom d'amour.

Ceux qui prétendent le contraire se trompent ou veulent tromper les autres.

Jules, nous le savons déjà, ne cessa pas un seul instant de regarder Norine.

Quand l'ouvreuse vint chercher les deux femmes et qu'à la fin de l'entr'acte il ne les vit pas revenir prendre possession de leurs places, il crut d'abord qu'elles étaient parties et il en éprouva un amer chagrin.

Mais, à force de regarder autour de la salle avec les yeux de lynx d'un amoureux de vingt-cinq ans, il finit par apercevoir Norine installée sur le devant de la loge de madame Belphégor.

Son cœur se raséréna aussitôt, et il se plongea de plus belle dans sa contemplation extatique.

La fin du spectacle arriva.

Jules se fraya violemment un chemin parmi ses voisins du parterre, avant même que la toile fût tombée.

Il voulait arriver le premier à la porte du théâtre, afin d'être bien sûr que les deux femmes ne pourraient point s'éloigner sans passer devant lui.

Il est bien entendu que le projet de Jules était de les suivre.

La toilette excessivement simple d'Irma et de Norine indiquait, sinon la gêne, du moins une situation des plus modestes, et Jules espérait que la mère et la fille regagneraient à pied leur logis.

Hélas !.. comme on dit vulgairement, Jules avait *compté sans l'hôte*, et l'hôte, ce soir-là, était madame Belphégor.

Nous n'ignorons point que cette digne et honorable personne conduisait chez elle sa sœur et sa nièce, et les y conduisait en fiacre.

Grand fut le désappointement de M. d'Artenay quand il vit avancer le véhicule numéroté.

Le pauvre garçon n'avait pas dans sa poche l'argent nécessaire pour prendre une voiture, fût-ce même un modeste cabriolet de place.

Cependant le fiacre s'ébranla.

Le cocher venait de fouetter ses chevaux qui partaient au trot.

Il fallait suivre.

Mais comment ?...

Même en se mettant à courir de toute la vitesse de ses jambes, Jules avait quatre-vingt-dix-neuf chances contre une de perdre de vue, au détour de la première rue, la voiture maudite qui emportait son cœur.

Il n'y avait qu'un parti à prendre.

Ce parti blessait bien un peu l'orgueil de M. d'Artenay, mais il ne s'agissait point d'hésiter.

Jules se décida.

Il se hissa derrière le fiacre et s'y tint debout, comme un valet de pied derrière un carrosse de bonne maison.

Le fiacre n'avait pas fait deux cents pas que le cocher se retourna par hasard et vit Jules qu'il transportait ainsi gratuitement.

Il lui cria de descendre.

Jules n'en fit rien.

Il se mit à jurer et à menacer.

Jules ne s'émut pas le moins du monde de ces jurons et de ces menaces.

Ce flegme exaspéra le cocher, Auvergnat fort irascible, et les coups de fouet commencèrent à pleuvoir, dru comme grêle, sur les épaules du jeune homme.

Il supporta d'une façon héroïque cette averse cinglante qui ne parvint point à lui faire quitter son poste.

Bien plus, il s'estima heureux de souffrir, car enfin c'était pour *elle*...

Elle... — Ce mot charmant... ce mot si doux à prononcer pour un cœur amoureux...

Toujours est-il que le cocher se lassa de frapper avant que Jules se lassât de recevoir les coups.

Le martyre du patient jeune homme eut un terme.

On atteignit la rue Caumartin.

La voiture s'arrêta.

Jules descendit et se dissimula derrière le fiacre.

Il vit les trois femmes entrer dans une maison de belle apparence dont la porte se referma sur elles.

Le fiacre s'éloigna.

Jules demeura seul dans la rue.

Son but n'était pas complétement atteint.

Il ne savait point encore si la mère et la fille demeuraient dans cette maison, ou si elles y étaient venues seulement accompagner la dame de la loge.

Pour acquérir une certitude à cet égard, il ne s'agissait que d'attendre et de s'assurer que personne ne ressortirait.

Jules n'hésita point.

Il s'assit sur une borne et il attendit.

III

LA TRAITE DES BLANCHES.

Nous avons laissé Irma et Norine fort occupées à faire honneur au souper que madame Belphégor leur avait fait servir dans la chambre à coucher de son appartement de la rue Caumartin.

Irma savourait avec toutes les joies d'une gourmandise rarement satisfaite les sensualités de ce repas.

Elle mangeait à faire envie à Gargantua, et buvait que c'était miracle.

De temps en temps elle murmurait :

— Dieu! qu'on est heureux d'être riche!...

Et elle ajoutait *in petto* :

— Patience!... je le deviendrai!...

Norine, dont l'eau plus ou moins filtrée de la Seine était la boisson ordinaire et qui n'avait jamais vu sur la table maternelle, dans les jours de grand *extra*, que du vin au litre, bleuâtre et acidulé, affreux produit de l'officine du marchand de vin du coin, Norine disons-nous, s'était laissé séduire par la couleur d'ambre liquide, par la mousse pétillante et par la saveur sucrée du vin de Champagne.

Elle en avait bu un peu plus que de raison, la pauvrette, et voici qu'elle se sentait légèrement étourdie.

Sa pensée, de plus en plus vague, se teignait d'une nuance rose, et de gracieuses hallucinations voltigeaient autour d'elle.

Son petit pied battait sur le tapis la mesure de quelque mélodie inconnue.

Sa jolie tête se penchait.

Ses longs cils s'abaissaient à demi sur ses yeux de velours, dont l'expression témoignait d'une sorte de langueur voluptueuse.

Sa bouche était entr'ouverte.

Parfois ses dents éblouissantes mordaient ses lèvres de corail humide.

Madame Belphégor la regarda pendant quelques instants avec une admiration manifeste et toujours croissante.

Puis elle poussa le coude de sa sœur qui mangeait toujours et buvait plus que jamais.

— Hein?... fit Irma, qu'est-ce que tu veux?...

— Regarde, répondit madame Belphégor.

— Quoi?

— Ta fille.

— Eh bien! ma fille, je la connais.

— Le père devait être rudement bel homme, pour t'avoir fait un enfant comme celui-là!..

— S'il était bel homme!... s'écria Irma avec un enthousiasme auquel contribuait le vin de Champagne; s'il était bel homme?... Ah! fichtre!... je le crois bien!...

Mais elle ajoutait presque aussitôt :

— Ma sœur, si tu souhaites me faire plaisir, ne me parle jamais de cette canaille-là!...

— Comment, tu lui en veux toujours?...

— Plus que jamais!..

— Et pourquoi donc?

— Tu le sais bien!... Un homme qui ne m'a épousée qu'une seule nuit! Un homme qui a vendu mes pauvres meubles et qui est parti en me laissant sans un rouge liard!... Ah! le brigand!... si je le tenais!...

Irma compléta sa phrase par un geste énergique.

Madame Belphégor haussa les épaules.

— Au lieu de le détester de cette façon-là, dit-elle, tu devrais le vénérer de toute ton âme et le bénir quotidiennement...

— Te moques-tu de moi, ma sœur?... demanda Irma d'un ton assez aigre, en regardant madame Belphégor bien en face.

— Je n'ai garde! répondit cette dernière.

— Alors que veux-tu dire?...

— Je veux dire que ton mari, en s'en allant, t'a donné une fortune, un véritable trésor!.,.

— Quoi donc?

— Norine.

— Ah! ah!... dit Irma qui comprenait parfaitement où sa sœur en voulait venir, mais qui tenait à la forcer de jouer, avec elle, cartes sur table. Ah! tu trouves que ma fille est une fortune!... Jolie fortune!... une bouche qui mange!... Grand merci!...

— Voyons!... voyons!... s'écria madame Belphégor, ne finassons pas comme cela!... Nous sommes faites pour nous entendre!... La petite dort, ou c'est tout comme : causons donc sans nous gêner.

— Ça me va beaucoup, répondit Irma.

— Vois-tu, ma sœur, poursuivit madame Belphégor, je te connais et je te devine: toi et moi, nous nous valons. Tu sais aussi bien que moi que le seul bonheur en ce monde, c'est d'avoir de l'argent, beaucoup d'argent, et tu t'estimes la plus malheureuse des femmes, parce que tu n'as jamais pu en gagner d'aucune façon... Est-ce vrai, cela?...

— C'est vrai.

— La misère te pèse?...

— Affreusement.

— Tu voudrais en sortir?

— A tout prix.

— Ce qui signifie que tu ne reculerais devant rien pour acquérir cette fortune que tu convoites?,..

— Devant rien, c'est beaucoup dire...
— Explique-toi.
— Dame ! je ne voudrais pas faire quelque chose qui pourrait me conduire en prison.
— Bien entendu !... Mais sois tranquille, je ne te proposerai jamais que les choses du monde les plus simples... Je suis honnête, ma chère, et il n'y a pas le plus petit mot à dire sur mon compte...
— Ah ! fit Irma, je n'en doute point...
— J'en reviens à ce qui nous occupait tout à l'heure, reprit madame Belphégor ; j'ai une proposition à te faire...
— J'écoute.
— Je t'offre une association...
— Laquelle ?
— Voici : Toute affaire commerciale a pour base un capital, celui qui le fournit et celui qui l'exploite...
— Après ?
— Fournis le capital, je l'exploiterai et nous partagerons les bénéfices, qui, j'en réponds, seront assez beaux pour satisfaire l'ambition la moins modeste...
— Mais, demanda Irma en jouant la naïveté, ce capital que tu veux que je fournisse, où est-il ?
— Le voilà, répondit madame Belphégor en montrant Norine.
— Fort bien ! dit alors l'ouvrière, je comprends à merveille. Tu fais... tu fais... Je ne trouve pas bien le mot, souffle-moi donc...
— Je fais la *traite des blanches*, répondit madame Belphégor avec un merveilleux aplomb.
— Il paraît que le métier n'est pas mauvais !...
— Excellent, excellentissime !...
— Tant mieux pour toi.
— Voyons, acceptes-tu ce que je te propose ?...
— Cela dépend.
— De quoi ?...
— Des conditions que tu vas me faire...
— Je t'ai déjà dit que je te donnerais moitié des bénéfices.

— C'est vague, ça ne signifie rien...
— Comment, ça ne signifie rien?...
— Ces profits dont tu parles sont incertains...
— Pas le moins du monde...
— Et, d'ailleurs, ce que tu veux faire de ma fille, je puis le faire moi-même, toute seule et sans ton secours, ce qui, naturellement, serait bien plus avantageux pour moi...
— Erreur
— Tu dis?...
— Je dis : *erreur !*... et je le prouve.
— Voyons un peu?
— C'est facile. Tu prétends exploiter toi-même?..
— Oui.
— Eh bien! je t'en défie!...
— Pourquoi?...
— Mon Dieu, tout simplement parce que tu n'as rien de ce qu'il te faudrait pour cela...
— Que me manque-t-il donc?...
— Tout.
— Mais encore?...
— Dame!... l'habitude des transactions de cette nature délicate, un bel appartement, une mise de fonds indispensable et, enfin, et par-dessus toutes choses, une magnifique clientèle et des relations avec le plus grand monde...

Irma comprit que sa sœur était dans le vrai.

Elle se sentit vaincue.

Elle courba la tête et ne répondit rien.

Madame Belphégor continua :

— Norine est un diamant, c'est vrai, mais moi seule je puis mettre ce diamant en relief, lui donner toute sa valeur, en faire jaillir tous ses feux!... Norine est un morceau de prince, j'en conviens, mais encore faut-il que les princes sachent qu'elle existe, et ce n'est pas chez toi qu'ils iront la chercher...

— Tu as raison, dit Irma.

— Tu dois comprendre, poursuivit l'entremetteuse, que

Norine est ma nièce, après tout, et que, par conséquent, je dois m'intéresser à cette petite plutôt qu'à n'importe qui !... Je veux le bonheur de la chère enfant, et je le ferai !... Sois tranquille, entre mes mains elle ne deviendra pas une coureuse, bien au contraire !.... Ça sera rangé, ça aura des mœurs et de la décence, et je lui ménage une position qui fera d'elle, avant dix ans d'ici, une femme de la plus haute société !

— Et riche ? demanda avidement Irma.

— Cinquante mille livres de rentes... répondit carrément madame Belphégor.

— Tu crois ?

— J'en suis sûre.

— Comment elle vaut tant d'argent que cela ?...

— Elle vaut plus encore, mais aujourd'hui les hommes sont si gueux !...

— Cette chère petite !... murmura Irma, elle fera le bonheur de sa mère !

— Et, dit l'entremetteuse, ce ne sera que son devoir... Tu ne supposes pas que nous rencontrions quelque résistance de sa part ?...

— Allons donc !... C'est si jeune !... Ça n'a pas de volonté !...

— Je crois que tu m'as dit au spectacle qu'aucun amoureux ne rôdait autour d'elle ?...

— J'en réponds ; elle ne sort jamais, et il ne vient chez nous que des femmes.

— A la bonne heure, car, dans le cas contraire, vois-tu, ce serait le diable !...

— N'aie aucune crainte...

— Je vais me mettre immédiatement en quête et chercher quelque chose qui convienne à nos intérêts communs...

— C'est cela... et, en attendant...

Irma n'acheva point sa phrase.

Madame Belphégor vint à son aide

— En attendant, dit-elle, tu ne serais point fâchée de toucher une légère avance ?...

— Dame! répondit l'ouvrière, la dentelle rapporte si peu...

— Eh bien! mon enfant, il est facile de te contenter; prends ces dix napoléons et, dans quelques jours, je t'en porterai autant...

Irma se précipita sur l'argent que lui tendait sa sœur et le fit disparaître dans sa poche avec une avidité indicible.

Norine dormait toujours.

IV

LA TOILETTE DE NORINE.

Pauvre Norine!... Elle dormait, tandis que ces misérables femmes, dont l'une était sa mère, débattaient si près d'elle, les clauses du honteux marché.

Elle dormait, tandis qu'on s'apprêtait à mettre aux enchères son corps vierge et son jeune cœur, et à les vendre au plus offrant.

Elle dormait, et les paroles impudiques et les rires cyniques de ces deux démons ne troublaient point son sommeil d'ange!

La conversation continua.

— Ce n'est pas tout d'être belle, dit madame Belphégor, il faut encore le paraître, et, pour ne rien perdre de ses avantages, être vêtue avec quelque chic...

— C'est évident, répondit Irma.

— La petite est-elle bien nippée?...

— Pas trop.

— Qu'est-ce qu'elle a?

— D'abord, la robe que tu lui vois sur le dos...

— C'est peu de chose! Ensuite?

— Dame!... ensuite... une autre robe pour travailler...

— Et après?...
— Voilà tout.
— C'est insuffisant!...
— Je le sais bien, mais comment faire?...
— Ceci me regarde.
— Quoi!... tu te chargerais?...
— D'équiper ma nièce!... Parbleu!... c'est assez naturel, puisque je me charge du reste...
— Au fait, tu as raison.
— Nous allons lui essayer une toilette.
— Quand?
— Tout de suite.
— Où?
— Ici même.

Irma regarda autour d'elle avec un étonnement manifeste qui n'échappa point à madame Belphégor.

— Tu ne comprends pas?... demanda cette dernière en souriant, et tu cherches quelque chose?...
— C'est vrai.
— Quoi donc?
— Une couturière.
— Et qu'en veux-tu faire, bon Dieu?...
— Mais il me semble qu'il est difficile que tes robes puissent aller à Norine sans qu'on les ait préalablement retouchées quelque peu...
— Qui te parle de mes robes?...
— Tu en as donc d'autres?...
— Est-ce que je n'ai pas de tout, ici?...
— C'est différent...
— Viens voir...

Madame Belphégor se leva, prit un flambeau, et, suivie d'Irma, se dirigea vers une des portes latérales de la chambre à coucher.

Elle ouvrit cette porte et les deux femmes se trouvèrent dans un immense cabinet de toilette dont les murailles disparaissaient entièrement sous une énorme quantité de robes accrochées à des patères.

Ces robes, de toutes les étoffes, de toutes les formes,

de toutes les couleurs, les unes éclatantes et luxueuses, les autres d'une simplicité plus modeste, offraient un coup d'œil assez bizarre.

Les tissus de tous les pays étaient représentés dans cette singulière collection.

Ces vêtements semblaient absolument neufs, et la main d'une habile ouvrière se décelait dans leur coupe hardie et gracieuse.

— Regarde, dit l'entremetteuse à sa sœur avec un air de triomphe.

— Je vois...

— Qu'en dis-tu ?...

— Je dis que voilà de belles robes, et qu'en voilà beaucoup !...

— Rien n'y manque, poursuivit madame Belphégor, depuis le peignoir du matin jusqu'à la toilette de bal ou d'opéra.

— A quoi cela peut-il te servir ?...

— Tu ne le devines pas ?...

— Ma foi ! non.

— Innocente !... murmura l'entremetteuse, avec un sentiment de véritable compassion.

Puis elle ajouta tout haut :

— Ma chère enfant, cela me sert à tout...

— Mais encore ?...

— Comprends donc que bien souvent les plus belles filles de la terre n'ont à se mettre sur le dos qu'un casaquin crotté !... Or, empoignez donc des princes russes ou des milords anglais avec de l'indienne à dix-huit sous, même quand vous seriez sous ces loques la Vénus de Médicis en personne naturelle et vivante !... J'ai compris cela, moi, ma chère, et je viens au secours de ces pauvres petites chattes !... Je leur prête des atours de princesses, moyennant, comme toujours, une part proportionnelle dans les bénéfices... Il y a là telle robe qui m'a rapporté plus de mille écus et qui est encore toute neuve.

— Je comprends, fit Irma.

— C'est bien heureux !... Maintenant, choisissons trois ou quatre de ces robes que nous allons essayer à Norine.

— Ah çà ! elle ne va donc plus travailler ?...

— Au contraire, jusqu'à nouvel ordre, du moins ; une jeune fille qui travaille chez sa mère, cela fait, dans certains cas, le meilleur effet ; mais il est bon d'être prêt à tout hasard, et de pouvoir en cinq minutes, si cela était nécessaire, habiller Norine comme un petit ange.

— Ça ne m'étonne plus si tu es si riche ! dit Irma, tu combines joliment ton affaire !...

— Dame !... il le faut bien... et puis je n'ai pas grand mérite... l'habitude me tient lieu d'habileté...

— Bah !... l'habitude tant que tu voudras, mais il faut dire aussi que tu avais la vocation.

— Ça se peut, mais ne perdons point de temps et choisissons... Dis-moi ton goût...

— Cette robe-ci... me paraît superbe.

— Cette robe de satin grenat, garnie de dentelles blanches ?...

— Justement.

— Tu es donc folle !... Est-ce que tu conduis Norine demain aux Italiens, en grande loge ?...

— Eh bien ! celle-là...

— Laquelle ?

— Violet sombre.

— Pas assez jeune.

— Celle-ci, la rose...

— Trop voyante.

— Décidément, je n'y entends rien...

— C'est vrai.

— Choisis toi-même.

Madame Belphégor cessa en effet de consulter sa sœur et prit trois robes avec lesquelles elle entra dans la chambre à coucher.

L'une de ces robes était en taffetas d'un gris pâle, et d'une façon simple et juvénile.

La seconde était de gros de Naples à petits quadrillés bleus et blancs.

2

La troisième enfin, de soie également, était rayée de blanc et de vert.

Toutes les trois rivalisaient de fraîcheur...

Toutes les trois paraissaient, en quelque sorte, virginales.

— Eh!... Norine!... dit l'entremetteuse.

La jeune fille releva la tête et ouvrit à demi ses beaux yeux.

— Allons, petite, réveillons-nous... continua madame Belphégor.

Norine secoua la tête pour chasser le sommeil.

— Que me voulez-vous, ma tante?... demanda-t-elle ensuite...

— Ce que je vous veux, mon amour? répondit la sœur d'Irma; mon Dieu, je veux tout simplement vous faire belle... Ça ne sera pas bien difficile, hein! mon petit chat?

— Me faire belle?... répéta Norine, encore mal éveillée et cherchant à comprendre le sens de ces paroles.

— Autrement dit, continua l'entremetteuse, nous voulons vous essayer une jolie robe, pour juger de l'effet charmant que vous ferez, l'une aidant l'autre...

Norine regarda sa mère.

Madame Belphégor reprit en s'adressant à Irma :

— Voyons, ma chère, aide un peu cette petite à se déshabiller, car tu vois bien qu'elle a du sommeil plein la tête et plein les yeux, et que, toute seule, elle n'en finirait pas...

Irma s'approcha de Norine; dont elle dégrafa le corsage.

On essaya les robes à la jeune fille, et ce fut celle de taffetas gris perle qui parut mettre le mieux en relief sa fraîche et triomphante beauté.

Quelques points à refaire au corsage, pour l'amincir encore au-dessus des hanches, et cette robe serait irréprochable.

Madame Belphégor, qui voulait juger d'un ensemble complet, mit alors la dernière main à la toilette de Norine.

Elle avait reçu d'un maître habile quelques éléments de la science du coiffeur.

Elle tordit gracieusement sur la tête de la jeune fille les masses opulentes de sa splendide chevelure.

Sur ses bandeaux épais et brillants elle plaça une capote de crêpe blanc d'une simplicité exquise et d'une fraîcheur délicieuse.

Elle cacha les épaules de Norine sous les plis soyeux d'un châle en crêpe de Chine blanc, presque uni.

Puis elle regarda son œuvre, qu'elle ne put s'empêcher d'applaudir de nouveau.

Or on sait qu'en fait de beauté madame Belphégor ne s'enthousiasmait qu'à bon escient.

Irma comprit les espérances de sa sœur et ne douta plus que ces espérances ne dussent bientôt se réaliser.

§

Il était près de trois heures du matin.

Madame Belphégor envoya sa cuisinière chercher un fiacre sur le boulevard, où on en trouve toute la nuit.

Puis Irma et Norine regagnèrent leur humble logis de la rue de Paradis-Poissonnière.

Avons-nous besoin d'ajouter que Jules d'Artenay les suivit?

V

LES CLERCS.

Jules d'Artenay logeait rue de Choiseul, dans la maison de maître Digoine, son patron.

Il occupait, sous les toits, une petite chambre nullement meublée, où il couchait sur un lit de sangle.

Grâce à cette proximité de l'étude et surtout grâce à son zèle et à son activité, Jules arrivait toujours avant les autres.

Chaque matin il devançait de près d'une heure le maître clerc.

Ce jour-là, pour la première fois depuis neuf ou dix ans qu'il faisait partie de l'étude, Jules fut en retard.

La raison en était assez simple.

Le pauvre garçon avait attendu jusqu'à trois heures du matin, rue Caumartin.

De là, il avait accompagné jusqu'à la rue de Paradis-Poissonnière le fiacre qui emmenait Norine et sa mère.

Enfin, quand il était arrivé à sa porte, quatre heures et demie sonnaient à l'horloge du passage Choiseul.

Jules se mit au lit.

Mais, comme eût dit mythologiquement feu Dumoustier dans ses *Lettres galantes*, le dieu Morphée ne répand guère ses pavots sur des yeux que Cupidon tient ouverts.

Ce qui veut dire que Jules, la tête et le cœur remplis de l'image de Norine, ne parvint à s'endormir qu'au moment où les premières lueurs du jour blanchissaient le ciel à l'orient.

Il ne se réveilla qu'à dix heures.

Il fit sa toilette en toute hâte et descendit.

— Il faut que d'Artenay soit malade... s'étaient dit les jeunes gens en constatant le retard inaccoutumé du second clerc.

La présence de Jules sembla confirmer cette supposition.

Il était pâle, et ses traits fatigués, ses yeux entourés d'un cercle de bistre, attestaient une nuit sans sommeil.

On l'interrogea sur sa santé avec un intérêt réel, car Jules était aimé de ses compagnons.

Il répondit qu'il souffrait en effet, mais que c'était peu de chose.

Puis il se mit au travail et sembla vouloir, par son ardeur, réparer le temps perdu.

Seulement chacun put remarquer que M. d'Artenay, assez communificatif d'ordinaire, était, ce jour-là, silencieux et renfermé en lui-même.

Le moment du déjeuner arriva.

Jules dut faire comme les autres et quitter sa besogne.

Le premier clerc essaya de faire causer M. d'Artenay.

— Eh bien! Jules, lui dit-il, tu es allé au spectacle, hier au soir?

— Oui, répondit le jeune homme.

— A quel théâtre?

— A la Porte-Saint-Martin.

— Qu'est-ce qu'on jouait?

— Je ne sais pas.

Le premier clerc se mit à rire bruyamment, et tous les hôtes de l'étude firent chorus avec lui.

— Comment!... s'écria-t-il, comment, tu ne sais pas?...

Jules comprit qu'il allait se rendre ridicule et que sa préoccupation excessive trahirait son secret.

Il fit un gigantesque effort de mémoire.

Il chercha à se rappeler, non point la pièce, qu'il n'avait ni regardée ni écoutée, mais au moins l'affiche et le titre du mélodrame.

Il en vint à bout et il put répondre, au bout d'une minute :

— J'ai vu le *Couvent de Tonnington*.

— Pourquoi, diable, alors, m'as-tu dit tout à l'heure que tu n'en savais rien?...

— J'aurai mal entendu la question...

— Est-ce joli, ce *Couvent?*...

— Mais, oui.

— De beaux décors?

— Très-beaux.

— Qui est-ce qui joue dedans?...

— Les acteurs du théâtre.

— Parbleu! c'est évident!... mais lesquels?...

— Je ne me souviens plus des noms.

— Oh! oh!... dit le premier clerc en se remettant à rire.

2.

Puis il ajouta au bout d'un instant :
— Sois franc avec moi, d'Artenay...
— Volontiers.
— Tu étais distrait, hier au soir ?...
— C'est possible.
— Préoccupé ?...
— Peut-être.
— Tu pensais enfin à toute autre chose qu'au spectacle ?...
— Eh ! murmura Jules, quand bien même cela serait, que t'importe ?...
— Il m'importe beaucoup... répondit le clerc en riant ; tu es malade et je dois rechercher la nature de ta maladie pour t'en indiquer le remède... Or mes recherches sont couronnées dès à présent d'un plein succès, et je sais le nom de ton mal...
— Je ne te comprends pas, dit Jules.
Le maître clerc poursuivit avec un ton d'une gravité comique :
— Ta maladie s'appelle l'*amour;* en latin, *amor;* en grec, *eros...*
M. d'Artenay, en entendant ces mots, se sentit devenir écarlate, et baissa les yeux comme si on l'eût accusé de quelque défaut bien humiliant.
— Allons donc !... s'écria-t-il, tu es fou !...
— Pas déjà tant, répliqua le premier clerc, et la preuve que j'ai visé juste, c'est que te voilà rouge comme une pivoine... ceci est incontestable, mon ami Jules ! Le plus beau des homards de chez Chevet te rendrait des points !... Je ne vois d'ailleurs aucun mal à cela, et je t'engage à mériter par des aveux complets toute l'indulgence de tes juges... Voyons, était-ELLE là, hier au soir ?...
Jules garda le silence.
— Qui ne dit rien consent, reprit le clerc, qui s'amusait ainsi à mettre M. d'Artenay sur la sellette : ELLE était là...
— Oui... oui... oui... appuyèrent les collègues des deux jeunes gens.

— Est-elle bien jolie?... poursuivit l'interrogateur.

Jules continua de se taire.

Alors les questions se succédèrent avec une rapidité d'autant plus grande qu'aucun de ceux qui interrogeaient ne s'attendait à une réponse.

Les demandes que nous allons reproduire jaillirent comme un peloton.

— Est-elle jeune?...
— Mineure?...
— Majeure?...
— Brune?...
— Blonde?...
— Noire?...
— Rousse?...
— Célibataire?...
— En puissance d'époux?...
— Veuve de trois maris?...
— Propriétaire?...
— Rentière?...
— Aventurière?...
— Bergère?...
— Bouquetière?...
— Prêtresse de Vesta?...
— Prêtresse de Vénus?...
— Déesse ou simple mortelle!...
— Es-tu aimé?...
— Es-tu heureux?...
— Jules, nous te sommons de répondre!...

Tandis que fondait sur lui cette avalanche de paroles incohérentes, M. d'Artenay avait eu le temps de se remettre du trouble involontaire qu'il avait éprouvé d'abord.

Seulement il souffrait d'entendre ces étourneaux le railler ainsi au sujet de l'amour radieux qui venait de naître en son cœur, et auquel il lui semblait que sa vie tout entière serait désormais consacrée.

Il voulut couper court à ces quolibets d'un goût assez médiocre, et il dit :

— Mes chers amis, la meilleure plaisanterie du monde perd beaucoup de son charme quand elle est trop indéfiniment prolongée... Ne pensez-vous pas que celle d'aujourd'hui est précisément dans ce cas ?... J'avais un commencement de migraine hier au soir, cette migraine s'est développée cette nuit, et je suis loin de me bien porter ce matin; vous m'obligeriez donc, plus que je ne saurais vous le dire, en cessant de me bourdonner aux oreilles, ainsi que vous le faites depuis cinq minutes, toutes sortes de billevesées qui augmentent mon mal de tête et m'empêchent de travailler...

Et Jules, qui venait de se rasseoir devant son pupitre, saisit un des dossiers entassés devant lui, et, comme pour donner plus de force à sa péroraison, se mit à le compulser vigoureusement.

Nous l'avons déjà dit, M. d'Artenay était aimé de ses camarades.

Ceux-ci, d'ailleurs, n'étaient nullement de méchants garçons.

Ils virent que leur collègue ne se prêtait point à la plaisanterie, et, après lui avoir encore décoché deux ou trois épigrammes fort émoussées, ils le laissèrent tranquille et se mirent à la besogne à leur tour.

Jusqu'à cinq heures du soir, Jules ne leva point la tête de dessus les papiers timbrés qui semblaient l'absorber entièrement.

Mais nous prenons sur nous d'affirmer que sa pensée était bien loin de tout ce fatras de procédures, d'inventaires, d'actes judiciaires et extra-judiciaires, etc.

Sa pensée était auprès de Norine.

Il revoyait la jeune fille, il pouvait s'approcher d'elle, il pouvait s'enivrer du doux éclat de ses regards, du suave parfum de son haleine, de l'harmonie enchanteresse de sa voix.

Il pouvait lui parler d'amour.

Il pouvait lui dire :

— Je vous aime!...

Et il l'entendait lui répondre :

— Oh! moi aussi!... moi aussi, je vous aime!...
Ce jour-là, Jules fut bien heureux.

VI

UN AMOUREUX ET UN PORTIER.

M. d'Artenay savait où demeurait sa bien-aimée, car à coup sûr, la mère et la fille ne seraient point rentrées à trois heures du matin dans une autre maison que celle où se trouvait leur domicile.

Mais il ignorait le nom de Norine.

Il ignorait sa position sociale.

Il ignorait sa profession.

Il ignorait tout enfin, excepté qu'elle était belle et qu'il lui avait donné son cœur.

Aussi, dès cinq heures du soir et sans même prendre le temps de dîner, Jules s'empressa de quitter l'étude, et se mit à courir comme un fou dans la direction du boulevard.

Où allait-il?

Parbleu! où pouvait-il aller, si ce n'est rue de Paradis-Poissonnière?

Il fit le trajet en moins de temps, sans aucun doute, qu'il n'en aurait fallu à un cheval pur sang pour accomplir une course pareille.

Il arriva tout essoufflé en face du n° 7.

Là il s'arrêta.

Son cœur bondissait d'une manière effrayante.

Son pouls battait cent cinquante pulsations à la minute.

Trente de plus que dans les cas de fièvres cérébrales parfaitement désespérées.

Ceci s'explique.

D'abord Jules était amoureux.

Ensuite Jules avait couru.

Mettons soixante et quinze pulsations pour l'amour.

Mettons-en autant pour la course.

Nous trouvons notre compte et le phénomène disparaît.

Jules commença par reprendre haleine.

Ensuite il leva les yeux vers les hauteurs de la maison n° 7, et il se demanda laquelle des nombreuses fenêtres qui perçaient l'immeuble en question jouissait du bonheur sans pareil d'éclairer son idole.

Ce problème n'était point facile à résoudre, pour trois raisons :

La première, c'est que la maison avait sept étages.

La seconde, c'est que huit fenêtres s'ouvraient à chaque étage.

La troisième, enfin, et la dernière, c'est qu'il était très-possible que le logis de Norine ne prît pas jour sur la rue.

Comment savoir à quoi s'en tenir ?...

Jules compta d'abord sur le hasard.

Il attendit, le nez en l'air, espérant que le frais visage de la belle jeune fille apparaîtrait derrière les carreaux de l'une de ces trop nombreuses fenêtres.

Cet espoir ne se réalisa pas.

Nous savons d'ailleurs que Norine demeurait beaucoup trop haut pour qu'il fût possible, depuis la rue, de constater sa présence à la croisée.

Jules réfléchit qu'il y avait un moyen bien plus simple d'arriver à la réalisation de ses désirs.

C'était d'interroger le portier.

Seulement il s'agissait de se mettre en bonnes relations avec ce fonctionnaire privé, et, pour cela faire, il était indispensable de capter sa confiance.

Si Jules avait eu quelque habitude des entreprises galantes, il n'aurait eu garde d'ignorer que le portier parisien ne résiste jamais à l'appât d'un écu de cinq francs, et que même une humble pièce de quarante sous a souvent le pouvoir de le rendre doux, traitable et surtout bavard.

Heureusement un écriteau, suspendu au-dessus de la porte d'entrée, frappa ses yeux.

Sur cet écriteau se trouvaient imprimés ces mots :

« PLUSIEURS CHAMBRES
« ET PETITS CABINETS
« A LOUER PRÉSENTEMENT. »

Jules se frotta les mains.

Le prétexte se présentait de lui-même.

Si farouche que fût le portier, il allait entamer avec lui sans peine un commencement de relations.

Il entra.

La maison avait une allée.

Au fond de cette allée, à gauche, se trouvait la loge, ou, si l'on veut, la niche du concierge.

Ce dernier, ainsi que le disait un second écriteau appliqué contre le vitrage de sa porte, était *tailleur et faisait le vieux et le neuf.*

Ajoutons en passant qu'il s'appelait Médard.

Jules ouvrit courageusement la porte et entra dans la loge.

Au moment où il en franchissait le seuil, Médard tenait entre ses mains la culotte d'une de ses pratiques, culotte qui avait dû rendre à son propriétaire de nombreux et incontestables services.

Cette culotte était en drap bleu.

Médard en enlevait le fond, déshonoré par une large fissure, et s'apprêtait à y appliquer une pièce d'une autre couleur.

Une soupe à l'ail cuisait sur un petit poêle de fonte placé au milieu de la loge, et mêlait son odeur âcre aux émanations fétides d'une soupente entr'ouverte et aux hostiles parfums du vieux drap.

Peut-être aussi Médard augmentait-il par des senteurs

qui lui étaient personnelles la somme de gaz délétère qui se dégageait autour du tailleur.

Bref, c'était à soulever le cœur et à asphyxier.

Jules recula presque.

Mais l'amour est capable de tous les héroïsmes.

Le jeune homme fit un pas en avant, et même il eut le courage de refermer la porte derrière lui.

Seulement il tira son mouchoir de poche et le porta sous ses narines.

Médard venait de lever la tête.

Il s'aperçut de ce mouvement.

Il haussa les épaules, et Jules fut déconsidéré à ses yeux de la façon la plus complète.

— Ah çà! voyons, qu'est-ce que vous voulez?... demanda-t-il d'un ton bourru.

Jules, interdit par cette réception, ne répondit pas d'abord.

— Parlerez-vous, à la fin? s'écria Médard; est-ce qu'on entre comme ça chez les gens établis sans leur expliquer ce qu'on demande et sans répondre quand on vous parle?... Si vous ne me dites pas ce que vous voulez, et tout de suite, je vas croire que vous êtes un *malfaicteur*, et je crie à la garde!...

— Monsieur, balbutia Jules, je viens...

— Est-ce pour un vêtement?... interrompit le portier d'un ton plus doux; je suis tailleur, *Mossieu*, je fais le vieux et le neuf; je vous fournirai cela au plus juste prix... Que vous faut-il?... pantalon?... gilet?... habit?...

— Rien de tout cela... répondit le jeune homme.

— Alors, qu'est-ce que vous voulez donc?... C'est pour le moins la vingt-troisième fois que je vous le demande...

— Je viens pour un logement....

— Quel logement?...

— Vous avez de petits cabinets dans la maison?...

— Nous en avons.

— Je désirerais en louer un.

— Ça peut se faire.

— Quel est le prix?
— Soixante francs par an.
— Ce prix me convient beaucoup.
— Alors décidez-vous. On paie deux termes d'avance et le denier à Dieu, c'est l'usage de la maison; ça évite d'aller aux renseignements...
— Je comprends cela, mais, avant de louer, je voudrais...
— Quoi?
— Voir les cabinets en question.
— Ah! vous voudriez voir!...
— Sans doute. Est-ce que c'est impossible?
— Pas du tout.
— Alors vous aurez la complaisance de m'y conduire?
Médard regarda Jules en ricanant.
Puis il lui montra du geste une de ces horloges rustiques, vulgairement nommées *coucous*, suspendue contre la muraille et dont le balancier se promenait de droite à gauche avec un tic-tac monotone.
— Qu'est-ce que c'est que ça? demanda-t-il en même temps d'un ton goguenard.
— Ça? répondit Jules, qui ne comprenait point où le portier en voulait venir, c'est une horloge.
— Regardez le cadran.
— Je le vois.
— Quelle heure est-il?
— Cinq heures et quart.
— Vous dites?... répéta Médard, qui feignit d'avoir mal entendu.
— Cinq heures et quart, dit Jules pour la seconde fois.
Le portier se mit à rire.
— Mon petit *Mossieu*, fit-il ensuite, vous saurez que, dans une maison bien tenue, un *concierge* qui se respecte ne fait jamais voir les appartements passé cinq heures du soir... c'est le règlement, ça, *Mossieu*... vous repasserez une autre fois...

Jules aurait, de bien grand cœur, cassé les reins de ce butor.

Mais c'était mal se présenter dans la maison qu'habitait sa bien-aimée que d'y débuter par un éclat qui pouvait avoir les suites les plus fâcheuses.

Notre héros s'arma de philosophie.

Il sortit de la loge en disant qu'il reviendrait.

— Bon voyage!... lui cria Médard.

Cette nuit-là, Jules ne dormit guère mieux que la nuit précédente.

Le lendemain, dès huit heures du matin, il arrivait à la rue de Paradis.

— Tiens! fit Médard en le voyant entrer, c'est encore vous!... Tiens! tiens! tiens!...

— Mon Dieu, oui, répondit Jules en s'efforçant de sourire pour se concilier la bienveillance de l'affreux cerbère; mon Dieu, oui, c'est encore moi.

— Qu'est-ce que vous voulez, à ce matin?

— Je viens pour le cabinet.

— Vous dites?... fit Médard, feignant, comme la veille, une surdité dont il n'était nullement atteint.

— Je viens pour le cabinet, répéta Jules.

— Et vous voudriez le visiter, peut-être bien?

— Justement.

— Est-ce qu'il est dix heures?

— Non, répondit le jeune homme, il n'est que huit heures et demie...

— Mon petit *Mossieu*, dit alors Médard en riant de son rire ignoble et trivial et en reproduisant textuellement sa phrase de la veille, sauf une très-légère variante, vous saurez que, dans une maison bien tenue, un *concierge* qui se respecte ne fait jamais voir les appartements avant dix heures du matin!... c'est le règlement, ça, *Mossieu!*... Vous repasserez une autre fois!...

Or, à dix heures, il était indispensable que Jules se trouvât à l'étude.

La colère lui montait au cerveau.

Il craignit d'éclater et il sortit.
— Bon voyage !... lui cria de nouveau l'odieux portier.
— Je reviendrai demain, pensa Jules; demain c'est dimanche, je suis libre toute la journée.
Le lendemain il revint en effet.
Médard lui rit au nez d'un air plus insolent, si c'est possible, que de coutume.
— Il est midi, lui dit Jules, montrez-moi les cabinets.
— Aujourd'hui !... ricana Médard, est-ce que ce n'est pas dimanche ?
— Certainement.
— Comme ça se trouve !... On ne fait pas voir les appartements le dimanche, mon petit *Mossieu !...* Souvenez-vous-en et revenez lundi...
— Vous êtes un vieux drôle !... s'écria Jules exaspéré.
— A la garde ! hurla Médard.
Jules s'enfuit.

VII

ENFIN !

Quand bien même M. d'Artenay n'aurait pas eu pour but unique l'idée fixe de se rapprocher de Norine, les difficultés sans cesse renaissantes qu'il éprouvait à dépasser le seuil de la maison dont Médard était le cerbère auraient suffi pour lui donner le désir le plus impétueux de triompher de tous ces obstacles et de franchir enfin cette infranchissable barrière.
L'esprit de l'homme est ainsi fait.
Ce qu'il a sous sa main ou ce qu'il peut obtenir sans

se donner la moindre peine lui paraît à peine désirable.

Mais qu'il faille surmonter des empêchements de tous les genres pour arriver à la possession de l'objet convoité, et voilà le cœur qui bat, l'ambition qui s'allume, la chose que l'on dédaignait devient un trésor sans prix.

Voyez plutôt les prisonniers.

De lourds barreaux, des murs épais, des portes massives, les séparent de la liberté.

Eh bien ! grâce à cette force de volonté qui grandit chez eux en raison des impossibilités presque absolues qu'ils ont à vaincre, ils parviennent, sans aide, à scier les barreaux, à trouer les murs, à desceller les portes et à reconquérir le grand air et l'indépendance.

Un dragon gardait les fruits d'or du jardin des Hespérides.

Otez le dragon, ces fruits merveilleux deviennent des oranges dont les plus belles valent quinze sous.

Jules attendit la fin du mois.

Il toucha ses appointements modestes, et, en serrant dans la poche de son gilet l'humble rouleau de pièces de cent sous, il éprouva une joie plus vive que certains banquiers quand ils encaissent des millions.

Grâce à cet argent, Jules allait arriver à la réalisation de son rêve.

Pendant tout le reste du mois, peut-être aurait-il faim.

Mais du moins il acquerrait la presque certitude de se rapprocher de sa bien-aimée.

Muni de son trésor, le jeune homme sollicita, du maître clerc, l'autorisation de s'absenter de l'étude pendant deux heures.

Sa demande étant basée sur un prétexte assez plausible, l'autorisation demandée lui fut accordée sans conteste.

Jules courut à la rue de Paradis-Poissonnière.

Il franchit le seuil de l'allée, et, pour la quatrième fois, il affronta le redoutable Médard.

Ce dernier se livrait, comme de coutume, aux travaux de son art.

Il restituait à un uniforme de garde national son lustre primitif en en remplaçant les passe-poils endommagés.

Et, poussé sans doute vers des idées belliqueuses par la vue de cet habit quasi-guerrier, il fredonnait du bout des dents :

> Ah! le bel état
> Que d'être soldat!...
> On sert par sa vaillance
> *Son pays* et l'État!...

On voit que Médard avait introduit une légère variante dans le couplet de M. Scribe.

Il avait remplacé le dernier vers : « *Et son prince et l'État!* » par celui que nous avons reproduit plus haut.

Ceci tient à ce que Médard était un portier républicain, convenablement nourri des saines doctrines démocratiques et affilié à la société *des Saisons*.

Il leva la tête de dessus son ouvrage et regarda Jules.

Mais il ne le reconnut pas d'abord.

En effet M. d'Artenay n'avait plus son allure habituelle.

Il marchait la tête haute et l'air dégagé, comme un homme sûr de lui-même.

Médard en resta saisi.

L'éclat de son rire ironique, par lequel il s'apprêtait à accueillir Jules, s'éteignit au fond de son gosier, et il attendit en silence ce que le jeune homme avait à lui dire.

Jules s'avança délibérement jusqu'à l'établi sur lequel Médard était accroupi comme les Turcs et comme les tailleurs.

Il tira de sa poche six écus de cinq francs et une pièce de quarante sous.

Il aligna cet argent devant Médard et il lui dit avec dignité :

— Voici les deux termes en question, il y a quarante sous de denier à Dieu.

Médard ôta vivement sa casquette graisseuse et ses lèvres grimacèrent un sourire.

— Mossieu est trop bon... murmura-t-il.

— Faites-moi voir *mon* cabinet... reprit Jules en appuyant à dessein sur le pronom possessif que nous venons de souligner.

— Avec le plus grand plaisir, répondit le portier; je suis aux ordres de mossieu...

Et il quitta assez lestement son établi.

— Il y a plusieurs cabinets, dit-il ensuite, mossieu choisira.

Médard ferma à double tour la porte de la loge, et il s'engagea dans l'escalier avec son futur locataire.

— Mossieu, ajouta-t-il, chemin faisant et sans réussir à dissimuler complétement l'embarras qu'il éprouvait, je suis d'un caractère on ne peut pas plus jovial, j'aime beaucoup le petit mot pour rire, et les farces de *sociliété* me remplissent de joie... J'espère que mossieu ne m'en voudra pas des innocentes plaisanteries que j'ai eu la faiblesse de me permettre à son égard...

— Je ne vous en voudrai en aucune façon, répondit Jules.

Médard continua, d'un ton de plus en plus insinuant :

— J'ai mon épouse qui fait les ménages, un miracle d'ordre et de propreté, mossieu. Elle travaille pour les locataires et va-t-en ville... Je me flatte que mossieu, quand il sera installé dans son nouveau logement, ne s'adressera point à quelque autre pour faire faire son lit et raccommoder ses chaussettes...

— Vous pouvez y compter, dit Jules.

Médard reprit :

— Quant à moi, mossieu sait déjà que j'exerce la profession de tailleur. Je fais le vieux et le neuf et je prendrai la liberté de me recommander à mossieu... je lui confectionnerai de la belle et bonne ouvrage et à bon marché... au comptant...

— C'est convenu, répondit M. d'Artenay qui cédait tout au portier afin de se concilier ses bonnes grâces.

Il y réussissait d'ailleurs complétement.

Médard se faisait aussi rampant et aussi servile qu'il avait été d'abord impudent et grossier.

Les deux hommes atteignirent le sixième étage.

Là l'escalier cessait, et il était remplacé par une sorte d'échelle que Médard fit gravir à son compagnon.

En haut de cette échelle se trouvait un long couloir qui régnait dans toute la largeur de la maison.

Ce couloir était percé d'une grande quantité de petites portes qui ouvraient dans les cabinets.

Chacune de ces portes était numérotée.

La première portait : A.-1., la dernière : Z.-25.

Ce qui veut dire qu'il y avait vingt-cinq portes et par conséquent vingt-cinq cabinets.

Six ou sept étaient à louer.

Médard les fit visiter successivement à Jules.

Et il ne manquait point de détailler les avantages de chacun d'eux.

Ce n'était pas une chose facile, car ces cabinets, longs de dix pieds et larges de six, étaient affreusement mansardés et ne prenaient jour que par de petits châssis à tabatière, à peine suffisants pour laisser pénétrer une faible quantité de lumière et d'air respirable.

Nul domestique de bonne maison n'aurait consenti à accepter un de ces bouges pour logis.

Et cependant Médard ne tarissait pas en éloges.

Et il trouvait moyen de varier à l'infini ses formules louangeuses.

— Voyez, mossieu, disait-il, c'est petit, mais c'est coquet!...

Ou bien :

— Le papier de celui-ci est tout neuf. Un charmant papier, mossieu, à quatorze sous le rouleau.

Ou bien encore :

— Depuis la fenêtre de celui-là, on découvre une vue magnifique...

— Où est-elle, la fenêtre? demanda Jules.
— Là, répondit Médard en désignant le châssis à tabatière.
— Mais il est impossible de regarder par ce trou...
— Mossieu se trompe...
— Comment donc faire?...
— On monte sur la table, mossieu, et on passe la tête... Oh! rien n'est plus commode!...

Nos lecteurs comprennent qu'il était tout à fait indifférent à Jules de louer un cabinet plutôt qu'un autre, puisqu'il ne comptait pas l'habiter.

Son but unique était de se procurer le droit de venir dans la maison aussi souvent qu'il le jugerait convenable.

Or, s'il prolongeait si longtemps sa séance avec Médard, c'est qu'il voulait trouver moyen d'interroger le portier et de se faire donner par lui quelques renseignements sur son inconnue.

— Comment la maison est-elle habitée? demanda-t-il, espérant arriver à son but par cette question vague et détournée.

— Oh! très-bien, mossieu... tous gens établis... tous gens tranquilles... excepté trois ou quatre ivrognes dans les cabinets, mais bien bons enfants tout de même...

— Dites-moi donc un peu, je vous prie, ce que font vos locataires...

— Nous avons d'abord, ici au-dessous, au sixième, madame Picard, une raccommodeuse de dentelles, avec sa fille, mademoiselle Norine...

En entendant prononcer ce nom inconnu, Jules sentit, sans savoir pourquoi, que le cœur lui battait.

— Norine?... répéta-t-il d'une voix légèrement émue.
— Oh! une crânement belle fille! continua Médard. Rien que pour la rencontrer dans les escaliers, mossieu, ça vaudrait la peine de demeurer dans la maison.

Instinctivement, Jules comprit qu'il s'agissait de sa bien-aimée.

Il s'efforça de conserver à son visage une expression calme que démentait sa voix tremblante, et il demanda :

— Cette demoiselle Norine, n'est-ce pas une jeune fille de seize à dix-sept ans ?...

— Oui.

— Blonde ?...

— Comme les blés.

— Avec des yeux et des sourcils noirs ?...

— C'est ça même.

— N'est-elle pas allée au spectacle avec sa mère, il y a eu jeudi dernier huit jours ?...

— Justement.

— Et, cette nuit-là, ces deux dames ne sont-elles pas rentrées dans la maison un peu après trois heures du matin ?.

— Ah! ça mais, s'écria Médard, vous étiez donc sur leurs talons, mossieu!...

Jules rougit jusqu'au blanc des yeux.

Puis, quand il eut un peu dominé son trouble, il balbutia, plutôt qu'il ne répondit :

— Non... mais, c'est que... le hasard... m'a fait... me trouver à côté d'elles au spectacle... et, comme je revenais du même côté...

Médard interrompit Jules par un éclat de rire.

— Il finissait donc à trois heures du matin, ce spectacle-là, mossieu ?... demanda-t-il.

Jules demeura tout interdit.

— Allons, jûne homme, poursuivit le portier en clignant de l'œil d'une façon qu'il voulait rendre spirituelle et en se frappant du doigt le bout du nez, il n'y a pas de quoi faire concurrence à la betterave, vous avez suivi mademoiselle Norine, pardi, c'est simple et naturel!... Aussi je me disais tout à l'heure : il faut que ce soit un mouchard ou un amoureux!... Vous êtes un amoureux, j'aime mieux ça!...

Et le jovial Médard se mit à chantonner d'un ton de fausset suraigu :

C'est l'amour,
L'amour,

3.

L'amour,
Qui fait le monde
A la ronde!...
Et, chaque jour
A son tour,
Le monde
Fait l'amour!...

Jules le regardait et l'écoutait d'un air ébahi.

VIII

ENTREVUE ET CONFIDENCE.

Quand Médard eut achevé de glapir son refrain érotique, il se tourna vers Jules et il lui demanda :

— Voyons, décidément, c'est-il ce cabinet-ci que vous arrêtez ?...

— Oui, répondit le jeune homme.

— Alors descendons ; il n'y a personne à ma loge, voyez-vous, et si quelqu'un venait pour un locataire ou pour une commande de vêtements de luxe et qu'on ne me *trouvisse* point, ça pourrait être fâcheux !...

— Descendons, dit Jules dont le cœur nageait dans la joie depuis qu'il savait que sa bien-aimée se nommait Norine et demeurait au-dessous de ce logement qu'il venait de louer.

Médard passa le premier et franchit, à reculons, les degrés de l'échelle.

Jules le suivit.

Médard s'arrêta sur le carré du sixième étage.

Il cligna de l'œil de nouveau, il rentra les coins de sa bouche dans une intention évidemment malicieuse et il dit :

— Voilà SA porte!...

L'instant d'avant, nous le savons, Jules était écarlate.

En entendant ces mots il devint cramoisi.

La respiration lui manqua, et pendant quelques secondes, ses artères suspendirent leurs battements.

Il se figurait que Médard allait passer outre,

Mais non.

Le portier saisit la ficelle qui remplaçait un cordon de sonnette à la porte d'Irma, particularité que nous avons précédemment signalée.

Puis, à la grande surprise et nous dirons presque à la grande épouvante de Jules, il agita cette sonnette.

Les vibrations métalliques retentirent dans le cœur du jeune homme.

Il y eut une demi-minute d'attente.

Ensuite la porte s'ouvrit.

Et, dans l'encadrement formé par les montants de cette porte, Norine apparut, éblouissante de fraîcheur et de beauté.

Les jambes de Jules fléchirent sous lui.

Ses oreilles bourdonnèrent.

Des milliers de flammèches passèrent devant ses yeux.

— Bien le bonjour, mam'zelle Norine, dit le portier en soulevant à demi sa casquette, pardon si je vous dérange...

— Vous ne me dérangez pas le moins du monde, monsieur Médard, répondit Norine d'une voix musicale qui fit courir un frisson d'amour sur tout l'épiderme de Jules, depuis la plante des pieds jusqu'à la racine des cheveux; qu'y a-t-il pour votre service?...

— Je voudrais parler à votre maman...

— Elle est là, entrez.

— C'est que je ne suis pas seul, répliqua le portier en désignant Jules, j'accompagne mossieu, qui est un nouveau locataire.

— Eh bien! fit Norine en souriant, que monsieur entre avec vous...

Jules ne bougeait pas.

La joie et la stupeur clouaient ses pieds au sol.

Norine ne lui avait point parlé, c'est vrai, mais elle avait parlé de lui !

Il venait d'occuper dans sa pensée une place bien petite encore, hélas !... mais qui grandirait si vite !...

Médard le poussa en avant.

Jules franchit le seuil, et c'est ainsi qu'il entra pour la première fois chez celle qui devait exercer sur son avenir une toute puissante et terrible influence.

— Maman, dit Norine à Irma, voilà M. Médard qui voudrait te parler... Il est avec un nouveau locataire de la maison...

Irma salua Jules, et Norine lui avança une chaise, sur laquelle il ne s'assit pas.

Il posa seulement sa main sur le dossier de cette chaise, à la place qu'avaient touchée les doigts de Norine.

— Mam' Picard, fit alors le portier, vous êtes sortie, à ce matin...

— Oui, répondit Irma, je suis allée reporter de l'ouvrage.

— Je ne vous ai pas vue rentrer et conséquemment, je n'ai pas pu vous prévenir qu'il était venu quelqu'un pour vous, pendant que vous étiez-z-en ville...

— Quelqu'un ?... Qui donc ?

— Une petite dame...

— Que me voulait-elle ?...

— Elle demandait à vous parler... je lui ai dit que mam'zelle Norine était en haut, mais, alors, elle a regardé sa montre et s'est souvenue qu'elle n'avait pas le temps de monter.

— Enfin, qu'a-t-elle dit ?...

— Elle a dit, comme ça, qu'elle vous priait de raccommoder bien vite les dentelles que vous aviez à elle, et de les lui reporter le plus tôt possible...

— A-t-elle laissé son nom ?

— Ah ! dame !... non... et je n'ai pas pensé à le lui demander.

— Vous comprenez, dit Irma, que j'ai des dentelles à dix ou douze petites dames et qu'il m'est impossible de deviner laquelle de mes pratiques est si pressée de ravoir les siennes... Peut-être est-ce la personne chez qui je suis allée ce matin et qui, justement, était sortie...

— Ah! fit Médard, ça se peut tout de même; dans tous les cas, voilà ma commission faite, mam' Picard.

— Et je vous en remercie bien...

— Il n'y a pas de quoi... Allons, au revoir, mam'Picard, et vous aussi, mam'zelle Norine...

Médard sortit, accompagné de Jules, qui n'avait ni levé les yeux ni prononcé une parole pendant les quatre ou cinq minutes qu'avait duré la visite du portier.

Les deux hommes descendirent silencieusement trois étages.

Médard ricanait sous cape.

Arrivé sur le carré du troisième, il s'arrêta, il croisa ses longs bras sur sa maigre poitrine, il regarda Jules bien en face, et il dit :

— Ah! bien, si c'est comme ça que vous manœuvrez quand vous êtes épris, *jûne* homme, merci de la recette; l'invention n'est pas chouette !...

— Que voulez-vous dire ? demanda M. d'Artenay.

— Pardine! répondit Médard devenu odieusement familier depuis qu'il possédait le secret de Jules, je veux dire qu'au lieu de roucouler n'importe quoi de bien gentil à la petite pendant que je contais des *blagues* à la maman qui n'y voyait que du feu, vous restez planté sur vos échalas, sans desserrer les dents, comme un grand Nicodème, passez-moi le mot, *jûne* homme !...

— Je n'aurais point osé lui parler... murmura Jules.

— Tiens! faut oser! d'abord quand on est jûne, faut être hardi z'avec le sesque !... Dieux !... je l'étais t-y, audacieux, moi, quand je l'étais, jûne !...

— Que pouvais-je lui dire ?...

— Est-ce que je sais ?... Ça se trouve tout seul, ces choses-là, quand on est en face de la beauté !... J'ai bien inventé une histoire à madame Picard, moi, rien que pour vous rendre service, et sans chercher longtemps dans ma caboche, encore !

— Comment?... demanda Jules, ce que vous avez dit à la mère de mademoiselle Norine n'était donc pas vrai?...
— Mais, non.
— Aucune dame n'est venue demander des dentelles?...
— Ni chien, ni chat, personne!...
— Mais, alors, dans quel but êtes-vous entré chez madame Picard?...
— Il me le demande!... s'écria le portier de l'air d'une stupéfaction profonde.
— Mais, sans doute, je vous le demande!
— Eh bien! puisque vous ne l'avez pas deviné, c'est dans le but unique de vous introduire, jûne homme...
— Vous avez fait cela!... s'écria Jules avec un transport d'enthousiasme.
— Parbleure!... répondit Médard.

Jules songea à enlever le portier dans ses bras et à le presser contre son cœur.

Mais il modéra cette effusion intempestive.

Seulement il prit dans sa poche une des rares pièces de cinq francs qui avaient survécu aux deux termes payés d'avance.

Cette pièce, nouvellement sortie des balanciers de l'Hôtel des Monnaies, représentait le profil grassouillet de Sa Majesté Louis-Philippe.

La tête se modelait merveilleusement.

Le cordon étincelait.

On eût dit une médaille.

Jules glissa discrètement cette œuvre d'art dans la main du concierge.

Une libéralité si peu attendue chatouilla Médard dans ses fibres les plus délicates, en même temps qu'il était surpris de l'importance du présent.

Ce portier ne manquait point de littérature.

Il avait lu *les Mystères de Paris*.

Il était familier avec son collègue *Pipelet* et aussi avec *le prince Rodolphe*.

Il regarda successivement la pièce de cinq francs, puis Jules, et il se demanda :

— Serait-ce un millionnaire déguisé?

Mais il se répondit aussitôt :

— Non, ce n'est pas un millionnaire, ce n'est qu'un amoureux!...

Cependant il voulut acquitter au plus vite la dette de reconnaissance qu'il venait de contracter, et il le fit de deux manières.

D'abord par des égards.

Ensuite par une confidence.

Ce qui signifie qu'il ôta respectueusement sa casquette et qu'il ne la remit plus sur sa tête jusqu'à la fin de l'entretien, qu'il commença en ces termes :

— Ainsi donc il est bien convenu, jûne homme, que vous aimez mam'zelle Norine?...

— Plus que ma vie!... répondit Jules avec exaltation.

— Eh bien! alors, je vas vous donner un bon avis...

— Lequel?...

— Dépêchez-vous...

— De quoi faire?...

— De subjuguer cette pauvre chatte et de vous rendre maître de son cœur, etc... il n'est que temps, jûne homme, il n'est que temps!...

Jules devint très-pâle.

— Mon Dieu!... s'écria-t-il, est-ce qu'elle aimerait quelqu'un?...

— Je ne crois pas...

— Eh bien! alors?...

— Mais cela n'en vaut guère mieux pour vous...

— Que voulez-vous dire?...

— Je vais m'expliquer : mam'zelle Norine, vous le savez mieux que moi, jûne homme, est jolie comme les amours...

— Oh! oui! soupira Jules.

— Elle n'a pas un sou, ni sa mère non plus...

— Que m'importe!... dit l'amoureux.

— Je ne prétends pas que cela vous importe le moins du monde, à vous ou à mam'zelle Norine, mais je vous réponds que cela importe beaucoup à madame Picard, et vous pouvez tenir pour certain que Norine fera une fin, un jour ou l'autre...

— Une fin ?... répéta Jules qui ne comprenait pas.

— Oui, et même que vous la verrez tout d'un coup passer sur les boulevards en carrosse à quatre chevaux, et nippée comme une reine... avec des diamants et des chapeaux z-à plumes.

— Mais, demanda M. d'Artenay naïvement, comment aurait-elle tout cela, puisque sa mère est pauvre ?...

Médard haussa les épaules.

— Parbleure !... fit-il en ricanant, elle aura tout cela parce qu'on le lui donnera...

— Qui donc ?...

— Le sais-je ?... un mossieu quelconque...

De pâle qu'il était, Jules devint livide.

Il chancela.

— Osez-vous dire qu'elle se vendrait ?... murmura-t-il d'une voix étranglée par l'indignation et par la douleur.

— Je n'ai point dit qu'elle se vendrait, répliqua Médard, mais je soutiens qu'on la vendra !...

— Est-ce sa mère que vous soupçonnez de cette infamie ?.. demanda Jules épouvanté.

— Oui.

— Quelles raisons avez-vous pour parler ainsi ?

— Plusieurs.

— Dites.

— D'abord il faut que vous sachiez que, depuis que madame Picard habite dans la maison, et ce n'est pas d'hier, elle a toujours couvé la misère, *Débine et Compagnie*, c'est le mot !... Or, voici une huitaine qu'elle a pas mal d'argent, elle change des jaunets dans le quartier pour payer une falourde ou un demi-boisseau de charbon, elle me fait faire des commissions et elle m'envoie porter des bouts de billet à une dame qui est sa sœur, à ce qu'il paraît, qui s'appelle mam' Belphégor (un nom qui n'est pas trop catholique), et qui demeure rue Caumartin...

Jules interrompit Médard, comme il avait fait un peu auparavant au sujet de Norine.

— Une petite femme?... demanda-t-il.
— Haute comme ça, répondit le portier en élevant sa main à quatre pieds de terre.
— A peu près cinquante ans ?
— Dans les environs de cet âge-là...
— Fort grasse ?...
— Une vraie boule.
— La figure rouge et ridée ?
— Vous la connaissez aussi !... s'écria Médard. Nom d'une vieille culotte !... mais vous connaissez donc tout le monde ?...
— Oui, je la connais, répliqua Jules ; qu'alliez-vous me dire à son sujet ?...
— Rien que vous ne sachiez, sans doute, puisque vous savez tout !...

Jules demeura comme foudroyé.

IX

UNE LETTRE D'AMOUR.

Jules, nous l'avons dit à la fin du précédent chapitre, demeura comme foudroyé en entendant les paroles de Médard.

Pendant un instant, il n'y eut dans son esprit qu'une sorte de chaos douloureux.

Puis la conscience de ce qu'il venait d'apprendre lui revint, et un soupçon le mordit au cœur, tandis qu'un éclair sinistre illuminait les ténèbres de son esprit.

Cette madame Belphégor, cette matrone infâme, c'est chez elle qu'Irma et sa fille avaient passé une partie de la nuit pendant laquelle il les suivait.

Jules se remit à interroger Médard.

— Cette madame Belphégor, lui dit-il, vient-elle souvent dans la maison?...

— Je ne l'y ai vue qu'une seule fois.

— Quand?...

— Dame! il y a quatre ou cinq jours.

— Et croyez-vous que madame Picard voyait quelquefois sa sœur avant la nuit où elle est rentrée si tard avec mademoiselle Norine?...

— Pour ça, non. Si elles s'étaient fréquentées, madame Belphégor serait venue ici, pour sûr, et je vous répète qu'elle n'y mettait point les pieds...

— Et, depuis ce temps-là, madame Picard est-elle sortie avec sa fille?...

— Pas une seule fois.

— C'est bien, dit Jules à moitié rassuré. Je vous remercie beaucoup de vos renseignements.

— Oh! il n'y a pas de quoi... répondit Médard. A propos, quand mossieu emménage-t-il?...

— Je n'en sais rien...

— Comment?... s'écria le portier, mossieu ignore quand il emménage!...

— Mon Dieu, oui.

Médard parut chercher à se rendre compte du singulier caprice qui poussait un locataire à ne pas venir prendre possession du logis qu'il avait loué et payé.

Sans doute il n'y réussit point, car il dit au bout d'un instant, de l'air d'un homme qui renonce à trouver la solution d'un problème :

— Après tout, mossieu est bien libre d'agir comme il le jugera convenable; il y a deux termes de soldés d'avance, le *porpilliétaire* est à l'abri... Seulement je préviens mossieu que si dans trois mois il n'a pas garni les lieux de meubles suffisants pour répondre des loyers à venir, mossieu recevra congé... c'est l'usage...

— D'ici à trois mois, répondit Jules, je verrai ce que j'aurai à faire...

— C'est trop juste!... Ce que j'en faisais était simplement pour prévenir mossieu qui n'est point sans savoir le proverbe : — *Un homme averti en vaut deusse !...*

Ces dernières paroles s'échangeaient devant la porte de la loge, car Jules et le portier avaient franchi, lentement et tout en parlant, les dernières marches de l'escalier.

L'heure approchait où le jeune homme devait être de retour à l'étude.

Il fit un mouvement pour s'éloigner.

Médard le retint.

— Que me voulez-vous encore ? demanda Jules.

— Pardon, mossieu... fit le portier, mais il nous reste une petite formalité à remplir.

— Laquelle ?...

— Je vais vous la faire voir.

Médard ouvrit vivement la porte de son bouge, prit dans un des tiroirs de son établi un petit cahier tout crasseux, pareil à ceux dont se servent les blanchisseuses pour inscrire le linge de leurs pratiques, et le tendit à Jules en lui disant :

— Voyez-vous, mossieu, il faut que je marque là-dessus le nom et la profession de tous mes locataires... Le *porpilliétaire* y tient beaucoup... c'est une faiblesse, je ne dis pas le contraire, mais qu'est-ce que vous voulez ? il faut bien le contenter, cet homme... — Si c'était un effet de l'obligeance de mossieu, de me dire son nom ?...

— Jules d'Artenay, répondit le jeune homme.

— Fort bien. Et la profession de mossieu ?

— Clerc d'avoué.

— Ça suffit.

Médard trempa dans le récipient d'une écritoire de plomb une plume au bec tordu et à la tête ébouriffée.

Il ramena une boue noire, nullement liquide.

— Je crois que ça ne coulerait pas très-bien comme ça, dit-il.

Il versa quelques gouttes d'eau dans l'encrier, agita

le tout et obtint une liqueur visqueuse et à peu près incolore.

— Maintenant, ajouta-t-il, ça va-t-aller comme sur de petites roulettes.

Et il se mit en devoir de tracer les premières lettres du nom de Jules.

Mais, sans doute, c'était une tâche au-dessus de ses forces.

Il y renonça bien vite, et, se retournant vers Jules, il le pria d'écrire lui-même les indications nécessaires.

Jules acquiesça à cette demande.

Médard le regardait faire.

— Fichtre!... s'écria le portier, en voyant Jules tracer une apostrophe après le *d* qui précédait le nom de famille, un noble à particule!... Plus que ça de chic!... C'est pour le coup que la maison va-t-être crânement habitée!...

M. d'Artenay quitta la rue de Paradis-Poissonnière et regagna l'étude.

Arrivé là, il s'assit à sa place accoutumée et prit les dispositions suivantes.

D'abord il délia deux ou trois dossiers de procédure qu'il étala tout autour de lui.

Ensuite il plaça sur son pupitre, et précisément à côté l'une de l'autre, une large feuille de papier timbré et une petite feuille de papier à lettre.

Et enfin, après s'être bien assuré par un regard circulaire que personne ne s'occupait de lui, il prit sa plume et, au lieu de grossoyer un acte, il traça les lignes suivantes dans lesquelles débordait son cœur, dans lesquelles éclataient son âme et son amour :

« Vous allez croire, mademoiselle, que c'est un fou qui vous écrit.

« Vous allez sans doute déchirer cette lettre sans en avoir lu autre chose que les premiers mots.

« Et pourtant, cette lettre, c'est le salut peut-être, car un grand danger vous menace, et celui qui vous parle en ce moment donnerait sa vie, et la donnerait avec ivresse, pour écarter de vous ce danger.

« Vous ignorez mon nom, mademoiselle.

« Vous ne me connaissez pas.

« Vous m'avez vu, mais sans me regarder.

« Vous m'avez parlé, mais sans savoir à qui s'adressaient les paroles vagues qui tombaient de vos lèvres.

« Pour vous, je suis un étranger.

« Si le hasard nous mettait de nouveau en face l'un de l'autre, vous auriez oublié que ce n'est point la première fois que vos yeux s'arrêtent sur moi.

« Je suis ce jeune homme qu'on vous a dit être un nouveau locataire de la maison que vous habitez et qui a passé cinq minutes, aujourd'hui, dans le logis de votre mère.

« Mais vous souvenez-vous seulement qu'un jeune homme est venu?...

« Et pourtant, mademoiselle, je vous aime!...

« Je vous aime d'un de ces amours profonds, infinis, éternels, qui s'emparent de toute une âme et décident de toute une vie !...

« Je vous aime tant, que je n'aurais jamais osé vous le dire si cet aveu n'était devenu nécessaire pour vous faire comprendre d'où me vient ce droit de veiller sur vous que je revendique aujourd'hui.

« Je vous ai prévenue qu'un danger vous menaçait, et je ne sais plus trouver de mots pour vous dire quel est ce danger...

« Prenez garde, mademoiselle, à cette sœur de votre mère qui vous a attirée dans sa loge, au théâtre de la Porte-Saint-Martin, et qui ensuite vous a conduite chez elle.

« Le métier de cette femme est immonde, et, si vous écoutiez les conseils qu'elle vous donnera, si vous suiviez ceux que, peut-être, elle vous a déjà donnés, vous seriez perdue, mademoiselle... à tout jamais perdue!...

« Je n'ose accuser votre mère...

« Et pourtant, sans savoir pourquoi, je ne suis pas tranquille en vous sachant près d'elle.

« Elle est bien pauvre, m'a-t-on dit... elle souffre de sa pauvreté, et la misère conseille mal.

« Prenez garde, mademoiselle, prenez garde à tout ce qui vous entoure, prenez garde à tout ce qui vous approche.

« Oh! mon Dieu, si j'étais riche!... Si je pouvais aller à vous et vous dire : Mon nom et ma fortune sont à vous!... appuyez-vous sur ma main dévouée!... appuyez-vous sur mon cœur qui vous aime !

« Oh! oui! si je pouvais!...

« Mais je n'ai rien, je ne suis rien. Ce nom que je porte et qui fut noble autrefois, s'éteint aujourd'hui dans la pauvreté triste et froide, dans l'isolement, dans la douleur.

« Et je n'ai rien à vous offrir, car je ne possède que mon cœur et ma vie, et depuis longtemps déjà, mon cœur et ma vie sont à vous. »

. . . .

Venait ensuite une autre page de rêveries et de divagations amoureuses, puis cette lettre brûlante était signée :

JULES D'ARTENAY.

X

MERCURE GALANT.

Notre héros, une fois qu'il eut achevé sa lettre et qu'il l'eut pliée et cachetée, attendit avec une fiévreuse impatience que l'heure arrivât de quitter l'étude.

Il lui semblait que le salut de la jeune fille dépendait de la promptitude avec laquelle lui seraient remises les lignes ardentes et inquiètes qu'il lui envoyait.

A peine la vieille horloge de l'étude avait-elle sonné le premier coup de l'heure tant désirée que Jules quitta sa place.

Il eut mis son chapeau avant tous les autres.

Il fut le premier sur qui la porte se referma.

Un changement aussi notable dans les habitudes de Jules devait nécessairement frapper ses collègues.

Aussi y eut-il unanimité des voix dans l'étude pour dire :

— Décidément notre second clerc se dérange !...

Ce à quoi le maître clerc ajouta :

— Quand je vous disais l'autre jour qu'il était amoureux, vous voyez bien que je ne me trompais pas !... Il faudra faire en sorte de le suivre un de ces jours et tâcher de découvrir l'objet de la flamme de ce beau ténébreux !...

— Oui ! oui ! oui !... répondirent tous les jeunes gens qui se mirent à chanter en chœur, sur l'air du *Tra-la-la*, ce couplet improvisé où manquaient à la fois la rime et la raison :

>Jusque dedans l'enfer,
>Nous suivrons c't'amoureux !...
>Afin d'tirer au clair
>Le mystèr' de ses feux...

Puis ils se dispersèrent pour aller dîner, les uns sous le toit paternel, les autres dans ces gargottes inouïes, baptisées du nom de *restaurants à prix fixe*, et où, moyennant une modeste rétribution de vingt-deux sous, on met à la disposition des jeunes gens pauvres, des artistes nécessiteux et des petits employés, une nourriture malsaine et peu abondante, des assiettes d'une propreté douteuse, et des couverts en métal d'Alger, oxydé.

Jules, lui, ne songeait guère à aller dîner !...

Il y a un proverbe qui dit que *l'amour ne mange pas.*

Ce proverbe est vrai ou faux, selon la manière d'envisager les choses.

L'amour heureux mange beaucoup, et pour cause.

Mais l'amour qui soupire et n'a rien encore obtenu se met facilement à la diète et vit volontiers de régime.

L'amour de M. d'Artenay appartenait évidemment à cette dernière catégorie.

Aussi, depuis le jour où Jules avait rencontré Norine, Jules avait perdu l'appétit.

Ajoutons qu'à la manière inconsidérée dont il prodiguait son pécule, le jeûne ne tarderait point à devenir pour lui d'absolue nécessité.

Nous n'avons pas besoin de dire que Jules se dirigea vers la rue de Paradis-Poissonnière.

Cette rue exerçait sur Jules une attraction semblable à celle que le pôle nord exerce sur l'aiguille aimantée de la boussole.

Il atteignit le numéro 7.

Il franchit l'allée et il entra dans la loge bien connue de Médard.

— Tiens !... s'écria ce dernier avec un gros rire jovial, revoici mon locataire !... Bonsoir, mon locataire...

— Bonsoir, monsieur, répondit Jules.

— Est-ce que vous viendriez pour emménager, jûne homme ?... A ces heures ici, ça serait peut-être un peu tard !...

— Non, dit d'Artenay, je n'emménage point.

— Alors, qu'est-ce qu'il y a pour votre service ?...

Avant de répondre à cette dernière question, Jules mit ses deux mains dans ses poches.

Ce mouvement double et simultané avait un but.

La main droite du jeune homme saisissait une pièce de quarante sous dans sa poche droite, tandis que sa main gauche s'armait de la lettre écrite pour Norine.

Les deux mains reparurent en même temps.

En même temps aussi elles s'avancèrent vers le portier.

Seulement, celle qui tenait la pièce de monnaie marcha plus vite que sa compagne, et elle fut la première qui s'offrit aux yeux émerveillés de Médard.

Le portier fondit sur l'argent et le fit disparaître dans les profondeurs de son gousset avec l'agilité d'un singe.

Et il se dit dans son for intérieur :

— Décidément, c'est le Pérou incarné que mon locataire... Mais pourquoi diable m'offre-t-il deux francs ?

A peine Médard venait-il de s'adresser à lui-même cette question qu'il leva les yeux, qu'il vit la lettre que Jules lui présentait de la main gauche et qu'il comprit tout.

— Ah ! ah !... murmura-t-il en riant, je suis la petite poste, pour le quart d'heure, et on paie le port !... Connu !...

Et il ne prit point l'épître qui s'avançait vers lui.

Hâtons-nous d'ajouter qu'il ne fit pas non plus le geste de restituer la pièce de quarante sous.

Le malicieux portier voyait bien l'embarras de Jules et ne voulait en aucune façon l'aider à en sortir.

— Monsieur... dit timidement le jeune homme.
— Hein ?.. fit Médard.
— Je voudrais vous demander un service...
— Parlez, mon locataire...
— Voici une lettre...
— Je la vois bien...
— Voulez-vous vous charger de la remettre ?
— Dame ! faudrait savoir à qui ?... D'abord, si la course est longue, je vous préviens que j'ai de pauvres *guibolles* bien détériorées ! Elles ont été fameuses, mes *quilles*, dans le temps, mais aujourd'hui elles ne valent pas les quatre fers d'un toutou !...
— Il n'y a pas loin à aller... dit Jules.
— Ah !... ah !... c'est dans le quartier ?...
— Plus près que cela.
— Dans notre rue ?...
— Plus près encore...
— Bah !.. est-ce que ce serait dans notre maison ?...

4

— Justement.
— Tiens!... tiens!... tiens!...
— Cela vous étonne?...
— Dame! je ne devine point pour qui ça peut être...
— Regardez, dit Jules, en tendant la lettre au portier.

Ce dernier jeta les yeux sur l'adresse et, en y trouvant le nom de *Norine* que d'avance il était plus que certain d'y rencontrer, il simula un geste d'étonnement.

— Nom d'une vieille culotte!... s'écria-t-il, moi qui ne pensais pas plus à mam'zelle Norine qu'aux dessous de pieds du *porpilliétaire!*... Parole d'honneur, faut que je sois un vieux borné!...

— Enfin, répéta Jules, vous chargez-vous de cette lettre?...

— M'en charger?.. fit Médard en se grattant l'oreille.
— Oui.
— Diable! diable!...
— Hésitez-vous?...
— Oh! mais, beaucoup!...
— Pourquoi?...
— Parce que la chose est périlleuse et compromettante...
— Comment cela?...
— Mam'zelle Norine est mineure...
— Eh bien?...
— Eh bien! si vous la détourniez, cette jeunesse, et que ça vous attirât une méchante affaire, je serais jugé comme votre complice, savez-vous, rien que pour lui avoir remis ce poulet...

— Oh! s'écria Jules, il n'y a point de danger!...

— Pas si sûr!... reprit Médard, sans compter que sa vieille drôlesse de mère pourrait bien m'éborgner d'un coup de griffe, car elle n'est bonne que tout juste, la raccommodeuse!...

— Ainsi, vous refusez?... murmura le jeune homme avec un découragement profond.

— Je crois que je ne ferais pas mal… répondit Médard qui était au contraire parfaitement décidé à accepter, car il comprenait bien qu'un refus couperait court à l'averse de pièces de deux francs qu'il entrevoyait dans l'avenir.

Il sembla réfléchir pendant un instant, puis il ajouta :

— Enfin, voyons, je suis bon enfant !… vous êtes mon locataire et je m'intéresse à vos amours .. Donnez-moi cette lettre, jûne homme, on s'en charge…

Ces dernières paroles résonnèrent comme une harmonie céleste aux oreilles de Jules.

Volontiers se serait-il jeté dans les bras de Médard !

Ce dernier prit la lettre et dit à M. d'Artenay :

— Dormez tranquille !… ce soir, elle aura le poulet !…

Quand Jules quitta la maison de Norine, il avait le paradis dans le cœur.

Il y avait à peine cinq minutes que Jules était sorti de la loge, lorsqu'Irma passa devant cette loge.

Elle allait chez madame Belphégor pour lui demander de l'argent.

Le portier la suivit jusqu'au bout de l'allée, afin de s'assurer qu'elle s'éloignait de la maison.

Ensuite il prit la lettre de Jules, donna un tour de clef à sa porte, et gravit assez lestement les six étages qui conduisaient au logis de madame Picard.

Ce concierge, très-friand, comme tous ses confrères, de cancans et de commérages, et très-désireux de se voir initié aux petits mystères d'intérieur, trouvait fort piquant d'être le pivot sur lequel allait tourner une intrigue amoureuse.

Son rôle de Mercure galant le rajeunissait à vue d'œil, et, tout en montant l'escalier, il se débitait à lui-même les gaudrioles les plus folichonnes.

Il sonna.

Norine vint ouvrir.

Médard entama la conversation ainsi qu'il l'avait déjà fait quelques heures auparavant.

— Bien le bonjour, mam'zelle Norine, dit-il en entrant, pardon si je vous dérange.

Ce à quoi Norine répondit, comme le matin :

— Vous ne me dérangez pas le moins du monde, monsieur Médard ; qu'y a-t-il pour votre service?...

Médard pénétra dans la première pièce, prit une chaise et s'assit de l'air d'un homme qui apporte de grandes nouvelles, qui vient faire des communications importantes, et qui s'installe afin de parler à son aise.

Norine s'étonna de ces façons inusitées.

— Vous avez quelque chose à me dire, monsieur Médard?... demanda-t-elle.

— Oui, mam'zelle.

— A moi, ou à ma mère?...

— A vous-même, mam'zelle Norine, parlant à vot' personne, comme disent ces gueux d'huissier!...

— Ah ! fit Norine.

Et comme le portier se livrait à un accès d'hilarité résultant de la phrase *arnalesque* qu'il venait de commettre, elle ajouta :

— J'attends, monsieur Médard ; voyons, de quoi s'agit-il?...

— Mam'zelle Norine, dit le portier, je suis déjà venu aujourd'hui...

— Sans doute.

— Je n'étais pas seul...

Norine ne répondit point, mais elle fit de la tête un signe affirmatif.

— Un jûne homme m'accompagnait, poursuivit Médard, un beau jûne homme, un nouveau locataire...

— Eh bien?..

— Eh bien! mam'zelle Norine, une question?...

— Laquelle?...

— Comment le trouvez-vous, ce jûne homme?..

— Mais, fit Norine, je serais fort embarrassée de vous le dire.

— Pourquoi donc?

— Parce que je l'ai à peine regardé et que, si je le rencontrais, je ne le reconnaîtrais certainement pas...

— Vous croyez?

— J'en suis sûre.
— Voilà qui est fâcheux !..
— En quoi, s'il vous plaît ?
— Dame ! en cela que, si vous n'avez pas regardé mon locataire, il vous a joliment dévisagée, lui, quoiqu'il soit pour le moins aussi timide qu'une jeune fille, le pauvre garçon !... Même que vous lui avez fait un effet soigné, et qu'il est *toqué* de vous, à en perdre son peu de cervelle !...

— Monsieur Médard !... s'écria Norine avec un sentiment de dignité naturelle et en rougissant jusqu'au blanc des yeux.

— De quoi ?... de quoi ?... fit le portier en goguenardant, me prendriez-vous pour un pas grand'chose, par hasard ?... Sachez que la flamme de mon locataire est pure, sans cela je ne m'en fusse point rendu le complice... Aussi vrai que je n'ai mon pareil dans le quartier pour remettre un fond de culotte, ce brave jûne homme est clerc de notaire et vous idole pour le bon motif... Où est le mal, mam'zelle Norine ?...

— Il vous a donc pris pour interprète ? demanda Norine, en souriant du singulier confident qu'avait choisi son adorateur.

— Pas précisémeut, répondit Médard.

— Alors, comment savez-vous tout ce que vous venez de me dire ?...

— Je suis perspicace et j'ai deviné l'état du cœur de ce pauvre jûne homme.

— Ah ! fit la jeune fille, ainsi, ce n'est pas de sa part que vous êtes ici ?...

— Pardon !...

— Comment ?... Vous venez de me certifier qu'il ne vous avait point chargé de parler pour lui !...

— C'est exact, mais il m'a chargé de vous remettre quelque chose..

— Quoi ?

— Une lettre.

4.

Et, tout en parlant, Médard tira de sa poche le billet de M. d'Artenay et le présenta à Norine.

Cette dernière le repoussa du bout des doigts.

— Prenez donc, fit Médard.

— Non, répondit la jeune fille.

— Vous refusez de recevoir cette lettre?

— Oui.

— Mais pour quelle raison?

— Je le dois.

— Alors, faites comme votre maman qui *doit* deux termes et qui ne les paie pas.

Le portier se mit à rire de son mauvais jeu de mots qu'il prenait pour un calembour.

Puis il ajouta, aussitôt que cet accès d'hilarité se fut calmé :

— Voyons, mam'zelle Norine, pas de bêtise !... Prenez-vous le billet, oui ou non?...

— Non! répondit la jeune fille, non! trois fois non!

Médard haussa les épaules.

— Suffit! dit-il; c'est votre idée, n'en parlons plus!...

Il posa la lettre sur la table, devant Norine, et il continua :

— Seulement, moi, j'ai promis de remettre ce chiffon de papier à son adresse. Ma promesse est tenue, le voilà arrivé. Si vous désirez faire une réponse, vous n'aurez qu'à me la remettre, je m'en chargerai volontiers...

Et le portier, tournant sur ses talons, quitta la chambre dont il referma la porte sur lui.

Norine demeura seule en face de la lettre de Jules.

Cette lettre, elle n'en pouvait douter, contenait des paroles d'amour.

Ces paroles d'amour lui étaient écrites par un jeune homme qu'elle avait assez regardé, quoi qu'elle en eût dit, pour savoir à merveille qu'il était d'une grande beauté et d'une distinction remarquable.

Nos lectrices conviendront sans peine qu'il fallait que Norine fût douée d'un certain empire sur elle-même pour avoir formé la résolution de ne pas décacheter cette lettre.

Elle prit le papier tentateur et le cacha dans le corsage de sa robe en se disant :

— Je le donnerai à ma mère aussitôt qu'elle sera de retour...

Mais une réflexion l'arrêta :

— Si ma mère allait s'irriter, pensa-t-elle, et croire que j'ai provoqué par quelque inconséquence la démarche de cet inconnu ?...

Et, au bout d'un instant, elle ajouta :

— Tout bien considéré, il vaut mieux brûler ce billet...

La mise à exécution de ce nouveau projet ne se fit point attendre.

Le pauvre billet fut tiré du corsage de Norine et la jeune fille le présenta à la flamme d'une petite lampe.

Le feu mordit un des angles et commença lentement son œuvre de destruction.

Mais le vent avait tourné de nouveau dans l'esprit de Norine.

Elle éteignit la flamme en se disant tout bas :

— Je suis folle, en vérité, d'ajouter foi comme je le fais aux ridicules histoires de ce vieux fou de Médard!... Peut-être est-il question dans cette lettre de toute autre chose que d'amour !...

Et, rassurée à moitié par ce raisonnement sophistique dont elle n'était cependant point entièrement la dupe, elle rompit le cachet et déploya la lettre.

L'écriture était intacte.

La flamme intelligente n'avait dévoré qu'un endroit blanc.

Norine lut.

Elle lut avec curiosité d'abord.

Puis avec une émotion croissante et mêlée de terreur.

Et, à mesure que ses yeux s'arrêtaient sur ces lignes chaleureuses que nous connaissons déjà, elle sentit qu'une fièvre inconnue allumait le sang dans ses veines et elle appuya sa main sur son cœur qui battait plus fort.

Pauvre Norine !

Pour la première fois l'amour se révélait à elle et lui apparaissait dans toute la grandeur de sa simplicité passionnée.

Elle comprenait que l'auteur de ces pages qui brûlaient encore ses regards devait l'aimer, comme il le disait, d'un amour infini, immuable, éternel.

Elle sentait en quelque sorte cet amour rayonner autour d'elle et enflammer de ses ardeurs l'atmosphère qui l'environnait.

Et elle était heureuse de se sentir aimée de cette façon si absolue et si dévouée.

Mais, nous le répétons, à côté de cette émotion presque joyeuse, il y avait de la terreur.

Les passages de la lettre relatifs aux honteux projets d'Irma et de sa sœur ouvraient devant Norine d'effrayants horizons.

Elle comprenait instinctivement que celui qui lui avait écrit ne se trompait pas.

Plus d'une fois déjà elle avait soupçonné que la luxueuse opulence de madame Belphégor venait de quelque source infâme.

Elle se rappela en ce moment de nombreux détails incompris jusqu'alors qui achevèrent d'apporter la lumière dans son esprit.

Cependant elle s'efforça de douter encore.

Elle se dit que peut-être sa mère était dupe et non complice.

Et elle résolut de ne point la condamner tout à fait avant qu'elle eût mis bas son masque et dévoilé elle-même ses honteux projets.

Norine resta plongée dans ces alternatives de délire, d'effroi et de joie, jusqu'au moment du retour de sa mère.

Au milieu de semblables rêveries le temps passe bien vite pour une jeune fille, et, lorsque la sonnette retentit, il sembla à Norine que sa mère venait à peine de sortir, tandis qu'en réalité son absence avait duré plus de trois heures...

Pour des raisons que nous ne tarderons guère à connaître, madame Picard était d'une humeur massacrante.

Sans aucune espèce de motifs, elle fit à la pauvre Norine une scène des plus violentes.

Elle alla jusqu'à la frapper, et la jeune fille tout en larmes alla gagner son humble couchette, d'où le chagrin chassa le sommeil pendant une partie de la nuit et que de tristes rêves vinrent visiter ensuite jusqu'à l'heure du réveil.

XI

LA MÈRE ET LA FILLE

Voici pourquoi madame Picard était rentrée chez elle de si mauvaise humeur la veille au soir.

Nous savons déjà que sa visite à madame Belphégor avait pour but d'emprunter quelque argent à sa sœur.

Madame Belphégor avait fort mal reçu Irma.

Elle lui avait répondu que, quand on voulait de l'argent, il fallait le gagner.

Ce refus exaspéra madame Picard.

Depuis quelques jours elle avait pris l'habitude de vivre sans rien faire et de vivre largement.

Cette habitude lui plaisait fort.

Elle se révoltait contre l'idée de raccommoder de nouveau de la dentelle pendant seize heures par jour, pour ne réaliser qu'un salaire maigre et insuffisant.

L'horreur que lui inspirait sa propre misère s'envenimait encore par la vue et par la comparaison de l'insolente opulence de madame Belphégor.

Or, la situation était difficile et surtout pressante.

Irma ne possédait plus un sou.

Sa sœur, en lui refusant impitoyablement un léger subside, la mettait dans le plus grand embarras.

Elle n'avait qu'un seul moyen d'en sortir.

C'était d'accomplir les clauses du traité.

Certes, madame Picard ne demandait pas mieux, et, si cela n'eût dépendu que d'elle, la chose eût été faite depuis longtemps déjà.

Cependant il n'y avait plus à hésiter.

Il était même impossible de différer.

Irma, en revenant de chez sa sœur, avait pris le parti de parler à sa fille le lendemain matin.

La nécessité de cet entretien produisait sur ses nerfs l'effet le plus désagréable, et Norine avait été, comme toujours, la victime innocente de la fâcheuse disposition d'esprit dans laquelle se trouvait sa mère.

Le lendemain matin, tous les nuages avaient disparu du front de madame Picard.

Son visage était épanoui.

Son regard semblait caressant.

Ses lèvres souriaient.

Enfin une expression de bonhomie mielleuse et sournoise éclairait en quelque sorte sa laideur.

Elle éveilla Norine à l'heure accoutumée, et, la trouvant pâle, elle lui demanda du ton de l'intérêt le plus affectueux :

— Est-ce que tu es malade, petite ?...

— Non, maman, répondit la jeune fille.

— C'est que tu me sembles pâlotte...

— Je n'ai pas beaucoup dormi cette nuit, mais je vous assure que je me porte comme à l'ordinaire...

Madame Picard fit deux ou trois tours dans la chambre, puis elle s'arrêta, se tourna vers sa fille et reprit :

— Dis donc, Norine ?..

— Quoi, maman?

— J'ai bien peur que tu ne sois fâchée contre moi....

— Fâchée contre vous !... répéta Norine en regardant

sa mère avec un étonnement qui se peignait dans ses grands yeux.

— Mon Dieu, oui.
— Plaisantez-vous?...
— Pas le moins du monde.
— Et pourquoi donc serais-je fâchée contre vous, maman?...
— Parce que je t'ai un peu bousculée, hier au soir.
— Oh! répondit la jeune fille en souriant... je ne m'en souvenais même pas!...

Et elle ajouta mentalement :

— N'avez-vous pas, d'ailleurs, l'habitude de me maltraiter?...

Irma poursuivit :

— Tu aurais tort de m'en vouloir, vois-tu bien... hier au soir j'avais du chagrin...
— Du chagrin, ma mère?... demanda Norine avec intérêt.
— Oui, et beaucoup..
— Pour quel sujet?...
— Parce que je ne sais pas trop ce que nous allons devenir...
— Comment?...
— Nous n'avons plus d'argent...
— Oh! fit la jeune fille, cela, c'est assez naturel.
— Tu trouves?...
— Certainement, puisque depuis quelques jours nous ne travaillons pas; mais nous allons nous y remettre et l'argent reviendra.
— C'est ton avis, Norine?...
— N'est-ce pas le vôtre, ma mère?..
— Cela t'amuse donc, de travailler?...
— Cela ne m'amuse ni ne m'ennuie, il le faut et je le fais...
— Mais s'il ne le fallait pas?...
— Dame! bien certainement que si nous devenions riches tout d'un coup, je ne regretterais pas beaucoup

mes fuseaux et mes aiguilles... Mais nous ne deviendrons pas riches...

— Peut-être...

— Que voulez-vous dire?

— Je veux dire que notre fortune dépend de toi...

Un frisson courut sur tout l'épiderme de Norine, et une sorte de tressaillement nerveux secoua son beau corps.

Elle se souvenait des avertissements de la lettre de Jules.

Elle devint très-pâle et elle répondit, ou plutôt elle balbutia d'une voix à peine distincte ces mots :

— Je ne vous comprends pas...

— Si tu le veux, continua madame Picard en cherchant ses mots et en donnant à son organe les intonations les plus mielleuses et les plus caressantes, si tu le veux, ma petite, nous ne manquerons plus de rien et nous serons riches et heureuses pendant tout le reste de notre vie...

— Que faudrait-il faire pour cela? demanda Norine.

— Oh! mon Dieu, bien peu de chose...

— Mais encore?...

— Tu vois souvent des petites femmes qui viennent ici nous apporter des dentelles à raccommoder?...

— Oui.

— Presque toutes sont moins jeunes que toi...

— C'est possible...

— Aucune n'est aussi jolie...

— Je ne sais pas si je suis jolie.

— Tu l'es, mon enfant, et beaucoup!... C'est ta mère qui te le dit, et tu peux l'en croire!... tu es belle comme une reine!...

— Eh bien? murmura Norine.

— Eh bien! continua Irma, ces petites dames, à ton âge, n'avaient d'autre fortune que leur visage assez médiocre, ce qui ne les empêche pas de rouler carrosse aujourd'hui, et, si elles ont bon cœur, de faire des rentes à leurs pauvres vieilles mères...

Norine ne répondit pas.

Madame Picard poursuivit :

— Sois tranquille, quand il ne s'agira que de te trouver des amoureux, ce ne sera pas difficile...

— Qui s'en chargera ?...

— Tu ne devines pas ?...

— Non.

— Ta tante Belphégor, pardieu !...

— Elle vous l'a dit ?

— Et plutôt dix fois qu'une...

— Ainsi, tout est convenu entre vous ?...

— Sans doute.

— Depuis quand ?...

— Depuis le jour où nous avons soupé chez elle.

— Vous l'avez vue hier au soir ?...

— Oui.

— Elle sait que vous devez me parler aujourd'hui ?...

— Je le lui ai annoncé.

— Et elle attend ma réponse ?...

— Ce soir même.

— Eh bien ! fit Norine, il est inutile de la faire attendre jusqu'au soir...

— Je puis aller chez elle tout de suite... s'écria Irma en prenant son vieux châle avec un empressement joyeux.

— Vous lui direz, ma mère, répondit Norine avec une simplicité pleine de calme et de grandeur, vous lui direz que vous et moi, peut-être, nous mourrons de faim bientôt, mais que je ne me vendrai jamais pour nous donner du pain !

Irma se laissa tomber sur une chaise.

Son visage devint pourpre.

Une attaque d'apoplexie était imminente.

§

Nous ne décrirons point ici l'affreuse scène de violence qui suivit presque aussitôt le refus si net et si hardi de Norine.

Il y eut, entre la mère et la fille, un de ces épouvantables drames d'intérieur, pareils à celui auquel nous avons fait assister nos lecteurs dans l'avant-dernier chapitre du premier volume de ce livre.

Au moment où Norine revint entièrement à elle-même et reprit avec ses sens la conscience de son affreuse position, sa première pensée, son premier mouvement, furent de tirer de sa blanche poitrine, charmant sanctuaire où elle l'avait cachée en se réveillant, la lettre de M. d'Artenay.

Elle relut cette lettre au milieu de ses pleurs, et elle se sentit consolée et en quelque sorte ranimée par cette lecture.

Il lui sembla que cet amour inattendu, qui se dévoilait à elle soudainement, lui servirait d'égide au milieu des luttes incessantes qu'elle allait avoir désormais à subir. La force lui revint peu à peu, et, avec la force, le courage et l'espoir.

— Oh! oui, il m'aime bien, se dit-elle, il m'aime bien, celui qui a ainsi reçu de l'amour une sorte de seconde vue mystérieuse!...

« Il avait tout deviné!... il avait tout prévu!...

« Sa lettre m'a montré les profondeurs de l'abîme vers lequel on voulait m'entraîner!...

« Sa lettre m'a donné la salutaire horreur du vice en me révélant la grandeur d'une affection sainte et profonde!...

« Sa lettre m'a sauvée peut-être!...

« Il m'a donné son cœur, il m'a donné sa vie!...

« Oh! oui!... il m'aime bien!... et, moi aussi, je l'aimerai!... »

Et, à mesure que Norine se parlait ainsi, il se passait en elle un phénomène étrange.

C'est à peine, nous le savons, si ses regards s'étaient arrêtés la veille sur Jules d'Artenay.

Et cependant, peu à peu, sa pensée évoquait l'image de son jeune amant, et le profil de Jules se détachait lumineux sur la brume de ses souvenirs.

L'amour venait de s'éveiller tout à coup dans le cœur de Norine.

Il était comme ces beaux fruits des tropiques qu'un orage fait éclore et mûrir en une heure.

XII

LA RÉPONSE DE NORINE.

Certaines situations se présentent parfois dans la vie, si pressantes et si impérieuses, qu'elles font taire toute considération de convenance et presque de pudeur.

Les plus timorées d'entre nos lectrices conviendront sans peine que la situation de Norine était de celles-là.

La jeune fille voulait voir Jules.

Elle voulait le voir le plus tôt possible.

Elle voulait lui entendre dire à lui-même les paroles échappées de son noble cœur et dont sa lettre n'était qu'un écho.

Pour le voir, il fallait lui permettre de venir.

Il fallait lui écrire.

Norine n'hésita pas.

Elle prit une plume, une feuille de papier, et, d'une main tremblante, elle traça les lignes suivantes :

« Il faut que je vous parle, monsieur, et je voudrais que ce soit bientôt...

« Ma mère sort presque chaque jour.

« Je pourrais causer avec vous quelques minutes pendant une de ses absences.

« Si vous ne pouviez venir aujourd'hui, tâchez que ce soit demain.

  « NORINE. »

Une autre jeune fille n'aurait point manqué d'ajouter un certain nombre de phrases pour justifier sa démarche aux yeux de celui à qui elle écrivait.

Norine n'en eut pas même la pensée.

Elle comprenait bien que Jules ne donnerait point à ce qu'elle faisait une interprétation défavorable.

D'ailleurs elle se sentait forte de la chasteté de son cœur et de la pureté de ses intentions.

Mais ce n'était pas tout d'avoir écrit, il fallait encore que le billet arrivât.

Norine n'avait point oublié que Médard lui avait offert de se charger de sa réponse, si elle jugeait convenable d'en faire une.

Elle descendit chez le portier.

Médard était seul dans sa loge.

Du premier regard il s'aperçut que la jeune fille avait les yeux rouges et gonflés, et que son doux visage portait la trace de meurtrissures récentes.

— Ah! mon Dieu! s'écria-t-il, qu'est-ce qui s'est donc passé, ma pauvre mam'zelle Norine?...

— Rien, répondit la jeune fille en s'efforçant de sourire.

Mais ce sourire fut si triste et si douloureux que Médard se sentit tout ému.

Au fond, ce portier n'avait point mauvais cœur.

Seulement il professait une passion trop vive pour les calembours et pour les pièces de quarante sous.

— Je vois ce que c'est, dit-il, vous aurez eu des mots avec vot'maman...

— Une petite discussion... fit Norine.

— Oui, s'écria Médard, et elle vous a mis la figure en compote et les yeux au beurre noir, histoire de discuter bien gentiment!... Connu!... Ah! mam'zelle Norine, c'est pas pour dire, mais, aussi vrai que vous êtes une belle et bonne fille, mam' vot' mère est une fière...

— Oh! monsieur Médard... interrompit Norine d'un ton suppliant.

— Suffit! continua le portier, on n'en dira pas plus

long, puisque ça vous taquine, mais ça n'empêche nullement que je garde ma manière de voir...

Norine roulait entre ses doigts le billet qu'elle avait préparé; elle ne savait comment demander au portier de le remettre, et, de seconde en seconde, un nuage de plus en plus pourpre envahissait sa charmante figure.

Médard s'aperçut de son embarras.

— Mam'zelle Norine, dit-il aussitôt, si je puis vous être agréable en quoi que ce soit, parlez sans crainte, nom d'une vieille culotte, je le ferai de tout mon cœur...

Norine lui tendit la lettre.

— Compris! poursuivit le portier, une réponse au poulet d'hier... Ah çà! j'espère que vous ne le désespérez pas, mon locataire, dans ce chiffon de papier!... ça serait crânement dommage, voyez-vous!

— Quand lui remettrez-vous ceci? demanda la jeune fille, sans répondre à cette question détournée.

— Dame! aussitôt que je le verrai... et je parierais bien que ça sera aujourd'hui...

— Eh bien! mon bon monsieur Médard, si ma mère est sortie, vous le laisserez monter, n'est-ce pas?...

— Soyez paisible!... on aura l'œil au carreau, pour voir filer mam' vot' maman! Mam'zelle Norine, vous êtes une brave fille!... je ne vous dis que ça!... Dieu! va-t-il être content, ce jûne homme!...

Norine remercia le portier par un regard affectueux et regagna vivement l'escalier.

Médard cacha, sous un fer à repasser les coutures, le billet que la jeune fille venait de lui remettre et il se dit à lui-même :

— Mam'zelle Norine et mon locataire, nom d'une vieille culotte, ça sera un joli couple!...

Le portier ne se trompait point en annonçant à Norine que M. d'Artenay viendrait sans doute avant la fin de la journée.

En effet, un peu après midi, Jules, que le premier clerc avait chargé d'une course d'affaires, accourut pour s'informer si Médard avait trouvé l'occasion de remettre à Norine la lettre dont il s'était chargé.

Médard, avec son esprit de taquinerie habituel, ne lui répondit pas d'abord la vérité tout entière.

— Ah! ah!... dit-il, je comprends!... Vous voulez savoir si la petite poste, dont je représente pour le quart d'heure un des facteurs, a fonctionné avec agrément?...

— Oui, répondit Jules, oui, mon bon monsieur Médard, voilà ce que je voudrais savoir...

— Jûne homme, vous m'avez chargé là d'une commission bien difficile!...

— Êtes-vous venu à bout de la remplir?

— Dame! avec beaucoup de peine...

— Ainsi, ma lettre!...

— Ne vous en mettez point en peine. Mam'zelle Norine a refusé de la prendre...

— Ah! mon Dieu! s'écria Jules.

— Du moins dans le premier moment... poursuivit le portier.

— Mais... ensuite?... balbutia le jeune homme qui se mourait d'impatience et frémissait d'espoir.

— Ah! ensuite?... Eh bien! ensuite, elle a fini par la prendre, et même par la lire.....

— Vous en êtes bien sûr?...

— Parbleure!...

— Oh! mon bon monsieur Médard!... que vous me faites de plaisir!...

— Calmez-vous, jûne homme!... tout *citoillien* vertueux sait commander à ses passions!...

— Et, continua Jules, et, après avoir lu ma lettre, qu'est-ce que mademoiselle Norine vous a dit?...

— A moi?...

— Oui, à vous?...

— Elle ne m'a rien dit du tout.

— Comment?...

— Tiens! n'aviez-vous pas la prétention qu'elle allait vous faire une réponse, comme ça, du premier coup?...

— Oh! non... murmura Jules, je ne l'espérais pas... je n'osais pas l'espérer.

— Ça vous aurait donc fait bien plaisir?

— Ce n'est pas du plaisir que ça m'aurait fait, c'est du bonheur!...

— Parole d'honneur! mon locataire, vous me causez une émotion! je sens que ma prunelle s'humecte!... Foi de Médard! je donnerais quatre sous pour que mam'zelle Norine vous eût fait deux mots de réponse...

— Excellent monsieur Médard!...

— Je protége vos amours, jûne homme, comme si c'étaient les *miennes* propres!...

« Passez-moi donc un peu le fer à repasser que vous avez là, sous la main. »

Jules fit ce que lui demandait le portier, sans s'offenser de cette excessive familiarité.

Nous savons déjà que le fer recouvrait le billet de Norine.

Médard prit ce billet et parut l'examiner attentivement.

— Tiens! fit-il, en ayant l'air de se parler à lui-même, qu'est-ce que c'est donc que ça?...

Puis il ajouta tout haut :

— Mais j'y pense... c'est un papier pour vous, jûne homme...

— Pour moi? demanda Jules étonné.

— Mon Dieu, oui.

— De la part de qui?...

— Dame! je ne me souviens plus trop!... Vous verrez peut-être en lisant...

Jules rompit le cachet.

Il courut à la signature et il faillit tomber à la renverse, suffoqué par la joie et par la stupeur, en voyant le nom de Norine.

Il dévora les lignes que la jeune fille avait tracées.

Il les relut une seconde fois, puis une troisième, et il s'élança comme un fou vers la porte de la loge.

Médard le retint par le pan de sa redingote...

— Jûne homme, lui demanda-t-il, où diable allez-vous comme ça?...

— Chez ELLE!... s'écria Jules en faisant pour s'échapper d'inutiles efforts.

— Vous avez donc perdu la tête!...

— Pourquoi?...

— Vous ne vous informez seulement pas si mam'-Picard est en haut!...

— Ah! mon Dieu!... et moi qui n'y songeais plus!...

— Nom d'une vieille culotte!... vous alliez être cause d'un joli grabuge!...

— Madame Picard est donc chez elle?...

— Mais je le crois bien, qu'elle y est!...

— Comment faire?...

— Attendre qu'elle sorte.

— Quand sortira-t-elle?..

— Je n'en sais rien, mais il est assez probable que vers les cinq heures elle ira reporter de l'ouvrage...

— A cinq heures je serai ici...

— C'est bon! on vous préviendra si vous pouvez monter.

Jules, enivré de bonheur et d'espérance, quitta la loge et alla faire les courses de l'étude.

A cinq heures précises il revenait rue de Paradis.

— Eh bien? demanda-t-il.

— Dépêchez-vous... fit Médard.

— Elle est seule?...

— Oui, montez vite.

Jules s'élança dans l'escalier.

XIII

LES AMOUREUX.

En quelques bonds, il atteignit le sixième étage.

Son cœur battait si fort, qu'il fut obligé de s'arrêter pendant un instant en face de la porte de Norine.

Certains bonheurs sont si grands, que la faiblesse humaine n'en peut soutenir le poids, et qu'ils l'écrasent comme le ferait une immense infortune.

Jules sonna.

Mais si timidement d'abord, que Norine ne l'entendit pas.

Au bout d'une minute il recommença et la jeune fille vint ouvrir.

En reconnaissant M. d'Artenay, elle poussa un faible cri et elle devint tour à tour blanche comme un beau lis et pourpre comme la fleur du grenadier.

Elle tremblait de tous ses membres et elle ne se soutenait qu'à peine.

Jules n'était ni moins ému ni moins embarrassé qu'elle même.

Dans le premier moment les deux jeunes gens restèrent indécis et immobiles en face l'un de l'autre.

Jules n'avançait pas.

Norine se soutenait au battant de la porte entr'ouverte et semblait clouée sur place.

Enfin elle reprit un peu de force, et, sans prononcer une parole, elle rentra dans l'intérieur du logis de sa mère et fit timidement signe à Jules de la suivre.

Le jeune homme obéit.

Norine lui montra une chaise.

Il s'assit.

Jules semblait avoir perdu complétement le libre usage de sa volonté et exécuter d'une façon automatique des mouvements réglés d'avance.

Norine se tenait debout de l'autre côté de la table, sur laquelle étaient placés des ustensiles de ménage et les tambours et les métiers à raccommoder la dentelle.

Aucune parole n'avait encore été échangée entre les amoureux, qui formaient un tableau charmant de naïf embarras et de gaucherie gracieuse.

En voyant la timidité excessive de ce grand et beau jeune homme qui se trouvait à un rendez-vous où il

5.

avait été appelé par elle, Norine, avec cet instinct du cœur qui ne trompe que bien rarement les femmes, comprit qu'elle était aimée plus encore qu'elle ne l'espérait.

Le respect si absolu et si craintif que lui témoignait son amant par son silence et par son trouble, lui rendit son énergie en rassurant sa pudeur de jeune fille.

Elle ne voulut pas prolonger une situation embarrassante pour tous les deux et elle dit, ou plutôt elle balbutia :

— Monsieur...

Jules tressaillit.

La mélodie de cette voix le rendait à lui-même et le galvanisait, si nous osons ainsi parler.

Il attacha sur Norine un long regard étincelant d'amour, et à son tour il murmura :

— Mademoiselle !...

Norine, nous le savons déjà, était une fille d'un caractère résolu et décidé. D'habitude, elle allait droit au but et par le chemin le plus court.

Elle résolut d'aborder nettement la question.

— Vous m'avez écrit, monsieur, dit-elle d'une voix qui parut d'abord hésitante, mais qui se raffermit par degrés ; j'ai lu votre lettre... j'y ai vu que vous m'aimiez et j'ai cru à cet amour, à cause de la façon dont vous l'exprimiez...

Norine s'interrompit pendant un instant.

Jules ne répondit point.

Seulement son regard resplendit d'une joie ineffable, et il appuya fortement sa main droite sur son cœur comme pour en comprimer les battements précipités.

Norine poursuivit ainsi :

— Je suis franche, monsieur, et je le suis d'autant plus que, n'ayant guère d'expérience de la vie ni du monde, je dis ce que je pense, sans savoir si j'ai tort ou si j'ai raison de le dire... Peut-être, je vous l'avoue, n'aurais-je pas répondu à votre lettre si je n'y avais vu que de l'amour, quelque sincère d'ailleurs que cet amour ait pu me paraître, mais vous me parliez d'un danger qui me menaçait, d'un danger dont la pensée seule m'a fait frissonner de honte et d'épouvante...

— Vous l'ignoriez donc?... s'écria M. d'Artenay avec une joie débordante.

— Comment l'aurais-je su? demanda simplement Norine.

— Peut-être m'étais-je trompé... murmura le jeune homme, désireux de prolonger le plus longtemps possible cette chaste ignorance.

La jeune fille secoua tristement la tête.

— Non, dit-elle au bout d'un instant, non, vous ne vous étiez pas trompé.

Une terreur soudaine glaça la joyeuse ivresse dont le cœur du jeune homme était inondé.

— Ainsi donc, balbutia-t-il avec une anxiété poignante, ainsi donc il s'est passé quelque chose qui vous a prouvé que j'avais dit vrai?...

— Oui.

— Quoi donc?... mon Dieu!... Quoi donc?...

— Je n'ose...

— Oh! s'écria Jules qui crut sentir la terre s'écrouler sous ses pieds, parlez, mademoiselle!... au nom du ciel, parlez!... Cette incertitude me tue!...

— Eh bien!... le masque est tombé...

— On vous a fait des propositions infâmes?...

— Oui.

— Quand?...

— Ce matin.

— Ainsi donc... je ne m'étais pas trompé?...

— Non.

— En rien?...

— En rien.

— Madame Belphégor est d'accord avec?..

— Oui.

— Et c'est ce matin que vous avez entendu pour la première fois ces abominables propositions?...

— Oui.

— Qu'avez-vous répondu?...

— J'ai répondu que j'aimais mieux mourir que de consentir à ce qu'on demandait de moi...

— Et, alors?...

— J'ai pensé que j'allais avoir souvent et beaucoup à souffrir, que peut-être, de guerre lasse, je finirais par succomber et que je deviendrais pareille à toutes ces misérables femmes pour lesquelles travaille ma mère et dont elle me vante le bonheur... J'ai pensé cela, et je me suis dit que cet amour inattendu et dévoué qui s'offrait à moi me donnerait de la force et du courage... C'est à peine si je vous connais, monsieur Jules, mais je sais que vous m'aimez... Je sens que je vous aimerai aussi... Vous êtes la seule personne en ce monde sur laquelle je puisse compter comme sur un ami... Soutenez-moi et consolez-moi... C'est pour cela que je vous ai écrit de venir...

Norine se tut.

La pauvre enfant venait de montrer à Jules son âme toute entière avec une adorable ingénuité.

M. d'Artenay comprit tout ce qu'il y avait de trésors dans cette âme si pure, dans cette nature si riche et si loyale.

Son adoration en redoubla.

Il saisit la main de la jeune fille, il la pressa contre ses lèvres avec une tendresse passionnée et cependant respectueuse, et il murmura :

— Oh! merci d'avoir cru à mon amour! Merci d'avoir eu confiance en moi!... Je suis à vous!.. tout à vous!... Je veux vous appartenir corps et âme, et ma destinée est désormais de vivre ou de mourir pour vous!...

Un serrement de main de Norine répondit doucement aux chaleureuses paroles de Jules.

— Et, maintenant, qu'allons-nous faire? demanda-t-elle, associant ainsi dans sa pensée son avenir à celui de son amant.

Cette question replongea M. d'Artenay dans les froides ténèbres de la réalité.

Qu'allaient-ils faire, en effet?

— Hélas! répondit le jeune homme, hélas! je vous l'ai déjà dit, je suis bien pauvre et je ne puis rien...

— Quoi!... rien pour me sauver!...

— Oh!... s'écria Jules, voulez-vous devenir ma femme?

— Oui, certes.

— Mais est-ce possible?

— Pourquoi non?...

— Votre mère...

— Eh bien?

— Consentira-t-elle à ce mariage?..

— Vous êtes pauvre, elle veut être riche et elle compte sur moi pour s'enrichir... Non, elle n'y consentira pas.

— Vous voyez!...

— Ne pouvons-nous donc nous marier sans qu'elle le veuille?...

— Jusqu'à ce que vous ayez vingt-cinq ans, vous n'êtes pas libre de disposer de vous-même...

« Mais tant que je vivrai vous n'appartiendrez à personne... dussé-je commettre un crime pour vous garder à moi!...

— Jules... vous m'effrayez!...

— Oh! s'écria le jeune homme avec une sorte de délire, oh! si j'étais riche! si j'étais riche!... Savez-vous qu'il y a des moments où je suis tenté de maudire mon père qui, en dévorant sa fortune, m'a fait si pauvre et si malheureux!...

Norine posa sa main gracieuse sur la bouche de Jules pour le forcer à se taire.

— Mon ami... mon ami... lui dit-elle d'une voix tendre et suppliante, ne maudissez personne et espérez dans l'avenir!... peut-être Dieu nous réserve-t-il d'heureux jours... Aimez-moi bien, et n'ayez pas peur!... Je serai forte et je me conserverai pour vous!...

XIV

AMOUR VRAI.

— Que Dieu vous entende et que Dieu vous exauce! s'écria Jules avec exaltation, et il doit le faire, car vous êtes le plus pur et le plus noble de ses anges!...

— Vous demeurez dans cette maison, n'est-ce pas? demanda Norine.

— Oui et non, répondit Jules en souriant et en rougissant tout à la fois.

— Comment, oui et non? répéta Norine. Vous n'êtes pas assez riche, j'imagine, pour vous permettre le luxe de deux logements?...

— Hélas!

— Expliquez-vous.

— C'est toute une histoire... dit Jules.

— Eh bien! cette histoire, je l'écoute.

— Vous le voulez?

— Je le veux.

— J'obéis.

Et le jeune homme raconta à Norine tout ce que nous savons déjà.

Il lui détailla sa vie depuis le jour où il l'avait rencontrée pour la première fois au théâtre de la Porte-Saint-Martin.

Il la fit assister aux péripéties de sa course derrière le fiacre qui conduisait elle et sa mère chez madame Belphégor.

Il l'initia aux multiples tribulations et aux obstacles sans cesse renaissants qui s'étaient opposés à son entrée dans la maison, de par la mauvaise volonté du portier Médard, obstacles et tribulations qu'il n'avait pu vaincre qu'en se présentant comme un locataire sérieux et réel et en payant deux termes d'avance, au grand détriment de son humble bourse.

En écoutant cette odyssée amoureuse et comique dans laquelle son nom revenait sans cesse, Norine, en de certains moments, ne put s'empêcher de sourire, tandis qu'en d'autres une larme d'attendrissement perlait sous ses paupières et se suspendait à ses longs cils.

— Mon ami, dit-elle à Jules quand il eut achevé, quittez votre logement de la rue de Choiseul et venez demeurer ici, nous serons plus près l'un de l'autre.

— Eh! s'écria le jeune homme, croyez-vous que je ne l'aurais pas déjà fait, si j'avais pu le faire?...

— Qui vous en empêche?

— La pauvreté!... la pauvreté fatale, qui fait de moi son esclave et qui m'enferme dans un cercle que je ne puis pas franchir!...

— Que voulez-vous dire?...

— Je veux dire que je n'ai pas donné congé de ma mansarde de la rue de Choiseul et que, pour qu'on me laissât enlever mes misérables meubles, il me faudrait payer deux termes... Or, je n'ai pas un sou...

— Oh! l'argent!... fit Norine en frappant du pied, l'argent!...

— L'argent! répéta Jules avec une amertume qui effraya la jeune fille! l'argent, c'est le bonheur!... Ceux qui sont riches sont bien heureux!... Tout leur est facile!...

— Vous êtes pauvre et je vous aime... murmura doucement Norine; n'est-ce donc pas un bonheur aussi?...

— Oh! s'écria Jules, je suis un fou et un ingrat! j'accuse la justice du ciel et je me plains du sort au moment où je devrais tomber à genoux et remercier Dieu!... Oh! je ne mérite pas mon bonheur!...

— Eh bien! poursuivit Norine, puisque vous ne pouvez, quant à présent du moins, habiter cette maison, venez-y chaque jour.

— Avez-vous donc besoin de me le recommander?

— Quand je serai seule, vous entrerez...

— Comment saurai-je que vous êtes seule?...

— Lorsque ma mère sortira je laisserai la clef en dehors... Vous pourrez alors vous présenter hardiment. Si vous aviez quelque chose à m'écrire, vous donneriez votre lettre à M. Médard, qui trouverait moyen de me la remettre presque aussitôt.

— Tout cela est convenu... dit Jules.

— A quelle heure pourrez-vous venir?...

— D'abord le matin avant d'aller à mon étude, le soir en en sortant, et, le plus souvent que je pourrai, dans le milieu de la journée.

— C'est bien. Il faudrait que notre chance fût singulièrement mauvaise pour que, sur deux ou trois visites chaque jour, nous ne trouvassions pas moyen d'échanger quelques paroles...

— Oh! dit Jules, le hasard nous viendra en aide...

— Maintenant, fit Norine, allez-vous-en, mon ami, il y a déjà longtemps que ma mère est sortie et elle peut rentrer d'un moment à l'autre.

— Viendrai-je ce soir?

— Essayez. Cependant, je doute que je puisse me trouver seule.

— Je viendrai toujours.

Un sourire récompensa Jules.

— Je vous obéis, dit-il, et je pars.

Norine lui tendit la main en murmurant :

— Ami, au revoir! Aimez-moi bien...

— Mon cœur et ma vie sont à vous.

— Vous me l'aviez écrit et je le croyais... Vous me le dites, et je le crois mieux encore...

— Et vous, Norine... m'aimez-vous?...

— Il le demande!... Enfant!...

— M'aimerez-vous longtemps?

— Est-ce que vous en doutez?

— Non... mais je voudrais...

— Quoi?

— Une réponse...

— Celle-ci, n'est-ce pas? *Jules, je vous aimerai toujours!*

— Oh! oui, s'écria le jeune homme, oh! oui, c'est bien cela!...

— Vous voyez que je vous devine.

— Eh bien! cette réponse, me la faites-vous, Norine?...

— Oui, certes, et de tout mon cœur!...

« Je vous aime, Jules, je vous aimerai toujours... oui, toujours... toujours!...

— Oh! merci!... merci, mon bon ange!...

— Partez vite...

— Au revoir...

— Oui, au revoir... et à bientôt!...

Jules descendit l'escalier, le triomphe au front et la joie au cœur.

Il était temps, du reste, qu'il quittât le logis de madame Picard.

Cinq minutes après le départ du jeune homme, Irma, gonflée plus que jamais des venins de l'envie et de la colère, franchissait le seuil de son domicile.

Norine l'attendait, radieuse et la tête haute.

XV

FOLIE FURIEUSE.

C'est ainsi qu'avait commencé l'amour de Jules et de Norine.

Cette tendresse grandit et se développa de jour en jour, d'heure en heure.

Pendant trois mois Norine et Jules ne passèrent guère de journées sans avoir échangé quelques paroles, un serrement de mains, ou, tout au moins, un regard furtif.

Quand le jeune homme ne pouvait voir sa bien-aimée

il lui écrivait, et le portier Médard était le bienveillant intermédiaire de cette correspondance amoureuse.

Norine se serait sentie heureuse si sa mère et sa tante, qui conservaient toujours leurs odieux projets, ne fussent bien souvent revenues à la charge.

Mais la jeune fille trouvait dans son amour une nouvelle force de résistance, et elle y puisait aussi le courage de supporter les mauvais traitements qu'il lui fallait subir après chacun de ses refus.

Cette résistance, Irma s'en indignait et la maudissait, sans parvenir à se l'expliquer, car elle ne comprenait point que Norine eût des principes qu'elle ne lui avait pas donnés.

Un jour elle découvrit un billet de Jules que la pauvre enfant avait oublié de brûler comme les autres.

Cette lettre fut un trait de lumière pour madame Picard.

Elle se dit avec des transports de rage venimeuse que Norine voulait rester pure parce que Norine aimait.

Elle voulut savoir quel était l'amoureux malavisé qui détruisait ainsi les beaux plans d'avenir et de fortune si laborieusement échafaudés par elle et elle interrogea Norine.

La jeune fille était trop fière pour mentir.

Elle ne cacha rien de la vérité.

Elle dit hautement qu'elle aimait Jules et qu'elle l'aimerait toute sa vie.

— Est-il riche, au moins?... demanda Irma.
— Il est pauvre, répondit Norine.
— Et tu oses l'aimer?...
— Oh! de tout mon amour!...
— Et tu oses le dire?...
— Oui, certes!... et j'en suis fière!...
— Malheureuse!... s'écria Irma avec un geste de brutale menace.

Et Irma, après avoir, dans le paroxysme de sa fureur, vociféré toute sorte d'infamies folles et absurdes, poussée hors d'elle-même par cette fureur qui croissait de seconde en seconde, saisit Norine par les poignets, la força à s'agenouiller devant elle, lui meurtrit le visage et finit par la fouler à moitié évanouie sous ses pieds.

Les chrétiens des temps antiques offraient à Dieu comme un sacrifice qui lui était dû, les tortures de leur martyre.

Norine, martyre de l'amour, ne poussa pas un cri, ne jeta pas une plainte, et, dans son cœur, elle offrit à Jules, son roi, son maître et son dieu, ses muettes souffrances et ses douleurs résignées.

§

A partir du moment où Irma découvrit l'affection du pauvre clerc d'avoué pour Norine, la malheureuse enfant n'eut plus un instant de repos ni une minute de liberté.

Irma la surveillait sans cesse.

Elle ne la quittait pas plus que son ombre.

Elle l'enfermait quand elle sortait.

Cependant la vigilance de cet argus implacable se ralentit peu à peu, et Norine put trouver encore quelques rares occasions de serrer à la dérobée la main de son ami et de lui tendre son front si pur.

Quant à Jules, il ne vivait plus que pour son amour et par son amour.

Il avait été jusque-là, nous le savons, le plus travailleur et le plus assidu de tous les clercs de l'étude de maître Digoine.

Il en devint le plus inexact.

Sans l'affection que lui portaient tous ses camarades qui avaient la générosité de suppléer par leur travail à celui que Jules négligeait de faire, il aurait perdu, depuis longtemps déjà, l'humble position qui lui donnait du pain.

M. d'Artenay se disait cela quelquefois, et alors il s'enfonçait dans les profondeurs de désolantes réflexions.

L'avenir l'épouvantait en lui apparaissant sombre et désespéré.

Il s'irritait contre le hasard qui s'était montré envers lui si injuste et si cruel!

Malgré lui, ainsi que nous l'avons entendu le dire à Norine, il maudissait la mémoire de ce père qu'il n'avait pas connu, mais dont les désordres lui avaient préparé cette douloureuse existence!...

Il se tordait les mains, il se sentait fou, et il s'écriait en regardant le ciel d'un œil mouillé de larmes brûlantes :

— Oh! ma mère! ma mère! vous avez donc abandonné votre malheureux fils?

Puis, soudain, au milieu de ces découragements et de ces désespoirs, apparaissait l'image de Norine qui chassait les pensées funestes comme le soleil chasse les brouillards.

Tout était oublié soudain.

Le sourire remplaçait les pleurs.

L'avenir était oublié, et le jeune homme murmurait :

— Elle m'aime!... qu'importe le reste?...

XVI

L'ENTENTE DES DÉMONS.

Voilà où en étaient les choses au moment où, vers la fin du premier volume de ce livre, nous avons montré à nos lecteurs madame Belphégor sortant de chez Fritz Ritter, comte de Landerhausen, accourant chez Irma, rencontrant dans l'escalier Jules que madame Picard venait de chasser de chez elle.

Madame Belphégor, on s'en souvient, avait ensuite

quitté le logis de la rue de Paradis-Poissonnière, en annonçant qu'elle renonçait à faire le bonheur d'une péronnelle aussi ingrate que sa coquine de nièce.

Ceci, d'ailleurs, n'était point le dernier mot de madame Belphégor.

Norine lui semblait devoir être une mine trop féconde pour qu'elle renonçât si facilement à l'exploiter.

Seulement il fallait changer de batteries, et, puisque la persuasion échouait, essayer d'autres moyens.

Le lendemain de ce jour, dans la matinée, un petit billet de madame Belphégor fut remis à Irma.

Ce billet contenait ces deux lignes :

« *Viens chez moi tout de suite. J'ai à te parler. C'est pressé.* »

Madame Picard enferma Norine à double tour, mit la clef du logement dans sa poche et courut à la rue Caumartin.

Elle trouva sa sœur en train de déjeuner d'une moitié de dindon farci, copieux reste du dîner de la veille.

Madame Belphégor arrosait chaque bouchée d'un grand verre de vin de Bordeaux.

Irma, dont le repas du matin ne s'était composé que d'un hareng saur et de quelques gouttes de piquette, jeta sur ce régal splendide des regards étincelants de convoitise.

— As-tu déjeuné? lui demanda l'entremetteuse.
— J'allais commencer quand j'ai reçu ton billet.
— Et tu as tout quitté pour venir?
— Comme tu vois.
— Alors, tu as faim?
— Dame !
— Eh bien ! assieds-toi et mange.

Irma ne se le fit point répéter deux fois.

Elle saisit une cuisse de dindon, et, en quelques secondes, il ne resta plus la moindre molécule de chair sur l'os blanc et poli comme de l'ivoire.

— Maintenant, dit madame Belphégor, causons sérieusement...

— Je t'écoute, répondit Irma.
— Qu'est-ce que fait Norine, aujourd'hui ?...
— Elle pleure.
« Une drôlesse que je vais jeter à la porte !...
— Garde-t'en bien !...
— Pourquoi donc ?...
— Parce qu'une fois l'oiseau hors de la cage, tu ne le rattraperais plus, et que nous avons besoin d'elle...
— Comment ?... tu comptes donc encore ?
— Toujours.
— Mais je croyais que tu avais renoncé ?...
— Tu te trompais.
— Ah ! çà, tu as donc un moyen ?...
— Peut-être.
— Lequel ?...

Madame Belphégor ouvrit son armoire à glace et y prit une pièce de dentelle noire, assez belle.

Elle déploya cette pièce et elle la présenta à sa sœur en lui disant :

— Tu vas me faire un accroc là-dedans...
— Un accroc !... répéta madame Picard avec un air de stupéfaction comique.
— Oui, poursuivit madame Belphégor, un bel accroc, ni trop petit, ni trop grand, un accroc que tu puisses raccommoder en quatre ou cinq heures, avec l'aide de Norine, et tu te mettras à l'ouvrage tout en rentrant chez toi...
— Et ensuite ?...

Madame Belphégor trempa une plume dans le contenu d'une écritoire de Boule qui trônait sur une petite table de bois de rose.

Puis elle écrivit l'adresse suivante :

« *Madame la comtesse de Landerhausen, rue Saint-Lazare, n°...* »

— Qu'est-ce que c'est que ça ? demanda Irma.
— C'est l'adresse de la personne à qui appartient cette dentelle.
— Quand faudra-t-il la lui reporter ?...

— Tu ne la lui reporteras pas du tout...
— Bah !..
— Toi, du moins ; mais demain, à midi précis, tu auras soin de te trouver fort malade et d'envoyer Norine à ta place chez la comtesse de Landerhausen.
— Quelle est cette comtesse ?...
— C'est un comte allemand.
Irma étouffa un éclat de rire.
— Ah ! fit-elle, je comprends !...
— Ce n'est pas sans peine !
Irma quitta le logis de madame Belphégor, emportant la dentelle déchirée et l'adresse de la fausse comtesse.
Une demi-heure après son départ, madame Belphégor envoyait chercher un fiacre et se faisait conduire à la rue Saint-Lazare.
Nous l'y suivrons, s'il vous plaît.

XVII

FRITZ RITTER.

Madame Belphégor arriva rue Saint-Lazare.
Dans l'escalier de la maison elle rencontra Tiburce Pépin.
Ce digne collègue du père Médard la salua de l'air d'une obséquiosité servile et lui demanda de ses nouvelles avec un si vif intérêt et une humilité de si bon goût, que madame Belphégor, touchée, lui offrit une prise de tabac d'Espagne dans sa tabatière à sujet *leste*.
Puis elle passa outre et elle sonna à la porte de Fritz Ritter, comte de Landerhausen.
On fut quelques instants avant de répondre, puis enfin on vint ouvrir.

Dans son introducteur, madame Belphégor reconnut le cocher du comte.

— Tiens! lui dit-elle, est-ce que vous êtes valet de chambre, maintenant, Baptiste?... Est-ce que Georges est renvoyé?
— Oui, depuis hier.
— Qu'est-ce qu'il avait donc fait?...
— La moindre des choses... une erreur!...
— Laquelle?
— Dans un moment de distraction, il avait pris la poche de M. le comte pour la sienne.
— Ah! ah!... Et qu'y avait-il dans cette poche?
— Une simple bourse.
— Bien garnie?...
— Quelques mauvais louis.
— Et on l'a mis à la porte pour si peu?...
— Mon Dieu, oui. Qu'est-ce que vous voulez? les maîtres sont si chipotiers!...
— Ça, c'est bien vrai.
— Vous désirez voir M. le comte?
— J'y tiens beaucoup.
— Il est à sa toilette.
— Ça ne fait rien. Il n'a pas de mystères pour moi, et il se laisse voir volontiers dans toute sa laideur naturelle...

Le cocher se mit à rire.

Rien n'enchante ces bons domestiques comme d'entendre ridiculiser leurs maîtres!

— Je vais vous annoncer, dit-il.
— S'il vous plaît.
— Venez.
— Me voici.

Madame Belphégor suivit le cocher qui, comme le maître Jacques de Molière, était momentanément un valet à deux fins.

Une première fois, nous avons fait assister nos lecteurs à la toilette de Fritz Ritter.

Certains détails sont donc inutiles.

Nous dirons seulement que, privé des soins habiles que Georges donnait chaque matin à ses tubes capillaires, M. le comte avait été forcé de recourir aux bons offices d'un coiffeur du voisinage qui venait lui-même ou se faisait remplacer par son *premier clerc.*

Ce dernier était occupé à enlever la trente-neuvième papillote de Fritz Ritter, au moment où madame Belphégor entra dans la chambre à coucher.

— Ah! vous voilà, dit-il, avec cet accent germanique que nous nous abstiendrons soigneusement de reproduire, ah! vous voilà!... bonjour.

— Monsieur le comte, répondit madame Belphégor, j'ai l'honneur d'être votre servante très-humble et très-obéissante...

— On me coiffe, comme vous voyez; nous causerons tout à l'heure...

— Eh bien! monsieur le comte, vous avez donc renvoyé Georges...

— Le drôle me volait...

— Quelle infamie! Un si bon maître!... En vérité, ce n'est pas pardonnable!... Vous auriez dû le livrer à la justice...

— J'aime mieux que le gredin se fasse pendre ailleurs!

— Ceci fait l'éloge du cœur excellent de monsieur le comte.

— Vous ne connaissez pas un valet de chambre à me donner, madame Belphégor?...

— Hélas! non... pas pour l'instant... Mais si monsieur le comte voulait...

— Eh bien?...

— J'aurais l'honneur de m'en occuper sans retard, et, grâce à mes relations avec le beau monde, je trouverais certainement quelque perle, disponible pour cause de départ de ses maîtres.

— Occupez-vous-en, je vous prie...

— Dès demain...

Cependant le coiffeur menait pendant ce temps son œuvre à bon port.

Il avait passé au fer les papillotes récalcitrantes.

Il avait versé tout un flacon d'huile antique sur les cheveux épais de Fritz Ritter.

Et maintenant il en disposait les boucles nombreuses en masses élégantes, sur la grosse tête de son *client*.

Il acheva son travail, il salua et il partit.

— Eh bien! demanda le comte, y a-t-il du nouveau?

— Certainement, qu'il y en a!... sans cela, je ne serais pas ici...

— Qu'est-ce que c'est?

— Vous vous souvenez de tous les détails de notre conversation de l'autre jour?...

— Oui.

— Eh bien! j'ai trouvé votre affaire...

— Ah! ah!...

— Une jeune fille?...

— Très-jeune.

— Vous la connaissez donc depuis longtemps?...

— C'est ma nièce.

— Oh! s'écria Fritz Ritter.

— Comment s'appelle votre nièce!...

— Norine.

— Quand la verrai-je?...

— Demain.

— Où?...

— Ici.

— A quelle heure?...

— A midi, si toutefois cela vous convient.

— Cela me convient le mieux du monde.

Il y eut un instant de silence, puis le comte demanda :

— Mademoiselle Norine sait-elle pourquoi vous me l'envoyez?...

— Elle ne s'en doute pas.

— Comment?

— Sa mère est raccommodeuse de dentelles. Norine apporte demain à madame la comtesse de Landerhausen un volant déchiré, et madame la comtesse étant absente, naturellement, c'est M. le comte qui la recevra.

— A merveille.
— Ainsi, demain, à midi, vous attendrez Norine?
— Oui.
— Faites la leçon à Baptiste, afin qu'il n'aille pas commettre quelque gaucherie en entendant demander madame la comtesse.
— Soyez tranquille.
— Et vous, ne vous avisez pas de dire ou de faire quoi que ce soit qui puisse effaroucher cette petite... Mettez-vous dans l'esprit que ce que vous entreprendriez demain ne servirait qu'à faire une émeute dans la rue et à vous mettre dans de vilains draps, car je connais Norine, voyez-vous, et elle aimerait mieux se jeter par la fenêtre que de vous céder.
— Je vous répète de vous tenir l'esprit en repos.
— Bon... bon... je m'en vais...
— Quand vous reverrai-je?
— Aussitôt que la petite sera partie de chez vous.
— Et si votre nièce me convient, et si nous tombons d'accord pour les conditions, quand exécuterez-vous le marché conclu?...
— Dans les vingt-quatre heures.
— Voilà qui est à merveille. N'oubliez pas de me chercher un valet de chambre... Je suis pressé!... Ces coiffeurs ont la main si lourde!... enfin, pensez-y...
— Je m'en occuperai aujourd'hui même, répondit madame Belphégor.
Et elle quitta la maison de la rue Saint-Lazare.

XVIII

LE NÈGRE.

Au moment où madame Belphégor sortait de chez le comte de Landerhausen, un nègre se promenait depuis plus d'une heure devant la porte de la maison.

C'était un beau nègre, d'un âge déjà mûr, et dont le visage bistré et luisant avait cette chaude couleur que les acteurs des théâtres du boulevard imitent tant bien que mal avec du jus de réglisse ou du marc de café, quand ils se trouvent contraints par les dures lois de la fatalité de jouer un *Toussaint Louverture* ou un *Bug-Jargal* quelconque.

Des cheveux crépus et grisonnants couronnaient le front et disparaissaient à demi sous une casquette à large galon d'or, car le nègre dont il s'agit portait la livrée.

Ce nègre était, à coup sûr, un valet de pied de bonne maison en tenue du matin.

Sans doute il avait reçu de ses maîtres l'ordre de guetter quelqu'un au passage, car il allait et venait sans cesse dans un espace à peine large de quelques pieds, ne s'en écartant ni à droite ni à gauche, ni en avant ni en arrière.

Tout à coup ce nègre tressaillit.

Fritz Ritter, comte de Landerhausen, vêtu avec toute l'élégance recherchée d'un dandy émérite excessivement soigneux de son costume et de sa personne, venait de sortir de la porte cochère et s'avançait nonchalamment sur le trottoir, ayant posé son chapeau un peu de côté sur sa tête énorme, d'un air crâne et conquérant, dandinant sa taille gigantesque, faisant ployer entre ses gros doigts un joli jonc à pomme d'or et sifflant un air inconnu du bout des lèvres et du bout des dents.

Le nègre tira de la poche de sa veste galonnée une petite enveloppe carrée.

Il mit sa casquette à la main.

Il s'approcha de Fritz Ritter et il lui présenta l'enveloppe qu'il tenait, en lui disant avec un accent guttural :

— Pour *Monsié* le marquis, de la part de maître à moi.

— Hein ? fit le comte en s'arrêtant.

Le nègre répéta sa phrase.

Fritz Ritter prit la lettre et en regarda la suscription.

— Vous vous trompez, mon ami, dit-il ensuite.

Le nègre fit signe que non.
— Comment s'appelle votre maître ?
— *Monsié* le vicomte de Tillemont.
— Je ne le connais pas, dit Fritz Ritter.
Le nègre fit signe que si.
— Pour qui me prenez-vous donc?... continua le comte.
— Ah !... dit le nègre en montrant ses dents blanches dans un large sourire, moi bien connaître *Monsié* le marquis de Villedieu.
— Je suis le comte de Landerhausen, répondit Fritz ; ainsi vous voyez qu'il y a erreur de votre part.

Le nègre parut convaincu.

Il murmura quelques excuses et se retira.

Fritz Ritter continua sa route, non sans s'étonner de ce bizarre incident et sans remarquer que, tout en lui parlant, le domestique importun attachait les yeux sur son visage avec une persistance étrange, et le couvrait d'un regard perçant et scrutateur dont lui, Fritz Ritter, retrouvait l'équivalent dans ses souvenirs.

Une fois que M. de Landerhausen eut disparu à l'angle de la rue Saint-Georges, le nègre ne sembla point se préoccuper plus longtemps de chercher ce marquis de Villedieu auquel la lettre de son maître était adressée.

Il arrêta un fiacre qui passait, il monta dans ce véhicule et il donna l'ordre au cocher de le conduire rue de Miromesnil.

Quand le fiacre s'arrêta et quand le nègre en descendit, il était méconnaissable, sinon de figure, au moins de costume.

Par-dessus sa livrée il portait une blouse en toile grise qui la cachait entièrement, et le galon de sa casquette avait disparu.

Il paya le cocher et il entra dans une maison de suspecte apparence, où nous ne le suivrons pas.

§

Irma, en revenant de chez madame Belphégor, montra

à Norine, qui certes ne s'y attendait guère, un visage gracieux et souriant.

— Ce sourire doit cacher quelque piége ou quelque trahison !... se dit d'abord la jeune fille.

Mais bientôt elle pensa qu'elle s'était trompée, car, dans l'attitude et dans les paroles de sa mère, rien ne semblait de nature à justifier ses soupçons défiants.

Au bout d'un instant, même, la bienveillance inaccoutumée d'Irma lui parut s'expliquer d'une manière toute simple et toute naturelle.

— Tu vois cette dentelle... dit la mère, en déployant la pièce que madame Belphégor lui avait remise.

— Eh bien ? demanda Norine.

— Eh bien ! c'est une bonne aubaine.

— Comment cela ?...

— Il y a dedans un petit accroc grand comme la main. Nous allons le raccommoder en deux ou trois heures et ça nous est payé vingt francs !

— Ah ! fit Norine.

— Sans compter que c'est une nouvelle pratique, poursuivit Irma, une grande dame très-riche, qui nous donnera beaucoup d'ouvrage et qui s'appelle la comtesse de Landi... de Landau... de Lander... Tiens, mais dans le fait, j'ai là son nom écrit sur un morceau de papier.

— Comtesse de Landerhausen, rue Saint-Lazare, n°.... lut tout haut Norine.

— C'est ça même, reprit Irma, une dame bien aimable, mais qui tient essentiellement à l'exactitude.

— Quand faudra-t-il lui reporter sa dentelle ?... demanda la jeune fille.

— Demain, à midi sonnant.

— Nous aurons plus que le temps.

— Je le crois bien !... Avant la nuit ce sera fini. Seulement mettons-nous vite à l'ouvrage.

— Qui est-ce qui vous a procuré cette pratique-là, ma mère ?...

— La concierge d'une maison de la rue Louis-le-Grand,

qui est l'intime amie de la femme de chambre de cette comtesse.

Norine n'ajouta pas un mot et commença silencieusement son travail.

Ainsi que l'avait prévu Irma, le soir même tout était terminé.

§

Le lendemain matin, madame Picard, au lieu d'être levée la première comme de coutume pour éveiller sa fille, resta dans son lit en poussant des gémissements inarticulés.

Norine entendit ces gémissements et courut à sa mère. Les plaintes d'Irma redoublèrent aussitôt.

— Mon Dieu!... s'écria Norine, qu'avez-vous?...

— Ah! je suis bien malade... murmura madame Picard d'une voix indistincte.

— Vous souffrez?...

— A mourir.

— D'où?

— De par tout le corps.

— Depuis longtemps?

— Depuis hier soir. J'ai passé une nuit affreuse.

— Pourquoi ne m'avez-vous pas éveillée?...

— Je n'avais pas la force d'appeler.

— Je cours chercher un médecin.

— C'est inutile... Peut-être mes douleurs passeront-elles tantôt... Il me semble même que je vais un peu mieux.

Ces paroles rassurèrent Norine.

— Comme vous voudrez... dit-elle.

— Prépare le déjeuner, fit Irma.

— Vous mangerez donc?

— Non, mais il faut que tu déjeunes avant de sortir.

Norine fit un geste de surprise.

Depuis quelque temps, nous le savons, sa mère la surveillait étroitement et ne lui laissait jamais faire un pas sans elle hors de la maison.

— Sortir !... répéta la jeune fille, et où irai-je ?...

— Rue Saint-Lazare, parbleu !... chez la comtesse allemande... Tu sais bien qu'il faut y être à midi ?

— C'est juste, répondit Norine.

§

Onze heures sonnèrent.

— Apprête-toi, dit Irma, sinon tu vas te mettre en retard...

— Je suis prête, répliqua Norine, je n'ai qu'à mettre mon châle et mon chapeau.

— Tu es mal coiffée, fit madame Picard ; un de tes bandeaux est plus gonflé que l'autre.

— Qu'importe ?...

— Il importe plus que tu ne crois... Ces femmes riches, ces femmes du monde, tiennent à l'extérieur des gens avec qui elles ont des rapports, et, si tu plais beaucoup à madame la comtesse de Landerhausen, ainsi que cela n'est pas douteux, elle nous donnera de l'ouvrage en quantité et elle nous le paiera fort cher !...

Ces raisons parurent plausibles à Norine, qui prit un petit miroir dans lequel elle se regarda pour lisser et mettre en bon ordre les bandeaux de ses magnifiques cheveux blonds.

Ensuite elle attacha sur sa charmante tête un chapeau un peu fané, mais dont la forme allait bien à son visage de chérubin.

Elle posa sur ses épaules un mauvais petit châle de barége.

Elle mit des gants noirs, grands comme pour une main d'enfant et cependant trop larges pour ses jolis doigts effilés.

Et, dans cette modeste parure, avec sa pauvre robe de laine noire, elle parut éblouissante de beauté.

Irma sourit en la regardant.

C'était le rire du démon qui jette une proie à l'abîme.

— Viens m'embrasser, mon enfant, lui dit-elle, et va vite.

Norine s'approcha du lit et tendit son front au baiser de sa mère en demandant :

— Souffrez-vous encore ?
— Beaucoup moins.
— Avez-vous besoin de quelque chose ?
— De rien.
— Je pars.
— Tu sais qu'il y a vingt francs à toucher ?..
— Oui.
— Tu demanderas si l'on n'a rien autre chose à te donner à faire, et tu reviendras le plus tôt possible.
— Soyez tranquille.
— J'espère qu'à ton retour tu me trouveras sur pied.
— Je l'espère aussi, dit Norine.

Puis la jeune fille prit le petit carton dans lequel elle avait enfermé la dentelle; autour de ce carton elle noua un vieux ruban dont elle tint l'une des extrémités entre ses doigts; elle sortit du logis de sa mère et elle descendit lestement l'escalier, en se sentant toute heureuse de ce moment de liberté que lui procurait le *hasard*.

Ainsi pensait la pauvre enfant.

Nous savons de quel nom appeler ce *hasard* auquel souriait son jeune cœur.

XIX

LE TRAJET

Qu'on juge de la surprise et de la joie de Norine, quand, en passant devant la loge de Médard, elle se trouva face à face avec Jules.

Le jeune homme apportait un billet de quelques lignes

pour sa bien-aimée et ne s'attendait guère à la rencontrer ainsi à l'improviste.

Norine lui prit le bras et l'entraîna en lui disant :

— Venez vite !

La stupeur de Jules était si grande, qu'il ne pouvait presque ajouter foi au témoignage de ses sens.

Il marchait à côté de Norine, il sentait sur son bras le bras de la jeune fille, il était seul avec elle, au milieu de cette foule de passants qui les coudoyaient ; c'était la réalisation d'un rêve impossible, c'était à n'y pas croire !..

— Hein ? fit Norine après un instant de silence, si quelqu'un vous avait dit, il y a cinq minutes, que vous alliez m'avoir comme cela, sous votre bras, dans la rue, qu'est-ce que vous auriez répondu ?...

— J'aurais cru que cette joie était trop grande pour être vraie !...

— Vous voyez bien, mon ami, que vous vous seriez trompé.

— Que voulez-vous, ma Norine, j'ai été jusqu'à ce jour tellement malheureux, que je n'ose plus croire au bonheur...

— Vous avez tort ! Moi, j'ai foi dans l'avenir...

— Que Dieu vous entende !... et que Dieu vous écoute !..

— Jules, regardez-moi.

Le jeune homme obéit et attacha ses regards amoureux sur le charmant visage de Norine.

— Eh bien ! demanda cette dernière, comment me trouvez-vous ?...

— Comme toujours, plus belle qu'un ange !...

— Vous ne remarquez pas que je suis bien coiffée et que j'ai noué plus coquettement qu'à l'ordinaire les brides de mon chapeau ?...

— C'est vrai !... s'écria Jules ; mon Dieu ! où allez-vous donc ?...

— Il est heureux que vous pensiez enfin à me le demander !...

— Je ne songeais qu'à être auprès de vous, à vous aimer et à vous trouver belle.

— A la bonne heure !... Eh bien ! je vais reporter de l'ouvrage.
— Chez qui ?
— Chez une comtesse.
— Qui demeure ?
— Rue Saint-Lazare.
— C'est trop près !..
— Pourquoi ?
— Parce que, si c'eût été plus loin, nous serions restés plus longtemps ensemble.
— En revenant, si vous voulez, nous allongerons un peu le chemin.
— Si je le veux !... s'écria Jules en saisissant la main de la jeune fille, en la portant à ses lèvres et en la couvrant de baisers.
— Mais finissez donc !... murmura Norine en retirant vivement sa main, tout le monde nous regarde !...
— Qu'importe ?
— Il importe beaucoup, monsieur... les rues ne sont point un endroit convenable pour embrasser la main des jeunes filles !...
— Est-ce que je me souvenais que nous étions dans la rue ?..
— Devenez-vous fou ?...
— Est-ce être fou que de vous aimer ?...
— J'espère que non, car alors, moi qui vous aime aussi, j'aurais mon petit grain de folie !...
— Oh ! ma Norine, vous m'aimez donc ?...
— Est-ce que vous ne le savez pas ?...
— Si, je le sais...
— Alors, pourquoi me le demandez-vous ?...
— Pour vous entendre me le redire...
— Eh bien ! oui... oui... je vous aime... oui, je t'aime, mon Jules !... je t'aime !...
Et l'éclair de la passion jaillissait des grands yeux noirs, innocents et voluptueux tout à la fois, de cette vierge ardente et pure.
Il y eut un moment de silence.

Les deux amants avaient ralenti leur pas.

Jules tenait la main de Norine serrée entre les siennes, et il lui semblait que le sang de son cœur et celui du cœur de la jeune fille se mêlaient à travers les paumes de ces deux mains frémissantes.

Une sorte d'ivresse extatique s'était emparée de lui et de sa compagne. L'amour les isolait du monde entier.

Tout à coup Jules ressentit à l'épaule gauche un choc si violent qu'il faillit être renversé.

A ce choc succéda instantanément une douleur aiguë.

En même temps une voix enrouée cria, quoique un peu tard :

— Gare !... mais gare donc !...

Le jeune homme venait d'être heurté par le mors d'un cheval de cabriolet.

Heureusement l'accident était sans aucune gravité, mais Norine devint tremblante et, du ciel de leurs rêves, les deux amoureux retombèrent dans la réalité.

— Est-ce que votre mère cesserait enfin de vous surveiller ?... demanda Jules.

— Hélas ! non... répondit Norine.

— Cependant elle vous a laissée sortir seule ?..

— Aujourd'hui, oui.

— Par quel hasard ?..

— Elle ne pouvait pas faire autrement...

— Comment ?...

— Elle est malade...

Jules fut au moment de s'écrier avec effusion :

— Ah ! tant mieux !...

Mais il se contint et demanda seulement :

— Qu'est-ce qu'elle a ?

— Des douleurs dans tout le corps... un rhumatisme, à ce que j'imagine...

— Que le bon Dieu serait donc bon, se dit Jules mentalement, s'il voulait envoyer à cette horrible femme une bonne paralysie bien complète, et la rendre aveugle et sourde par-dessus le marché !... Mais il n'y faut pas compter ! nous n'aurons pas cette chance-là !...

Après avoir terminé ce peu charitable monologue, le jeune homme ajouta tout haut :
— Ce sera-t-il long ?..
— Je ne crois pas.
— Tant pis !...
— Pourquoi ?...
— Parce que, si ce rhumatisme avait duré quelques jours, vous seriez encore sortie seule, et mon bonheur d'aujourd'hui aurait eu un lendemain !
— Fi ! que c'est mal !... murmura Norine, que c'est mal de former de vilains souhaits comme ceux-là !... Quand ma mère souffre, je dois oublier tous ses torts et ne me souvenir que d'une chose, c'est que je suis sa fille !.....
— Ange !... s'écria Jules. Oh ! combien vous valez mieux que moi !... Votre cœur a toutes les délicatesses !... votre esprit toutes les vertus ! votre âme tous les héroïsmes !!!

§

On a beau marcher lentement, parler tout bas d'amour, et s'arrêter à chaque pas, on finit cependant par arriver, surtout quand on ne va pas bien loin.

Jules et Norine avaient atteint la rue Saint-Lazare et dépassé la maison qu'habitait Fritz Ritter, comte de Landerhausen, et il leur semblait qu'ils venaient seulement de se mettre en route.

Cependant, en voyant devant eux, à leur gauche, la rue du Mont-Blanc (aujourd'hui de la *Chaussée-d'Antin*), et à leur droite la rue de Clichy, il leur fallut bien s'apercevoir que le but de la course de la jeune fille était dépassé.

Ils revinrent donc sur leurs pas.

Norine examina l'adresse écrite la veille par madame Belphégor, et elle interrogea les numéros des maisons.

Elle ne tarda guère à reconnaître celle où elle avait affaire.

— C'est là, dit-elle à Jules.
— Serez-vous longtemps ?

7

— Cinq minutes. J'entre, je donne ma dentelle, j'en touche le prix et je sors.

— Vous êtes bien sûre qu'il n'y a aucun danger pour vous dans cette maison ?...

— Enfant !... répondit Norine en riant.

— C'est que j'ai peur de tout !...

— Même de votre ombre, n'est-ce pas ?...

— Norine, ne riez pas, je souffre...

La jeune fille tendit la main à Jules.

— Pauvre ami, lui dit-elle, ne souffrez pas, je vous aime !...

Et elle s'élança, légère et gracieuse, sous la porte cochère.

Jules l'attendit dans la rue.

XX

LE BOUDOIR.

Norine ouvrit la porte de la loge où trônait Tiburce Pépin, fort occupé en ce moment à déguster son gigantesque bol de café à la crème et ses tartines de pain au beurre.

Le concierge leva les yeux sur Norine, et, la voyant si jeune et si jolie, il lui sourit gracieusement.

Nous savons combien ce petit portier bossu se plaisait à *sacrifier aux Grâces*. (Style de l'*Almanach des Muses*, année 1821.)

— Mademoiselle, lui dit-il d'une voix caressante, en redressant de son mieux son échine tortue, qu'y a-t-il pour votre service ?...

— C'est bien ici, n'est-ce pas, demanda Norine, c'est bien ici que demeure madame la comtesse de Landerhausen ?...

— La comtesse de Landerhausen?... répéta Tiburce Pépin d'un air ébahi.

Mais il se ravisa aussitôt, et il répondit :

— Oui, oui... c'est bien ici, mademoiselle.

— A quel étage ?

— Au second, une porte verte avec des clous d'or.

— Madame la comtesse est-elle chez elle ?...

— Elle doit y être... montez.

Norine sortit de la loge et s'engagea dans l'escalier.

Tiburce, le poing sur la hanche, la suivit d'un œil libidineux, et, quand il ne put plus la voir, il se rassit en murmurant intérieurement :

— Cré nom d'un nom!... la belle fille!... Ah! oui, pour une belle fille, on peut dire qu'en voilà une à qui rien ne manque! C'est joli et c'est mignon!... c'est corsé et c'est complet!... Foi de Pépin, je n'ai rien vu de mieux!... Et dire que ça monte chez ce vieux scélérat de comte!... Un homme dont le physique est totalement dépourvu de toute espèce de moelleux!... Cré nom d'un nom!... que ces guerdins de gens riches ont de chance!...

Puis le petit portier acheva son café au lait avec une rage concentrée.

§

Cependant Norine avait atteint la porte verte à clous d'or que Tiburce lui avait désignée.

Elle sonna.

Baptiste vint ouvrir.

La jeune fille demanda madame la comtesse.

— Entrez, mademoiselle, répondit le cocher sans hésitation.

Et après avoir fait traverser à Norine l'antichambre et le salon, il l'introduisit dans un petit boudoir où il la laissa seule.

Ce boudoir, entièrement tendu en toile perse à fond clair semé de guirlandes de roses et de chèvrefeuilles, avait un aspect gai et charmant.

Le tapis était épais et doux à fouler.

Il n'y avait pas d'autres meubles qu'un divan bas, large comme un lit, deux ou trois chauffeuses, douillettes et profondes, et une petite table en marqueterie, placée au milieu de la pièce.

Norine posa son carton sur la petite table et s'assit sur le divan.

Quelques minutes se passèrent.

On achevait de coiffer Fritz Ritter, qui ne voulait se montrer qu'avec tous ses avantages.

La pensée de la jeune fille était retournée auprès de Jules.

Elle était chagrine du retard qu'on mettait à la recevoir, parce que ce retard faisait attendre son amant.

Elle se leva et s'approcha de la fenêtre, espérant que peut-être elle verrait Jules dans la rue.

Mais cette fenêtre donnait sur une cour intérieure.

Norine, désappointée, retourna s'asseoir.

Un demi-quart d'heure s'écoula encore.

L'impatience de Norine arrivait à son comble.

Enfin une porte s'ouvrit et Fritz Ritter parut.

Le comte était étourdissant de laideur au milieu de son luxe de mauvais goût.

Sa chevelure touffue était plus crépée et plus pommadée encore que de coutume.

Il avait mis du blanc.

Il avait enduit ses lèvres d'une couche d'opiat carminé.

Bref, autant du moins que ses traits durs et massifs comportaient une ressemblance pareille, on aurait pu le prendre pour une de ces coquettes surannées qui plâtrent à outrance les ruines de leurs charmes décrépits.

Fritz Ritter portait une robe de chambre en lampas d'un jaune vif, illustrée de fleurs invraisemblables et d'oiseaux prodigieux. Çà et là quelques pagodes étalaient, en manière de paysage, leurs clochettes chinoises et leurs toits étagés.

Une cordelière à glands d'or renouait ce somptueux vêtement avec une négligence apprêtée.

Un pantalon de cachemire rouge et des babouches de cuir grenat, brodées de soie et d'or, complétaient la toilette de Fritz Ritter.

Norine, qui s'était levée en entendant ouvrir la porte et qui s'attendait à voir entrer la comtesse de Landerhausen, recula d'étonnement en face du bizarre personnage dont nous venons de décrire l'accoutrement.

Fritz Ritter fut ébloui de la beauté de Norine, beauté bien supérieure à l'idée qu'il s'en était faite, d'après les paroles de madame Belphégor.

Mais il se souvint que l'entremetteuse lui avait bien recommandé de ne point manifester son admiration et il dit d'un ton dégagé et avec un redoublement d'accent germanique :

— Bonjour, ma belle demoiselle.

— Pardon, monsieur... fit Norine avec un grand embarras, j'étais venue... j'étais venue...

— Pour voir madame la comtesse de Landerhausen, n'est-ce pas?...

— Oui, monsieur.

— Et pour lui rapporter de la dentelle ?

— Justement.

— Vous êtes peut-être la fille de cette dame qui a passé ici hier ?

— Oui, monsieur, je suis sa fille.

— Fort bien.

— Ne puis-je parler à madame la comtesse ?

— Vous me parlez, c'est la même chose, elle et moi nous ne faisons qu'un... Je suis le comte... je suis le mari.

— Ah!... fit Norine.

— Ma femme est un peu souffrante... continua Fritz Ritter, et vous ne la verrez pas ce matin ; mais, je vous le répète, elle et moi, c'est la même chose...

— J'aurais été cependant bien aise que madame la comtesse pût examiner mon travail et me dire si elle en était satisfaite.

— Je vais l'examiner à sa place...

— Vous!... monsieur!... murmura Norine avec un sourire involontaire.

— Oh! je m'y connais aussi bien que ma femme... répondit Fritz Ritter; voyons un peu cela...

Norine dénoua le ruban qui entourait son petit carton et elle déroula la pièce de dentelle sous les gros yeux de son interlocuteur.

— Voilà où était l'accroc, fit-elle.

— Comment! s'écria Fritz Ritter, c'est là qu'était l'accroc?...

— Oui, monsieur.

— Bien vrai?

— Mais, sans doute.

— Parole d'honneur!... on ne le croirait pas! C'est beaucoup plus joli qu'avant la déchirure!... C'est un travail de fée, bien digne de vos jolis doigts!

La jeune fille ne répondit rien à ce compliment.

Le comte, oublieux des conseils de madame Belphégor, voulut prendre la main de Norine et la porter à ses lèvres. Norine la retira brusquement et fronça ses beaux sourcils.

— Ainsi, monsieur, demanda-t-elle, vous acceptez cet ouvrage?

— Certainement. Ma femme, madame la comtesse, en sera enchantée.

— Alors je m'en vais...

— Un instant donc!... il faut d'abord que je vous paie...

— Comme il vous plaira, monsieur.

— Quel est le prix?

— Madame la comtesse est convenue de vingt francs avec ma mère.

— Vingt francs!... Allons donc!... madame la comtesse s'est trompée!...

— Vous trouvez que c'est trop?

— Je trouve que c'est trop peu!... vingt francs pour une dentelle que vos mains ont touchée!... quelle dérision!... ah! je reconnais là madame la comtesse, qui ne sait jamais apprécier la juste valeur des choses!...

Tenez, mademoiselle, tenez, et dites-vous bien que ceci n'est pas le quart de ce que je devrais vous offrir!...

Et Fritz Ritter, tirant de la poche de son pantalon de cachemire une longue bourse de soie rouge, y prit dix pièces d'or qu'il présenta à la jeune fille.

Norine les reçut dans la paume de sa main gauche et puis, posant neuf de ces pièces sur la petite table et n'en conservant qu'une seule, elle répondit :

— Ma mère est convenue de vingt francs, je n'accepterai que vingt francs...

— Mais pourquoi, mademoiselle ?...

— Parce que cela est juste et que cela me paraît convenable...

— Je vous en prie !...

— N'insistez pas, monsieur le comte.

— Cette somme vous est due !...

— En aucune façon.

— Alors, prenez-la comme à-compte...

— A-compte sur quoi ?

— Sur les travaux que vous aurez à faire pour ma femme...

— Ni ma mère ni moi nous n'avons l'habitude de nous aire payer d'avance.

— Mademoiselle... murmura Fritz Ritter, mis complétement hors de lui-même par la rayonnante beauté de Norine dont les émotions de ce petit débat augmentaient encore l'éclat, vous avez raison, ce ne sont pas quelques misérables pièces d'or qu'il est convenable de vous offrir... C'est une fortune toute entière !... Vous en êtes digne, et je mets la mienne à vos pieds...

— Je ne vous comprends pas, monsieur, répondit Norine avec une dignité froide et en se dirigeant vers la porte.

Fritz Ritter l'arrêta.

— Il faut que vous me compreniez, dit-il.

Une épouvante instinctive s'empara du cœur de Norine.

Fritz Ritter poursuivit :

— Je n'ai jamais vu, dit-il, une femme aussi belle que vous!... Aussi, moi qui croyais que tout était mort en moi, le cœur et les sens, je sens, depuis que je vous ai vue, que je puis aimer encore... Je suis riche, mademoiselle, et, si vous voulez être à moi, je vous donne cent mille francs!

— Monsieur! s'écria Norine en devenant pourpre soudainement de honte et de colère, monsieur, vous m'insultez !

— Peut-être ne me croyez-vous pas? continua Fritz Ritter, peut-être pensez-vous que mon offre est mensongère?... Eh bien! tenez, voici le quart des cent mille francs que je vous propose, et ce soir vous aurez le reste...

Tout en parlant, il présentait à la jeune fille un portefeuille qu'elle repoussa avec indignation.

Ce portefeuille tomba, et cinquante billets de banque de cinq cents francs chacun s'éparpillèrent sur le tapis.

— Vous refusez?... demanda le comte.

— Oui, e refuse!... Je refuse avec colère et avec mépris!...

— Vous me repoussez? moi qui vous aime !

— Prenez garde, monsieur! dit dédaigneusement Norine, votre femme peut vous entendre...

— Ma femme! répondit Fritz en ricanant, je n'en ai pas!...

— Vous n'en avez pas! balbutia la jeune fille avec épouvante.

— Non.

— Ah! s'écria Norine, c'était un piège!... Infamie!

Et Norine jeta au visage de Fritz Ritter l'unique pièce d'or qu'elle avait conservée, sortit du boudoir sans tourner la tête et sans que le comte osât s'opposer à son départ.

XXI

RUE DE CHOISEUL.

Tant que Norine s'était trouvée en face de l'ennemi, tant qu'elle avait eu à braver un péril imminent, elle s'était sentie vaillante et forte.

Mais aussitôt qu'elle eut franchi le seuil de l'appartement de Fritz Ritter, aussitôt qu'elle se vit sur l'escalier, c'est-à-dire hors de danger, toute sa force l'abandonna; il se fit en elle une réaction terrible, et quand elle arriva auprès de Jules, elle était si tremblante et si pâle qu'on eût dit qu'elle allait mourir...

Pour ne pas tomber, elle fut obligée d'appuyer ses deux bras sur l'une des épaules de son amant et de s'y cramponner, car il lui semblait que les maisons dansaient autour d'elle et que le sol manquait sous ses pieds.

Il est plus facile de comprendre la surprise et la frayeur de Jules qu'il n'est possible de les décrire.

— Ma Norine, s'écria-t-il en soutenant la jeune fille et en la serrant sur son cœur, qu'avez-vous, mon Dieu!... qu'avez-vous?...

— J'ai couru un grand péril, balbutia Norine, mais, grâce au ciel, m'en voici délivrée... ne restons pas ici... venez... je vais tout vous dire...

— Où aller?... demanda Jules.

— Conduisez-moi chez vous... répondit Norine avec une étrange résolution.

— Chez moi?...

— Oui... Il faut que je vous parle librement!... il faut que nous puissions prendre un parti sur-le-champ...

— Venez... répondit Jules.

Et il entraîna la jeune fille, qui recouvrait ses forces à mesure qu'elle s'éloignait de la rue Saint-Lazare.

7.

On sait que de cette dernière rue à la rue de Choiseul la distance est bien courte.

Jules et Norine ne tardèrent donc pas à arriver.

M. d'Artenay s'arrêta à une dizaine de pas de la maison où se trouvait l'étude de l'avoué Digoine.

Il montra la porte à Norine en lui disant :

— C'est là que nous allons...

— Eh bien ! entrons...

— Ensemble, c'est impossible !

— Pourquoi ?

— Parce qu'un pauvre second clerc n'a pas même le droit d'aimer !... répondit Jules avec amertume, parce que si quelqu'un de la maison vous voyait avec moi et le répétait à mon *patron,* cet excellent homme dirait que je me *dérange* et que je lui *vole* un temps qu'il me *paye !*... et il aurait raison, car je suis à ses gages pour copier de la procédure et non point pour avoir un cœur !...

— Comment donc faire ?... demanda Norine.

— Écoutez. Au fond de la cour il y a un grand escalier et vous monterez jusqu'au sixième étage... j'y serai en même temps que vous.

Norine fit de la tête un signe d'acquiescement.

Elle quitta le bras de Jules et elle entra seule dans la cour.

Le jeune homme la suivit à une distance de huit ou dix pas.

Ils gravirent l'escalier l'un derrière l'autre et arrivèrent ensemble en haut de la maison sans avoir rencontré personne.

Là se trouvaient les logements de domestiques.

Jules tira une clef de sa poche et ouvrit une porte.

C'était celle de sa chambre.

Les jeunes gens entrèrent et Jules referma la porte sur eux.

Norine sentit son cœur se serrer à la vue de l'intérieur de cette chambre.

Chaque détail y décelait une misère bien autrement

profonde, bien autrement absolue que celle de sa mère.

Le mobilier consistait en un mauvais lit tout vermoulu et qui ne supportait qu'une paillasse et un matelas.

Il y avait ensuite une chaise de paille, un petit miroir large comme les deux mains, une malle en bois blanc dont le couvercle crevassé laissait voir l'intérieur à peu près vide, et, enfin, suspendu à la muraille, un très-médiocre portrait de madame d'Artenay, la mère de Jules.

Dans un coin se voyaient, posés sur le carreau, une cuvette et une cruche.

Ni les fenêtres ni le lit n'avaient de rideaux.

— Je vous avais dit que j'étais bien pauvre, dit Jules avec un redoublement d'amertume, peut-être avez-vous pensé que j'exagérais... Vous êtes à même de juger!...

— Mon ami, répondit Norine en attachant sur son amant un regard chargé de tendresse, vous êtes riche, puisque je vous aime!...

— Oh! mon bon ange, vous avez raison cent fois!... s'écria le jeune homme; toujours j'oublie, et toujours je me plains!... Dieu finira par me punir!...

— Soyez courageux et confiant.

— Je le suis, puisque vous m'aimez.

Puis Jules ajouta, avec un sourire qu'il s'efforçait de rendre joyeux, mais dans lequel se lisait encore une nuance de mélancolie :

— Chère Norine, je vous fais les honneurs du palais qui me sert de gîte!.,. palais somptueux, comme vous voyez... Asseyez-vous ici... sur ce trône un peu dur...

Et Jules désignait son lit.

La jeune fille s'assit.

Jules se plaça à côté d'elle et prit une de ses mains dans les siennes avec une tendresse respectueuse.

— Ma Norine bien-aimée... fit-il ensuite, expliquez-moi maintenant la cause de cette émotion terrible qui vous dominait en quittant la rue Saint-Lazare... Dites-moi quel est le danger auquel vous avez échappé... Dites-moi, enfin, quel est le parti que nous devons prendre à l'instant même?...

Norine expliqua à son amant ce qui s'était passé une heure auparavant entre elle et le comte Fritz Ritter; elle ne lui cacha point la part que sa mère avait prise à toute cette trame infernale, et elle finit par déclarer que, lasse d'être en butte chaque jour à ces tentatives infâmes, elle ne retournerait point chez Irma.

Jules avait écouté ce triste récit avec une rage muette et concentrée qui pâlissait son front, faisait tressaillir ses membres et rendait ses lèvres tremblantes et violettes.

— Oui!... oui!... tu as raison!... s'écria-t-il ensuite en appuyant passionnément la jeune fille contre son cœur, une fleur immaculée comme toi ne peut pas exister plus longtemps dans un pareil cloaque!... Un pauvre ange venu du ciel ne doit pas vivre les pieds dans la boue!... Mais il faut que, pendant trois jours encore, tu subisses la présence de ton horrible mère!...

— Trois jours... murmura Norine, et pourquoi?...

— Les raisons en sont bien douloureuses, bien navrantes! La première, hélas!... c'est que ma misère est telle, que, si tu restais ici, je ne pourrais pas te donner à manger ce soir.

— Oh! mon Dieu!... balbutia la jeune fille avec angoisse, oh! mon Dieu!...

— Ensuite, continua Jules, ensuite, ma pauvre enfant, ta mère, en ne te voyant pas rentrer, aurait sans aucun doute le hideux cynisme d'aller déposer une plainte chez le commissaire de police de son quartier... Or, comme elle sait que nous nous aimons, c'est chez moi qu'on viendrait te chercher et l'on nous séparerait pour longtemps!...

Norine baissa la tête en pleurant.

Elle comprenait bien que Jules avait raison, mais son cœur se déchirait.

— Et dans trois jours?... demanda-t-elle.

— Dans trois jours tout sera changé.

— Comment?...

— Nous aurons de l'argent, nous aurons un asile.

— Est-ce bien sûr?...

— Oui.

— Cet argent, où le prendrez-vous?

— Je ne le sais pas encore, mais je l'aurai, j'en suis certain!...

— Ainsi, vous comptez sur le hasard?...

— Non, je compte sur ma volonté, je compte sur mon amour et sur la force qui me viendra de lui, je compte enfin sur Dieu... sur Dieu... qui est juste et bon, et qui n'abandonnera pas ses enfants dans une situation terrible où l'un combat pour sa pudeur et tous les deux pour leur amour!...

— Puisse Dieu vous entendre!... répondit tristement Norine.

— Tu doutes!... s'écria Jules, tu doutes!... tu as peur?

— C'est vrai.

— Eh bien! écoute donc, puisqu'il faut tout te dire... Cet argent qui nous est indispensable pour te sauver, rien ne peut faire que nous ne l'ayons pas, car je suis résolu, si les autres moyens m'échappent, à m'adresser à une agence de remplacement militaire et à vendre pour sept ans mon corps et ma liberté...

— Soldat!... murmura la jeune fille avec épouvante.

— Un soldat vaut bien un griffonneur de papier timbré!... Et, d'ailleurs, tu me suivrais partout, n'est-ce pas?

— Oh! certes!...

— Eh bien! que faut-il de plus?... Nous serons heureux partout, puisque partout nous serons ensemble!...

— Oh! Jules, sois béni pour avoir eu cette pensée!... Comme tu es bon, et comme tu m'aimes!... Oui, je suis confiante!... oui, je suis rassurée!... Maintenant je compte sur l'avenir... maintenant je crois au bonheur!...

La conversation des deux amoureux continua ainsi pendant quelques minutes, puis Norine, toujours accompagnée par Jules, reprit le chemin de la rue Paradis-Poissonnière.

Jules retourna à l'étude.

Le maître clerc le gronda de son inexactitude, puis

il le chargea d'aller faire des recouvrements assez importants.

Jules sortit.

Il avait à toucher une somme de cinq mille francs environ.

XXII

LA COLÈRE.

Norine monta l'escalier de la maison de sa mère avec une assurance dont elle ne se serait certes pas crue capable une heure auparavant.

Elle savait à merveille qu'une scène de violence allait l'accueillir aussitôt après les premières explications.

Et cependant elle était calme et sans effroi.

L'amour remplissait tellement son âme, qu'il n'y laissait de place pour aucun autre sentiment.

Elle n'éprouvait, en pensant à sa mère, ni haine, ni épouvante ; elle ne ressentait qu'une sorte de pitié dédaigneuse.

Son coup de sonnette n'eut rien de timide.

Irma vint lui ouvrir et s'écria, avant même que la jeune fille eût franchi le seuil de sa porte :

— J'espère que tu as mis le temps à reporter ta dentelle !... il y a quatre heures que tu es partie !... drôlesse, d'où viens-tu ?...

— Vous le savez bien, ma mère ?... murmura la jeune fille.

— Répondras-tu ?...

— Eh bien ! je viens de l'endroit où vous m'avez envoyée.

— Rapportes-tu de l'argent ?

— Non.
— Tu n'as donc trouvé personne ?
— J'ai trouvé le comte de Landerhausen.
— Et tu n'as pas vu la comtesse ?
— Non.
— Elle était malade, peut-être ?
— Je l'ignore.
— Le comte a reçu la dentelle ?
— Oui.
— Il l'a examinée ?
— Oui.
— Il en a été content ?
— Oui, du moins à ce qu'il a dit.
— Alors il t'a offert de l'argent ?
— Sans doute. Dix louis d'abord, puis cent mille francs.
— Cent mille francs !... s'écria madame Picard avec un soubresaut prodigieux.
— Oui, ma mère.
— Menteuse !...
— J'ai vu...
— La somme toute entière ?...
— Vingt-cinq mille francs.
— Et le reste ?...
— Ce soir.
— Et qu'as-tu dit ?... qu'as-tu fait ? qu'as-tu répondu ?... demanda madame Picard avec une violence convulsive.

— J'ai pris l'argent de cet homme, je le lui ai jeté à la figure et je suis sortie...

— Tu as fait cela ? balbutia Irma d'une voix étranglée par la fureur.

— Vous savez bien, ma mère, dit Norine dont le calme ne se démentait pas un instant, vous savez bien que je vous ai répondu déjà que j'aimerais mieux nous voir mourir de faim toutes deux que de gagner notre pain à ce prix-là...

Irma était devenue livide, puis pourpre, puis violette.
Ses lèvres écumaient.
Des étincelles foudroyantes semblaient jaillir de ses yeux.

Un tremblement convulsif secouait sa tête et ses mains, et ses cheveux, à moitié dénoués, semblaient s'agiter comme des serpents autour de son visage.

A trois reprises différentes, elle voulut parler, elle voulut crier, mais il ne sortit de son gosier haletant que des sons rauques et inarticulés.

Enfin cette effrayante colère atteignit son paroxysme.

La raison chancelante d'Irma se voila tout à fait.

Elle saisit sur la table un long couteau et elle s'élança sur Norine, en levant ce couteau.

La jeune fille s'agenouilla et elle attendit la mort avec une résignation docile.

Seulement ses lèvres s'agitèrent.

Elles murmuraient tout bas :

— Adieu, Jules !... Adieu !... adieu !...

Mais l'excès même de la fureur de cette mégère enragée sauva la malheureuse enfant.

L'arme, mal tenue par les doigts crispés d'Irma, s'échappa de sa main, et ce fut son poing fermé et non pas la lame du couteau qui frappa Norine en pleine poitrine.

Le choc fut terrible.

La jeune fille alla rouler, évanouie, à trois ou quatre pas de là, sur le carreau, tandis que de ses lèvres entr'ouvertes s'échappait un flot de sang.

La vue de ce sang épouvanta madame Picard et dissipa à demi son ivresse furibonde.

Elle se laissa tomber sur une chaise, hébétée, et comme abrutie, et elle répéta à plusieurs reprises, avec un rire nerveux et saccadé, pareil à celui des idiots :

— J'ai tué ma fille !... on me tuera !...

§

En ce moment, on frappa à la porte.

Irma se leva toute frissonnante.

Ses dents claquaient.

C'est la police !... se dit-elle ; on vient me prendre !...

on va m'emmener! J'ai tué ma fille!... on me tuera!...
On frappa pour la seconde fois.
Madame Picard ne répondit point, et elle se demanda où il lui serait possible de se cacher...
Il n'y avait pas dans son logis un seul coin qui ne fût en vue.
On frappa pour la troisième fois, mais beaucoup plus fort, et on sonna en même temps.
— Ils vont enfoncer la porte, c'est certain!... pensa Irma.
Et elle demanda d'une voix tremblante :
— Qui est là ?...
— Moi, pardieu!... moi, ta sœur!... répondit madame Belphégor avec une impatience manifeste, causée par la longue station qu'on venait de lui faire faire sur l'escalier.
Irma se sentit un peu rassurée.
Cependant elle ne voulut négliger aucune précaution :
— Es-tu seule ?... dit-elle.
— Oui.
— Bien sûr ?...
— Oui!... oui!... trois fois oui!... Ouvre vite, ou je m'en vais !...
— Personne ne passe dans l'escalier ?...
— Non!... Voyons! ouvriras-tu ?...
Irma entre-bâilla la porte, et madame Belphégor se précipita dans l'intérieur en criant :
— Ah çà ! qu'est-ce que ça signifie donc que ces manières-là ?... Voudrais-tu me faire poser, ma chère, par hasard ?... C'est que, vois-tu bien...
Mais elle n'acheva point sa phrase et elle demeura muette, immobile, la bouche béante et les yeux largement ouverts.
Elle venait d'apercevoir le corps de Norine étendu sur le sol, et, à côté de ce corps, un couteau et beaucoup de sang.
Aussitôt que madame Belphégor eut repris la faculté de faire un mouvement, elle leva vers le ciel ses grosses

mains courtes et rouges et elle répéta deux ou trois fois, d'un ton épouvanté et larmoyant :

— Ah! mon Dieu!... ah! mon Dieu!... ah! mon Dieu!...

Puis elle se tourna vers Irma et elle lui dit :

— Tu l'as tuée?...

Madame Picard répondit par un signe de tête qui voulait dire :

— Oui...

— Eh bien! malheureuse, tu as fait là un joli coup!... Tu es perdue... sais-tu bien?... Un assassinat!... et sur ta fille encore!... Ah! grand Dieu!... quelle affaire!... quelle horrible affaire!... Je m'en vais... je me sauve... je ne reste pas une minute de plus ici... Je n'aurais qu'à me trouver mêlée dans tout ça!... Débrouille-toi comme tu pourras!... j'en ferai une maladie, pour sûr!...

Et madame Belphégor, après toutes ces lamentations et toutes ces menaces, fit mine de sortir.

Irma l'arrêta.

— Tu m'abandonnes? lui demanda-t-elle, tu me laisses ici, toute seule... avec... elle?...

Elle prononça ces derniers mots à voix basse et d'un ton presque égaré.

— Tiens!... répondit madame Belphégor, ne crois-tu pas que je vais rester là, pour me faire arrêter avec toi?...

— Qui te dit qu'on m'arrêtera?...

— Pardine!... le simple bon sens. Tu as tué, ton affaire est claire...

— Norine n'est peut-être pas morte...

— Ah! si en effet elle n'était pas morte et si elle pouvait en revenir, c'est ça qui serait une fière chance!... Ça serait aussi heureux pour toi que pour elle, parole d'honneur!

— Voyons, aide-moi un peu à soulever cette pauvre fille et à la mettre sur le lit... nous examinerons ensuite la blessure.

Irma et madame Belphégor prirent aussitôt le corps de Norine et le portèrent dans la pièce voisine.

XXIII

NOUVEAU TRAITÉ.

Madame Belphégor, qui avait repris un peu de sang-froid, commença à déshabiller Norine, dégrafant sa robe et coupant les lacets de son corset.

Irma s'était jetée sur une chaise, elle cachait sa tête dans ses mains, elle pleurait, elle semblait folle.

Tout à coup madame Belphégor poussa un cri de surprise.

Ce cri avait une intonation joyeuse qui fit relever la tête à Irma.

— Ah çà! demanda la Belphégor en se posant devant sa sœur, les poings sur les hanches et dans l'attitude d'une poissarde sur le carreau des halles, ah çà! est-ce que tu te fichais de moi, tout à l'heure?...

— Hein!... quoi?... que dis-tu? balbutia madame Picard.

— Oui, qu'est-ce qui te passait donc par l'esprit de me faire comme ça des souleurs qui n'avaient ni queue ni tête?

Et comme Irma se taisait et cherchait vainement à comprendre ces paroles incohérentes, madame Belphégor continua :

— Enfin, qu'est-ce que tu me disais donc, que tu avais tué ta fille?...

— Est-ce que ce n'est pas vrai?... s'écria Irma avec une anxiété fiévreuse.

— Eh! non!... ce n'est pas vrai!...

— Comment?...

— Je n'en sais rien, mais ce qu'il y a de sûr et certain, c'est que Norine n'a pas seulement une égratignure.

— Est-ce possible?...

Irma s'approcha du lit sur lequel reposait Norine toujours évanouie.

Son premier regard lui apprit qu'en effet la blanche poitrine de la jeune fille n'avait reçu aucune blessure.

Un sentiment de joie ardente envahit aussitôt le cœur d'Irma et se manifesta dans l'expression radieuse des traits de son visage.

— Y comprends-tu quelque chose ?... demanda-t-elle alors à sa sœur.

— C'est bien simple !
— Tu trouves ?
— Parbleu !...
— Alors tu es plus avancée que moi !..
— Mon Dieu, ma pauvre Irma, que tu as donc la cervelle étroite !...
— Ça n'est pas ma faute... C'est mon père qui m'a mise au monde comme ça !...
— Enfin il est clair comme le jour que tu avais la tête si bien montée, que tu ne voyais pas clair, que tu ne savais plus ce que tu faisais, et qu'en croyant donner un coup de couteau à Norine, tu ne lui as donné qu'un simple coup de poing.
— Au fait, murmura Irma, je croirais assez que ça s'est passé comme tu dis...
— Je te répète qu'il n'y a pas le moindre des doutes à avoir !... Seulement le coup de poing a été solide et je t'en fais mon compliment, car la coquine le méritait bien...
— Tu étais venue pour me parler d'elle ?...
— Tout juste.
— Qu'est-ce que tu voulais me dire ?...
— J'ai revu le comte, après que Norine a été sortie de chez lui...
— Eh bien ?...
— Eh bien ! il a été un peu vexé de ses manières, mais, émerveillé de sa beauté, il en veut plus que jamais, et il offre une somme assez ronde..
— Combien ?

— Vingt mille francs.
— Alors nous n'avons pas de temps à perdre. Est-ce pour bientôt ?
— C'est pour aujourd'hui.
— Explique-moi ton projet.
— Il est clair comme de l'eau de roche. Tout à l'heure Norine va revenir à elle-même ; tu la câlineras, tu la dorloteras, enfin tu te montreras très-aimable...
— Suffit !...
— Naturellement elle se sentira un peu souffrante ; tu pousseras les égards jusqu'à lui faire de la tisane, et tu en assaisonneras la première tasse avec le contenu de ceci...

Et madame Delphégor présenta à sa sœur un petit flacon qu'elle tira de sa poche.

Puis elle poursuivit :
— Aussitôt qu'elle aura bu, tu me feras prévenir par ton portier ; je viendrai vous prendre en fiacre ; je vous conduirai toutes deux chez moi.
— Bien, fit Irma.
— Tu m'as compris ?
— Parfaitement.
— Tu iras en besogne le plus vite possible ?
— Sois tranquille.
— Alors, au revoir !

XXIV

LE DÉPART.

Au moment où madame Belphégor et Irma venaient de sortir de la chambre à coucher pour aller continuer dans la première pièce l'entretien auquel nous venons d'assister, Norine avait commencé à reprendre connaissance.

La première sensation dont elle eut une perception nette et distincte fut une vive douleur à la poitrine.

Elle y porta la main, croyant la retirer sanglante, car elle se souvint aussitôt de tout ce qui s'était passé.

Mais elle ne tarda guère à s'apercevoir de son erreur et elle comprit qu'une circonstance qu'elle ne connaissait point encore avait trahi la fureur d'Irma.

— Merci, mon Dieu !... murmura la jeune fille, merci, mon Dieu ! je reverrai Jules !...

Après cette courte et fervente action de grâces, Norine se souleva sur son coude et elle écouta, car il lui semblait entendre non loin d'elle le murmure de deux voix qu'elle connaissait.

Ces voix étaient celles de sa mère et de madame Belphégor.

Norine écouta, nous le répétons.

Nous savons ce qu'elle entendit.

Une sueur froide perla goutte à goutte à la racine de ses beaux cheveux.

— Allons, se dit-elle avec une résolution suprême, il faut que dans une heure je sois sauvée ou perdue !...

※

La Belphégor quitta madame Picard, qui posa sur la table le petit flacon de laudanum et rentra dans la chambre où se trouvait Norine.

Cette dernière, ne voulant pas que sa mère pût la croire instruite du nouveau traité d'alliance qui venait d'être formé entre les deux femmes, resta pendant quelques minutes immobile et les yeux fermés.

Puis elle fit comme si elle sortait d'un évanouissement profond, c'est-à-dire qu'elle soupira à deux ou trois reprises, que ses paupières se soulevèrent lentement et qu'elle étendit les bras.

Quand elle ouvrit de nouveau les yeux, elle vit Irma

penchée au chevet du lit et attachant sur elle un regard rempli d'un hypocrite et profond attendrissement.

Cette bonne mère essuyait même, ou du moins faisait semblant d'essuyer quelques larmes.

Ces larmes étaient-elles authentiques?

Dieu nous garde de l'affirmer!...

— Eh bien! chère petite, demanda Irma d'une voix qui jouait assez habilement l'émotion, comment te trouves-tu?...

— Mieux, ma mère.

— Le ciel en soit loué!... Est-ce que tu ne souffres plus du tout?...

— Oh! si, encore un peu.

— D'où?

— De la poitrine.

— Ce ne sera rien.

— Je l'espère.

— Vois-tu, ma Norine, il faut être bonne fille et me pardonner ce que j'ai fait... Je donnerais ma vie pour que ça ne soit pas arrivé!... Mais j'ai bien compris que j'avais eu tort et je peux te jurer que cela ne se renouvellera jamais!

— Mon mal n'est rien... je vous assure...

— Ça n'empêche pas que je vais te faire de la tisane, et de la fameuse...

— A quoi bon?

— Comment, à quoi bon?... mais à te soulager, ma pauvre biche.

— C'est vraiment inutile.

— J'y tiens.

— Alors, faites comme vous voudrez.

— C'est ça, ne bouge pas du tout, reste là sur le lit, bien tranquille; je m'en vas acheter du réglisse en bois, de l'orge, une pomme reinette et un peu de sucre, et je te composerai de tout ça une petite tisane qui te mettra du vrai velours sur la poitrine...

Et, sans écouter la réponse de Norine, Irma mit son chapeau, prit un cabas en vieille tapisserie qui lui servait à rapporter ses emplettes de ménage et sortit.

Voilà ce qu'espérait Norine.

A peine Irma avait-elle refermé la porte qu'elle s'élança en bas du lit, qu'elle répara sans perdre une seconde l'excessif désordre de sa toilette et que, ayant fait un petit paquet du peu de linge et de vêtements qu'elle possédait, c'est-à-dire d'une robe et de deux ou trois chemises, elle quitta à son tour le logis de sa mère.

Seulement, une fois sur le carré, au lieu de descendre l'escalier, elle monta jusqu'aux mansardes et elle attendit.

Au bout d'un quart d'heure, Irma reparut.

Norine la vit rentrer et, à l'instant même, avec la légèreté d'un enfant qui joue, elle se laissa glisser le long de la rampe et elle atteignit le rez-de-chaussée avant même que sa mère ait eu le temps de s'apercevoir de sa disparition.

Dans l'allée de la maison, elle rencontra Médard.

— Tiens, vous v'là, mam'zelle Norine ? lui dit le portier; où donc que vous allez comme ça, avec vot'petit paquet sous le bras ?...

— Monsieur Médard, murmura la jeune fille d'une voix suppliante, au nom du ciel, ne me trahissez pas !...

— Vous filez ?...

— Je pars...

— Ça devait finir comme ça un jour ou l'autre !... Allons, bonne chance, mam'zelle Norine, et soyez tranquille, je suis aveugle, sourd et muet. Bien des choses de ma part, s'il vous plaît, à mon autre locataire... vous savez qui je veux dire ?...

Norine prit sa course.

Avons-nous besoin d'apprendre à nos lecteurs qu'elle allait à la rue de Choiseul.

Arrivée là, elle fit demander Jules par le concierge.

Ce dernier monta à l'étude, s'informa, et vint répondre à Norine que M. d'Artenay était en course et qu'on ne savait quand il reviendrait.

La jeune fille remercia le concierge et elle attendit devant la porte.

Une heure se passa ainsi.

Cette heure fut un siècle pour Norine.

D'abord, de minute en minute, elle s'attendait à voir apparaître sa mère courroucée et menaçante, et venant au nom de la loi reprendre tous ses droits sur elle.

Cette seule pensée faisait frissonner la jeune fille d'angoisse et d'épouvante.

Ensuite la pauvre enfant, restant stationnaire dans une rue aussi fréquentée que la rue de Choiseul, attirait sur elle l'attention des passants, et il lui fallait entendre de grossières plaisanteries ou des galanteries plus que lestes qui l'effrayaient et la faisaient rougir de honte et de confusion.

Enfin Jules tourna l'angle de la rue Neuve-Saint-Augustin.

Du plus loin que Norine l'aperçut, elle courut à lui, elle saisit son bras et elle s'y cramponna comme à son seul appui désormais.

— Mon Dieu!... mon amie, s'écria Jules épouvanté de la pâleur de la jeune fille, que s'est-il passé?... qu'y a-t-il?... qu'y a-t-il donc?...

— Il y a, répondit Norine, que, si vous ne voulez pas me perdre pour jamais, ce n'est pas dans trois jours qu'il faut me sauver, c'est aujourd'hui, aujourd'hui et à l'instant même!...

— Quoi!... votre mère?...

— Jules, ne m'interrogez pas... le temps me manque pour vous répondre... Sachez seulement que j'ai quitté ma mère et que je ne la reverrai jamais...

— Eh bien! que faut-il faire?...

— Ce que vous voudrez... Je suis prête à tout; emmenez-moi... cachez-moi...

— Où?

— Le sais-je?...

— Chez moi, c'est impossible!... Vous savez pourquoi, mon amie...

8

— Eh bien! allons ailleurs!...
— Ailleurs?... le puis-je?...
— Jules! murmura Norine avec l'accent d'un désespoir déchirant et contenu, Jules!... est-ce que vous m'abandonnez?...
— J'aimerais mieux mourir!... répondit le jeune homme avec un cri du cœur.
— Alors, qui vous fait hésiter?
— Mon Dieu!... ne vous souvenez-vous donc plus de tout ce que je vous ai dit ce matin?...
— Au sujet de votre pauvreté, n'est-ce pas?...
— Oui.
— Eh bien! qu'importe que nous ayons faim, si nous avons faim tous les deux?... Qu'importe la souffrance, si nous souffrons ensemble?...

Jules enfonça convulsivement sa main droite entre les plis de sa chemise.

Quand il la retira, au bout d'un instant, il y avait du sang après ses ongles.

Ses lèvres murmurèrent tout bas :
— Elle me donne sa vie!... je puis bien lui donner mon honneur!...

Puis il ajouta :
— Vous avez raison, Norine, venez, venez!... hâtons-nous.
— Enfin!... s'écria la jeune fille.

Et elle suivit son amant, qui l'entraîna rapidement vers le boulevard.

Arrivés là, Jules la fit monter dans un fiacre et il y monta à côté d'elle.

Puis il baissa tous les stores et il dit au cocher :
— Rue Dauphine. Je vous arrêterai quand nous serons devant la maison où j'ai affaire. Allez bon train, il y aura double pourboire.

Le fiacre partit au grand trot.

Pendant le trajet jusqu'à la rue Dauphine, Jules tint Norine renversée entre ses bras, et il s'étonnait du silence de la jeune fille, de la décomposition de ses traits et de la pâleur que ses baisers eux-mêmes ne pouvaient faire disparaître.

C'est que Norine souffrait en ce moment une véritable torture.

A cet endroit de sa poitrine où elle avait été frappée par sa mère, il y avait comme un charbon ardent, et la malheureuse enfant puisait dans son amour le courage surhumain de ne pas faire entendre une seule plainte.

A deux reprises, elle porta son mouchoir à ses lèvres et elle se hâta de le cacher en s'apercevant qu'il était teint de sang.

Le fiacre dépassa le Pont-Neuf.

Jules écarta imperceptiblement un des stores, et, par cet entre-bâillement, il regarda les maisons du côté gauche de la rue Dauphine.

Un peu après la petite rue du Pont-de-Lodi, il se pencha sur la banquette du devant et il cria au cocher :

— C'est là. Arrêtez.

Le fiacre obéit aussitôt.

XXV

PAYSAGE.

Jules ouvrit lui-même la portière, il s'élança hors de la voiture et il entra dans une boutique.

Cette boutique était celle d'un changeur.

Quand le jeune homme en sortit pour remonter dans le fiacre, il portait un sac de toile grise contenant environ quinze cents francs en pièces de cent sous, et ses poches étaient pleines d'or.

— Où allons-nous, mon bourgeois? demanda le cocher en s'approchant.

Jules répondit :
— Barrière d'Enfer.
Et le fiacre se remit à rouler.

A la vue du sac d'argent que tenait son amant, Norine ne put retenir un geste de surprise.

— Quoi !... s'écria-t-elle, tout cela est à vous ?...

Le jeune homme fit un signe affirmatif.

— Vous me trompiez donc, murmura Norine, lorsque vous me parliez de votre pauvreté ?...

— Non, chère enfant, dit Jules, je ne vous trompais point. Tout à l'heure je ne possédais pas même l'argent nécessaire pour payer la course de cette voiture dans laquelle nous sommes, mais je viens de m'adresser à un vieil ami, à un camarade de collège, brave et digne garçon qui m'est tout dévoué. Il est riche ; je lui ai dit que j'étais perdu s'il ne venait pas à mon aide ; il ne m'a point questionné, il m'a serré la main, il m'a ouvert sa caisse et j'y ai puisé largement...

Norine ne remarqua pas que, tandis que Jules lui parlait ainsi, sa voix était entrecoupée et ses lèvres tremblaient.

— Ah ! fit-elle avec effusion, que Dieu bénisse votre ami ! En effet, c'est un noble cœur !...

— Oui, balbutia le jeune homme, oui, Dieu le bénira sans doute...

Et le silence régna pendant quelques instants entre Jules et Norine.

§

Le fiacre s'arrêta.

— Nous voici à la barrière, mon bourgeois, dit le cocher.

— Bien ! répondit Jules.

Il descendit avec Norine et il paya généreusement son automédon, qui le salua jusqu'à terre et l'appela *mon ambassadeur*.

Aussitôt que le fiacre se fut éloigné, Jules et sa compagne s'installèrent dans un de ces petits omnibus qui stationnent à la barrière d'Enfer et qui font le trajet entre Paris et Fontenay-aux-Roses.

Sans doute le jeune homme aurait pu conserver son fiacre pour se rendre jusqu'à la destination à laquelle il se proposait d'aller, et peut-être nos lectrices s'étonnent-elles que l'idée ne lui en soit point venue.

Or, il y avait bien pensé, et voici pourquoi il ne l'avait pas fait.

Jules avait malheureusement toutes sortes d'excellentes raisons pour être convaincu qu'avant vingt-quatre heures toute la police de Paris serait à ses trousses, et la première chose que fait la police, en pareil cas, étant d'interroger les cochers de fiacre, Jules courait bien moins la chance de voir sa retraite découverte en montant dans un omnibus qu'en conservant une voiture dont le cocher pourrait le trahir.

Du moins tel était son raisonnement.

Aussitôt arrivé à Fontenay-aux Roses, Jules entra dans le bureau de l'omnibus, où, selon l'usage, étaient affichées toute sorte de petites pancartes indiquant les maisons de campagne à louer dans les environs.

Une de ces pancartes attira plus spécialement l'attention du jeune homme.

Elle était écrite à la main et contenait la note suivante :

A LOUER
POUR ENTRER EN JOUISSANCE DE SUITE

« Au lieu dit La Marelle, à un kilomètre et demi du Plessis-Piquet, un petit pavillon tout meublé, composé, au rez-de-chaussée, d'un petit salon, d'une salle à manger et d'une cuisine et, au premier étage, de deux chambres à coucher et d'une chambre de domestique.

« Le jardin est grand, bien planté dans le genre anglais et muni d'arbres fruitiers en plein rapport.

« Treilles le long des murs, bien exposées et produisant de beau raisin blanc et noir.

8.

« Tonnelle au fond du jardin.

« Petit bassin d'eau vive.

« Cave, garde-manger, etc.

« Le pavillon est confortablement meublé ; la situation est ravissante.

« Prix de la location pour le reste de la saison : CINQ CENTS FRANCS.

« S'adresser, pour visiter la maison, à M. Herbelot, aubergiste à l'enseigne du *Soleil d'Or*, à dix minutes de chemin du pavillon de LA MARELLE. »

— Voilà ce qu'il me faut, pensa Jules, pour y passer les quelques jours de bonheur que Dieu m'accordera peut-être...

Puis il prit le bras de Norine et il s'engagea avec elle dans un chemin charmant qui de Fontenay-aux-Roses conduit au Plessis-Piquet.

Depuis le moment où les deux jeunes gens étaient montés en fiacre sur le boulevard des Italiens, il n'y avait presque pas eu de conversation entre eux.

Dans l'omnibus de la barrière d'Enfer, ils s'étaient trouvés en nombreuse compagnie et n'avaient pas pu causer.

Norine ignorait donc complétement où son amant la conduisait.

Tout ce qu'elle savait, c'est qu'elle le suivait avec confiance et avec bonheur.

Cependant la curiosité d'une jeune fille a des droits imprescriptibles.

Norine interrogea Jules.

— Mon ami, lui demanda-t-elle, où donc me menez-vous ?

— Chère enfant, je vous mène à une petite maison que nous allons visiter...

— Visiter cette maison ?... Pourquoi faire ?...

— Pour la louer, si elle nous convient.

Norine regarda Jules avec une expression de surprise joyeuse.

— La louer ?.. répéta-t-elle.

— Sans doute.
— Ainsi donc nous habiterions la campagne?...
— Oui.
— Une vraie campagne?...
— Tout ce qu'il y a au monde de plus vrai.
— Avec des arbres, des fleurs et des oiseaux?...
— Avec tout cela.
— Oh! quel bonheur!... quel bonheur!... s'écria la jeune fille en frappant ses deux mains l'une contre l'autre avec une joie enfantine.

Mais soudain elle devint triste.

— Qu'avez-vous donc, chère Norine? lui demanda vivement Jules.

— J'ai que cette maison est bien éloignée de Paris...
— Qu'importe?
— Et que je vous verrai bien peu... poursuivit Norine en baissant les yeux.
— Pourquoi donc cela? dit Jules.
— Mais il me semble que votre étude...

Jules interrompit la phrase commencée.

— Mon étude... murmura-t-il; je n'y retournerai pas.
— Jamais?...
— Jamais...
— Ainsi, vous resterez près de moi?
— Oui.
— Toujours?
— Toujours.
— Oh!... murmura Norine avec un tel transport, que, pendant une minute, Jules en oublia le passé et l'avenir, oh! que je suis heureuse!

A peine avait-elle prononcé ces mots que les flammes de la pudeur vinrent éclairer son doux visage.

Jules n'avait jusqu'alors été son amant que par le cœur, et elle songeait que bientôt, dans quelques heures, elle allait lui appartenir toute entière, d'une façon bien plus complète.

Pourquoi rougir, pauvre Norine? Pourquoi te troubler, chaste enfant?...

Dieu lui-même est indulgent pour ceux dont les cœurs sont unis et dont les lèvres se le disent.

Dieu ferme les yeux!... Dieu pardonne!... Dieu est bon, Dieu bénit l'amour!

Ce n'est pas de se donner qu'il faut rougir, car se donner n'est pas honteux!

Et tu préférais, douce Norine, la misère et la faim à l'infamie couverte d'or.

Cette faute que tu vas commettre t'est remise d'avance.

Peut-être l'ange qui veille sur toi voilera-t-il son front pensif, mais il ne t'abandonnera pas!...

§

Nous avons dit que Jules et Norine suivaient un chemin charmant.

Ce chemin, étroit et sablonneux, courait entre ces doubles haies de roses qui ont valu au bourg de Fontenay son surnom poétique et parfumé.

Puis c'étaient des bois délicieux, pour lesquels la nature avait fait plus que ne le ferait jamais l'art du plus accompli des dessinateurs de jardins anglais.

C'étaient des massifs merveilleusement disposés.

Des mouvements de terrain d'un effet imprévu et ravissant.

De larges horizons, des perspectives infinies.

Des prairies d'un vert vif et franc, semées de bouquets d'arbres séculaires.

Et le soleil jouait dans tout cela et doublait la valeur du paysage par les grandes oppositions d'ombre et de lumière que dispensait, avec une inimitable habileté, cet artiste infini, éternel et tout-puissant, qui s'appelle la Nature.

A chaque pas qu'elle faisait en avant, Norine semblait se ranimer et se revivifier.

Sous la bienfaisante influence de cet air vif et pur, les douleurs aiguës qui dévastaient la poitrine de la jeune fille étaient d'abord devenues sourdes, puis avaient complétement disparu.

Norine, à chaque instant, quittait le bras de Jules pour courir après un papillon, ou pour cueillir sur le bord de la route quelques petites fleurs des bois dont elle se faisait un bouquet.

XXVI

L'AUBERGE DU SOLEIL D'OR.

Enfin les deux jeunes gens atteignirent, par un chemin montueux, ce charmant village qu'on nomme le Plessis-Piquet.

Jules demanda des renseignements à un paysan qui fumait devant sa porte, et ce paysan lui indiqua quel sentier il devait suivre pour arriver à l'auberge du *Soleil d'or*, tenue par le M. Herbelot dont parlait la petite pancarte du bureau des omnibus à Fontenay-aux-Roses.

Nous nous servons à dessein du mot *sentier*, car à partir du Plessis-Piquet, la route devenait un sentier véritable, étroit et sinueux, courant à travers prés et à travers bois, et faisant une véritable école buissonnière.

Ces prés et ces bois étaient plus frais et plus charmants que nous ne saurions le dire.

Les fleurs y abondaient, les papillons aussi, et aussi les cerises sauvages et les mûres de buissons.

Tout cela causait à Norine des extases sans fin et de véritables transports.

La pauvre enfant n'était allée à la campagne que deux ou trois fois, avec sa mère, dans ces villages plus que vulgaires qui sont en quelque sorte le prolongement des faubourgs de Paris et qu'on nomme Asnières ou Saint-Ouen.

Là il n'y a rien de champêtre.

Au lieu du chant des oiseaux, on entend les refrains érotiques et bachiques des buveurs avinés.

Au lieu du parfum des fleurs, on respire les émanations de la poêle à frire et les odeurs suspectes de ces casseroles gigantesques où mijotent à petit feu des lapins apocryphes, sous prétexte de gibelotte.

Et pourtant ces rares excursions comptaient parmi les jours les plus heureux de la vie de Norine.

Qu'on juge donc du bonheur qu'elle devait éprouver en se trouvant seule avec celui qu'elle aimait, sous un ciel tiède et pur et dans une riante et verdoyante campagne.

Aussi, nous le répétons, ce que Norine éprouvait en ce moment, c'étaient des transports, c'était du délire !...

Les jeunes gens mirent plus d'une heure à faire un trajet qui ne demandait que vingt minutes.

§

Au sortir d'un petit bois dans lequel ils s'étaient arrêtés pour cueillir des myosotis et des clochettes bleues, Jules et Norine aperçurent à cinquante pas d'eux une maisonnette bâtie en briques rouges et qui ressemblait à une fabrique placée dans le paysage par les soins d'un dessinateur amoureux du pittoresque.

Au-dessus de la porte se balançait un tableau noir sur lequel se voyait une figure joufflue, entourée de rayons éclatants.

Cette figure était expliquée par les mots suivants, tracés en lettres d'un jaune magnifique :

AU SOLEIL D'OR.

HERBELOT, AUBERGISTE,

Donne à boire et à manger, — loge à pied et à cheval.

C'était là que Jules devait s'adresser.

Les deux jeunes gens entrèrent dans l'auberge.

Ils y furent accueillis par M. Herbelot en personne,

gros homme frais et vermeil, de figure avenante et de mine joviale, portant le bonnet de coton et le tablier d'une blancheur éclatante, ni plus ni moins que le cuisinier en chef du mieux posé de tous les restaurants de Paris.

L'aubergiste sourit à Jules et à Norine de façon à leur montrer ses dents blanches, et il leur dit :

— Monsieur et madame, j'ai bien l'honneur de vous souhaiter le bonjour... Un beau temps, n'est-ce pas, mais un peu chaud?... Si monsieur et madame viennent dans le pays pour la première fois, ils doivent le trouver charmant... C'est l'effet produit sur tout le monde... Nous avons souvent ici des peintres qui viennent y chercher des sujets de tableaux qu'ils dessinent d'abord sur du papier et qu'ils mettent ensuite sur de la toile... Ça se vend fort cher, à ce qu'il paraît, ces petites choses-là... Pour mon compte, je n'en ai jamais acheté... J'aime mieux les lithographies... surtout quand elles sont peintes... J'en ai de superbes dans une de mes chambres d'en haut... c'est l'histoire du courage héroïque et du déplorable trépas du valeureux et immortel Poniatowski... Ce sujet m'exalte!... Je vous ferai voir cela quand vous voudrez... Malheureuse Pologne! Faut-il vous servir quelque chose?... J'ai de la bière de mars qui est excellente... Par le temps qu'il fait, il me semble que ce n'est pas de refus...

L'aubergiste s'interrompit pour reprendre haleine.

Jules, qui l'avait suivi en souriant au milieu des méandres de son interminable tirade, profita de ce temps d'arrêt.

— Monsieur, lui dit-il, c'est bien vous, n'est-ce pas, qui êtes chargé de faire visiter le pavillon de la Marelle?

— Oui, monsieur... répondit Herbelot avec un écart de poitrine, c'est bien moi... J'ai l'avantage d'être honoré de toute la confiance du propriétaire, monsieur le baron Martin (de la Marelle), un député de la droite... Monsieur le connaît peut-être?...

— Non, je ne le connais pas.

— C'est étonnant! Quand M. le baron Martin (de la Marelle) parle à la Chambre des députés, on ne manque cependant jamais de rapporter ses discours sur le journal, et comme monsieur est sans doute Parisien... Mais, après ça, vous me direz : On ne peut pas connaître tout le monde...

Jules interrompit ce bavard.

— Je voudrais visiter le pavillon, reprit-il, est-ce possible?

— Mais comment donc? Rien n'est plus facile!... Monsieur et madame veulent-ils y aller à l'instant même

— Oui.

— Monsieur et madame ne désirent pas se rafraîchir d'abord d'une bouteille de bière ou de limonade gazeuse?

— En revenant.

— Fort bien.

— Le pavillon n'est pas loin d'ici, je crois?

— Oh! à cinq minutes... et quand je dis cinq minutes, je parle pour les gens qui ne marchent pas bien vite...

— Alors, allons...

— Je prends les clefs, j'appelle ma femme, car on ne peut pas laisser la maison se garder toute seule, monsieur et madame en conviendront, et ensuite je suis à vos ordres...

Herbelot ouvrit une porte qui donnait sur un jardin.

Il héla d'une voix de stentor sa femme qui accourut aussitôt, il prit un trousseau de clefs, il remplaça son bonnet de coton blanc par un large chapeau de paille qui donnait à sa figure ronde et réjouie l'expression la plus drôlatique, et il ouvrit la marche en disant :

— Monsieur et madame, quand vous voudrez...

Jules et Norine le suivirent.

Herbelot n'était pas homme à laisser s'éteindre ni même languir la conversation.

Il prenait volontiers sur lui de la ranimer, dût-il, pour cela faire, la métamorphoser en monologue.

Nous ajouterons à ceci que, pareil aux confidents des tragédies classiques, Herbelot affectionnait le monologue.

— Ah ! monsieur, dit-il après une dizaine de pas, c'est une bien jolie propriété que le pavillon de la Marelle, et M. le baron Martin, auquel elle appartient, ainsi que je vous le disais tout à l'heure, est un bien digne homme... Il partage toutes mes sympathies à l'endroit de la malheureuse Pologne... La dernière fois qu'il est venu à la Marelle, il m'a fait l'honneur de se reposer pendant quelques instants dans mon auberge... J'ai débouché une bouteille de bière, c'est-à-dire deux, car la première sentait le bouchon, et M. le baron Martin (de la Marelle) a bien voulu trinquer avec moi... Il a fort admiré mes lithographies de Poniatowski... *Noble Pologne!* s'est-il écrié d'une voix émue, *héroïques lanciers polonais!*... Connaissez-vous, monsieur, la romance des *Lanciers polonais?*...

— Non, répondit Jules.

— Vous ne la connaissez pas !... C'est fort extraordinaire !... Elle est du grand *poâte* Béranger !...

— Je ne dis pas le contraire, mais je n'ai jamais entendu parler de cette romance.

— Alors, monsieur, je vais vous la chanter.

— Vous me ferez le plus grand plaisir, dit le jeune homme qui voyait que cette petite scène amusait beaucoup Norine.

— Je ne me souviens pas bien du premier couplet, reprit Herbelot, mais voici le second. Le sens du premier se devine sans peine...

L'aubergiste toussa à deux ou trois reprises pour s'éclaircir le timbre.

Il cracha autant de fois, puis il commença, d'une voix forte et vibrante, capable de briser comme le tonnerre toutes les vitres de son auberge :

Napoléon, l'âme attendrie,
Leur dit dans ces cruels moments :
« Retournez dans votre patrie,
« Amis, je vous rends vos serments!... } *bis.*

Il croyait, dans son triste asile,
N'être suivi *que de* Frrrrançais...
Mais il retrouva dans son île } *bis.*
De braves lanciers polonais!...
Encor des lanciers polonais!...
Toujours des lanciers polonais!...

Jules et Norine applaudirent.

L'aubergiste, avec le parement de sa veste blanche, essuya une larme d'attendrissement, et il s'apprêtait à poursuivre.

Mais, au lieu de continuer, il dit tout à coup :

— Monsieur et madame, nous voici arrivés... Je vous chanterai les autres couplets en revenant...

XXVII

LE PAVILLON DE LA MARELLE.

Le pavillon de la Marelle était réellement une charmante chose.

Un mur de cinq pieds et demi de hauteur, percé d'une porte verte, entourait le jardin.

Par-dessus la crête de ce mur, des arbres d'une belle venue jetaient dans tous les sens leurs rejets vigoureux.

Au fond du petit enclos se voyaient les tuiles rouges du toit du petit pavillon, et ses girouettes de fer-blanc, dont l'une représentait un chasseur armé d'un fusil, et l'autre un lièvre tenu éternellement en arrêt par le chien du chasseur.

— Nous voici arrivés, répéta Herbelot.

Puis il choisit une clef dans le trousseau qu'il avait à la main, et avec cette clef il ouvrit la porte.

Jules et Norine entrèrent.

L'aubergiste les suivit.

Une allée droite, bien sablée, et bordée de touffes de fraisiers, conduisait jusqu'à un perron de trois marches qui donnait accès dans le pavillon.

A droite et à gauche s'étendait le jardin, parfaitement conforme aux promesses de l'annonce, c'est-à-dire moitié jardin anglais et moitié potager, planté d'arbres d'agrément et d'arbustes fruitiers.

Tout cela était en fort bon état, et M. Herbelot, chargé de l'entretien de ce domaine microscopique, semblait se mirer dans son œuvre.

— Hein !... disait-il toutes les trois minutes, comme c'est soigné !... comme c'est tenu !... comme c'est coquet !... comme c'est gentil !... M. le baron Martin (de la Marelle) peut se vanter d'avoir là une propriété assez mignonne !... et quant à la confiance qu'il a bien voulu m'accorder, je crois m'en être montré digne !...

Derrière le pavillon, il y avait un petit bassin de quatre à cinq pieds de diamètre, alimenté par une source d'eau vive et peuplé d'une demi-douzaine de poissons rouges.

Il y avait encore une tonnelle de verdure, munie d'une table rustique, et fort bien disposée pour y venir travailler pendant les chaleurs du jour ou pour y prendre le café après le dîner.

Jules et Norine examinèrent tout et trouvèrent tout charmant.

La jeune fille était folle de joie.

— Maintenant, monsieur et madame, dit Herbelot, voulez-vous visiter l'intérieur ?...

— Oui, répondit Jules.

— C'est un bijou, je vous en préviens.

— Je le crois sans peine.

— M. le baron Martin (de la Marelle) n'a rien négligé pour embellir ce séjour.

— Je n'en doute pas.

— Il en a fait un petit paradis !...

— Pourquoi donc ne vient-il point l'habiter lui-même ?

— Parce qu'il a du côté de Versailles une autre propriété plus *conséquente* où il demeure avec son *épouse*.

— Il n'était donc pas marié quand il a arrangé ce pavillon ?....

— Pardon, monsieur, il l'était...

— Eh bien ! alors ?...

— Un autre ne manquerait pas de vous dire que M. le baron Martin (de la Marelle) avait fait de ceci un petit pied-à-terre, une façon de vide-bouteille, où il venait s'amuser de temps en temps en *catimini*, avec des amis et quelques dames sans que son *épouse* le sût ; mais je suis discret, et d'ailleurs, ce ne sont point là mes affaires : aussi je ne vous en soufflerai mot...

Jules et Norine se mirent à rire de cette étrange discrétion.

— Mon Dieu !... poursuivit l'aubergiste, mon Dieu ! qu'il y en avait une, de ces dames, un jour, qui était donc *farce* et *cocasse* !... Figurez-vous une grosse maman, pas jeune du tout, et ronde comme qui dirait un beau potiron. Elle était venue avec trois ou quatre demoiselles, jolies comme des petits amours et qu'elle ne surveillait pas beaucoup, la chère femme !... C'est moi qui avais fait le dîner et qui servais M. le baron et sa société. Eh bien ! cette dondon vous avait des mots, que c'était à s'en rouler à force de rire !... Elle vous disait des choses, que le diable en aurait pris les armes, et elle vous racontait des histoires, qu'un vieux de la vieille en aurait demandé un éventail, histoire de rougir incognito ! Ah ! mon Dieu ! qu'elle était *risible* et que ces messieurs l'appelaient donc d'un drôle de nom !... Ils lui disaient : *Maman Bil... maman Bol... maman Bel...* Ah ! j'y suis : *Maman Belphégor...*

Jules tressaillit.

Norine pâlit et chancela.

Il leur sembla à tous les deux que ce nom infâme, qui venait les poursuivre jusque-là, était un présage de mauvais augure.

Jules s'empressa de détourner la conversation, afin

d'effacer autant que possible l'impression funeste produite sur sa chère Norine par cet incident.

— Le pavillon me paraît un peu isolé... dit-il. Y a-t-il des voisins?...

— Oui, monsieur, il y en a, et beaucoup, répondit Herbelot. Une *socilliété* nombreuse et choisie... Tous gens riches, tous gens titrés !...

— Ah ! vraiment ?..

— Je le crois bien !... les environs du Plessis-Piquet sont cités pour servir de rendez-vous à la belle *socilliété* parisienne... Je suis sûr que monsieur et madame connaissent une quantité de gens par ici...

Et l'aubergiste cita une douzaine de noms que Jules n'avait jamais entendu prononcer.

— Ah ! poursuivit Herbelot avec un orgueil mal dissimulé... ce n'est pas pour dire, mais le pays est crânement bien habité !...

— Je m'en aperçois, répondit Jules.

Nos trois personnages étaient revenus devant la maison. Herbelot franchit les marches du perron.

— Entrons-nous ? demanda-t-il.

— Sans doute.

— Alors, venez.

Et l'aubergiste fit tourner sur ses gonds une porte peinte à l'huile de façon à imiter le bois de chêne, tandis qu'en réalité elle n'était que de sapin.

Nous savons déjà que le pavillon se composait, au rez-de-chaussée, d'un petit salon, d'une salle à manger et d'une cuisine.

Le salon était garni d'un meuble de toile perse, d'une fraîcheur douteuse, évidemment acheté dans quelque vente par autorité de justice.

La pendule de la cheminée, en marbre jaune, à sujet de bronze verdâtre, représentait l'*Arabe et son Coursier*.

De chaque côté, il y avait des flambeaux en plaqué, veufs de bougies.

Le mobilier de la salle à manger était en merisier et des plus vulgaires.

Quant aux chambres à coucher du premier étage, avec leurs lits de noyer, leurs chaises garnies de crin noir et leurs rideaux de calicot blanc à bordures rouges, elles ressemblaient parfaitement à des chambres d'auberge du sixième ordre.

On voit que M. le baron Martin (de la Marelle) ne s'était livré à aucune dépense de folle somptuosité pour la décoration intérieure de sa petite *tour de Nesle*.

Mais enfin, tel que fût ce pavillon, il n'en sembla pas moins à Jules et à Norine un véritable palais.

— Eh bien ? demanda Herbelot quand les deux jeunes gens eurent terminé leur examen, qu'en pensent monsieur et madame ?...

— Cela peut nous convenir, répondit Jules.

— Alors monsieur et madame s'en arrangent ?

— Cela dépend du prix...

— Monsieur a lu l'affiche à Fontenay-aux-Roses ?...

— Oui.

— Alors monsieur sait que c'est cinq cents francs.

— C'est un peu cher.

— Par exemple !... s'écria l'aubergiste ; monsieur veut rire ! c'est-à-dire que c'est pour rien !..

— N'y aurait-il pas moyen d'obtenir une diminution ?...

— Oh ! pour cela, non !... M. le baron Martin (de la Marelle) est bien décidé à ne pas louer, plutôt que de diminuer seulement un sou... C'est cinq cents francs pour la fin de la saison, il n'y a rien à en rabattre. Par exemple, on n'a à apporter que son bonnet de nuit. Il y a des draps aux lits, des serviettes dans les armoires, et dans la cuisine, tout un assortiment de casseroles...

— C'est bien, répondit Jules, je donnerai les cinq cents francs.

— Monsieur n'ignore pas que, comme il s'agit d'une location en garni, l'habitude est de payer d'avance?

— Retournons chez vous, dit le jeune homme, je vais vous donner votre argent.

Nos trois personnages quittèrent le jardin du pavillon et reprirent le chemin de l'auberge du *Soleil d'Or*.

Chemin faisant, Herbelot renoua la conversation.

— Monsieur et madame amènent sans doute avec eux quelqu'un pour les servir?... demanda-t-il.

— Non, dit le jeune homme, nous sommes seuls.

— Alors je prendrai la liberté de me recommander à monsieur et à madame... S'ils le voulaient, ma domestique irait faire leur ménage, et je leur servirais tous les jours à dîner et à déjeuner, d'une façon confortable et aux prix les plus modérés.

Cette proposition tirait Jules d'un grand embarras.

Elle le dispensait de s'occuper de ces mille petits détails de l'existence quotidienne qui sont nécessairement à charge à des amoureux bien épris, dans les premiers jours de leur lune de miel.

Il discuta pendant un instant les *prix modérés* de M. Herbelot, il finit par tomber d'accord avec lui, et il fut convenu que le digne aubergiste serait le maître-d'hôtel des deux jeunes gens.

On arriva à l'hôtellerie.

Jules tira cinq cents francs du sac qui en renfermait quinze cents.

Il donna cet argent à Herbelot et il se fit faire un reçu au nom de *Jules Marcilly*, pseudonyme qu'il jugea convenable de prendre.

Ensuite il se mit à table avec Norine, et tous les deux firent honneur à la cuisine du *Soleil d'Or*.

Puis, après ce repas, il demanda les clefs du jardin et du pavillon, et, sans perdre un seul instant, il alla prendre possession de ce logis champêtre.

Norine l'accompagnait, silencieuse et en quelque sorte recueillie.

La jeune fille était en proie à une émotion à demi craintive, à demi joyeuse.

Elle rougissait d'instant en instant, et son cœur battait bien fort.

. . . .
. . . .

§

Le lendemain de ce jour, vers les deux heures de l'après-midi, le soleil versait des torrents de feu sur la terre embrasée.

Aucun souffle d'air ne venait rafraîchir cette température tropicale.

Les oiseaux suffoqués se cachaient dans les feuilles.

Les insectes se taisaient sous l'herbe.

Le grillon seul, ami de la chaleur comme un noir africain, poussait joyeusement son petit cri monotone.

Sur un tertre de gazon, ombragé par un sycomore au feuillage touffu, Jules et Norine étaient assis.

La tête charmante de la jeune femme, noyée à demi dans les nattes dénouées de ses grands cheveux blonds, reposait sur la poitrine de son amant.

Parfois elle levait sur lui ses beaux yeux, et son regard prenait une indicible expression de tendresse et d'enivrement.

. . . .
. . . .

§

Un mois se passa.

Un mois qui fut une églogue, une bucolique, une idylle, une pastorale.

Un mois dont chaque jour eut des joies sans bornes et des plaisirs sans fin.

Jules et Norine étaient changés tous deux.

Jules avait beaucoup maigri, et un large cercle de bistre se dessinait autour de ses yeux.

Une pâleur délicate et transparente embellissait encore la beauté de la jeune femme.

Nous devons renoncer à détailler ici l'existence du couple amoureux pendant ces trente jours, qui furent toute une éternité de bonheur.

Des amants dont aucun nuage ne vient troubler les muettes extases, les caresses délirantes et les rêveries passionnées, sont pareils à ces peuples heureux qui vivent dans la paix et qui n'ont pas d'annales.

Toutes les douleurs trouvent un historien.

Le bonheur ne se décrit point.

. . . .

Il arrive parfois qu'une caravane se perd au milieu des sables infinis du désert.

Les chameliers désespérés invoquent Mahomet qui ne leur répond pas.

Les voyageurs haletants, que la soif décime, tombent l'un après l'autre et ne se relèvent plus.

Le sable s'ouvre sous leurs pieds pour les engloutir.

Le simoun passe sur leur tête pour les dévorer.

Le chacal et la panthère attendent leurs cadavres.

Plus d'espoir!... — ils vont mourir !...

Soudain s'offre à leur vue une oasis verdoyante, avec ses eaux limpides, ses gazons frais, ses grands arbres et ses fruits savoureux.

. . . .

Le pavillon de la Marelle était cette oasis que Jules et Norine avaient trouvée au milieu du désert aride de leur vie.

Norine s'abandonnait au bonheur avec tout l'élan de sa jeunesse et de son amour.

Le présent seul existait pour elle.

Elle ne conservait aucun souvenir du passé.

L'avenir ne lui faisait pas peur.

Elle avait oublié les obsessions infâmes de sa mère, elle avait oublié ses brutalités inouïes, et, si elle s'en était souvenue, c'eût été pour lui pardonner, tant il y avait dans son âme de mansuétude et d'indulgence.

Norine ressemblait à ces enfants qui s'endorment joyeux et souriants, doucement bercés par le flot qui peut les engloutir.

Jules, lui aussi, était heureux, ou du moins il le paraissait.

9.

Mais son ivresse ressemblait à celle de ces gens qui se grisent pour s'étourdir, qui s'enivrent pour oublier.

Parfois, au milieu des plus tendres caresses de Norine, une pensée amère venait plisser son front et glacer le sourire sur ses lèvres entr'ouvertes.

Parfois, la nuit, la jeune femme sentait son amant endormi tressaillir tout à coup dans ses bras et se débattre sous l'étreinte d'un cauchemar horrible.

Jules, en s'éveillant ainsi, semblait vouloir fuir ou se cacher, et il prononçait des phrases indistinctes et des mots entrecoupés dans lesquels se devinait la terreur.

Puis le jeune homme ne se rendormait plus, et jusqu'au matin il restait muet et pensif, appuyé sur son coude, le regard fixe, l'oreille inquiète, frémissant au moindre bruit et le sang dévoré par une fièvre brûlante.

§

Voyons maintenant ce qui se passait à Paris, rue de Choiseul et rue de Paradis-Poissonnière, au moment de la disparition de Norine et de Jules.

XXVIII

UNE ÉTUDE D'AVOUÉ.

SCÈNE I

Mᵉ DIGOINE. — LE PREMIER CLERC.

DIGOINE.
Monsieur Paul, avez-vous envoyé faire ces recouvrements dont je vous ai parlé ce matin ?...

LE PREMIER CLERC.
Les cinq mille francs ?... — Oui, monsieur.

DIGOINE.
Qui en avez-vous chargé ?...
LE PREMIER CLERC.
J'en ai chargé d'Artenay.
DIGOINE
A-t-on payé ?...
LE PREMIER CLERC.
Je n'en sais rien encore. D'Artenay n'est pas rentré.
DIGOINE.
Y a-t-il longtemps qu'il est sorti ?...
LE PREMIER CLERC.
Deux heures et demie.
DIGOINE.
Il est en retard.
LE PREMIER CLERC.
Un peu.
DIGOINE.
Monsieur Paul, il me semble que ce jeune homme, depuis quelque temps, devient moins exact que par le passé ?...
LE PREMIER CLERC, *avec embarras*.
Mais... je n'ai pas remarqué...
DIGOINE.
Vous ne voulez point l'accuser, c'est d'un bon camarade, et je vous approuve. Mais je suis certain de ce que je vous dis ; monsieur d'Artenay se dérange... Quoiqu'il m'ait été recommandé chaudement par mon prédécesseur, je ne suis nullement disposé à tolérer le relâchement dans mon étude... Prévenez-le, je vous prie, et admonestez-le vertement de ma part.
LE PREMIER CLERC.
Oui, monsieur.
DIGOINE.
Sitôt que M. d'Artenay rentrera, vous l'enverrez m'apporter l'argent, et vous vous tiendrez prêt à aller vous-même remettre ces cinq mille francs à l'un de mes clients.
LE PREMIER CLERC.
Il est probable que Jules ne tardera guère à revenir. On est déjà venu le demander tout à l'heure.

DIGOINE.

Qui cela ?...

LE PREMIER CLERC.

Je l'ignore. C'est le portier qui est monté.

DIGOINE.

Allez, et n'oubliez pas mes recommandations.
(*Le premier clerc quitte le cabinet de son patron.*)

SCÈNE II

DIGOINE, *seul*.

Ces coquins de clercs se ressemblent tous !.. Quelle vilaine race !... On les charge de quelque mission importante et pressée, ils en profitent pour faire en même temps leurs petites affaires et passer toute une journée à courir !... Le diable m'emporte, ils se figurent qu'on les paie pour courir les grisettes et prendre du bon temps !... Ça fait vraiment pitié !... Est-ce qu'un clerc d'avoué devrait seulement se permettre de savoir qu'il y a des femmes?... (*Digoine se met à lire. Une heure se passe.*) Ah çà ! mais, M. d'Artenay ne revient pas !... Qu'est-ce que cela signifie ?... (*L'avoué se lève, va à la porte de son cabinet et l'entr'ouvre.*) Monsieur Paul, faites demander au portier, je vous prie, quelle est la personne qui est venue pour M. d'Artenay...

LE PREMIER CLERC, *en dehors*.

Oui, monsieur.

(*Digoine se promène de long en large dans son cabinet.*)

LE PREMIER CLERC, *au bout d'un instant*.

Monsieur, la personne qui a demandé Jules est une femme.

DIGOINE.

Jeune ?...

LE PREMIER CLERC.

Oui, monsieur.

DIGOINE.

Et jolie ?...

LE PREMIER CLERC.

A ce que dit le portier.

DIGOINE, *frappant du pied.*

Là... j'en étais sûr!... Le polisson a des maîtresses!... Confiez donc votre argent à des drôles qui vont à un rendez-vous d'amourettes avec cinq mille francs dans leur poche!... D'Artenay me paiera cher cette escapade!..

(*L'avoué continue à marcher vivement et avec humeur. Une nouvelle demi-heure s'écoule. Digoine regarde la pendule.*)

— Par exemple!... Voilà qui est trop fort!... Ceci passe la permission!...

(*Retournant à la porte qui donne dans l'étude.*)

Monsieur Paul!

LE PREMIER CLERC.

Monsieur?

DIGOINE.

Prenez un cabriolet... Courez chez les personnes dont vous avez les noms, informez-vous si l'on a vu M. d'Artenay, s'il a présenté les quittances et si l'on a payé... Ensuite, revenez ici sans perdre une minute...

LE PREMIER CLERC.

Oui, monsieur.

DIGOINE, *à lui-même.*

Certainement je renverrai ce jeune drôle!... Je tiens à ce qu'on ait des mœurs dans mon étude!... J'y tiens essentiellement!... Je ne suis point un Caton, mais il est scandaleux que les maîtresses de mes clercs viennent les relancer jusqu'ici!...

(*Digoine reprend sa promenade saccadée. Sa mauvaise humeur augmente de minute en minute.*)

LE PREMIER CLERC, *entr'ouvrant la porte.*

Monsieur, me voici de retour.

DIGOINE, *vivement.*

Eh bien?

LE PREMIER CLERC.

J'ai vu vos clients... D'Artenay s'est présenté partout.

DIGOINE.

Et il a touché?...

LE PREMIER CLERC.

Oui, monsieur.

DIGOINE.

Vous en êtes sûr?...

LE PREMIER CLERC.

Les quittances en font foi.

DIGOINE.

Combien y a-t-il de temps de cela?...

LE PREMIER CLERC.

Il a dû terminer toutes ses courses il y a un peu plus de deux heures.

DIGOINE.

C'est bien... Je sais ce qui me reste à faire...

LE PREMIER CLERC, *timidement*.

J'espère, monsieur, que vous ne soupçonnez pas notre collègue d'une infidélité?...

DIGOINE, *avec brusquerie*.

Eh! que voulez-vous que je suppose?...

LE PREMIER CLERC.

Jules va peut-être rentrer...

DIGOINE.

Franchement, j'en doute beaucoup...

LE PREMIER CLERC.

D'ailleurs, il a pu lui arriver un accident, un malheur; mais quant à commettre une action déshonorante, Jules en est incapable... Nous nous porterions tous sa caution, dans l'étude...

DIGOINE, *ironiquement*.

Je ne dis point le contraire, seulement votre caution ne vaut pas cinq mille francs.

LE PREMIER CLERC.

Vos cinq mille francs ne sont point perdus, monsieur...

DIGOINE, *du même ton que précédemment*.

Je le souhaite...

LE PREMIER CLERC

Patientez un peu... donnez à notre camarade le temps de revenir...

DIGOINE.

J'attendrai jusqu'à demain matin...

LE PREMIER CLERC.

Et ensuite ?...

DIGOINE, *d'un ton sec.*

Ah! ensuite, ce sera une affaire à régler entre M. d'Artenay et le procureur du roi.

LA PRÉFECTURE DE POLICE.

SCÈNE III

(A la Préfecture de police. — La salle des agents.)

RAPHAEL. — CARILLON.

CARILLON, *entrant vivement*

Mon ami...

RAPHAEL.

Eh bien ?...

CARILLON.

Une nouvelle, une grande nouvelle...

RAPHAEL.

Parle.

CARILLON.

Maubert est à Paris.

RAPHAEL, *avec éclat.*

Maubert est à Paris !!!

CARILLON.

Oui.

RAPHAEL.

Tu en es sûr ?...

CARILLON.

Oui.

RAPHAEL.

Qui te l'a dit?...

CARILLON.

Je l'ai vu.

RAPHAEL.

Et il est libre encore?... et tu ne l'as pas arrêté?...

CARILLON.

Impossible!... mais sois tranquille, nous le repincerons!... Si fin que soit le vieux renard, nous découvrirons son terrier...

RAPHAEL, *avec une émotion fiévreuse.*

Jean-Paul, mon ami, explique-toi... dis-moi tout... Es-tu certain... bien certain de ne t'être point trompé?...

CARILLON.

Je te répète que j'ai vu le baron : je l'ai vu comme je te vois... je lui ai parlé... je lui ai mis la main sur le collet, et regarde, je porte de ses marques...

(*Il montre à Raphaël une meurtrissure livide qui lui sillonne la tempe gauche.*)

RAPHAEL.

Comment cela s'est-il fait?... Tu vois bien que j'attends... tu vois bien que je me meurs d'impatience!...

CARILLON.

Voici la chose, mon ancien, en deux temps et trois mouvements, et c'est exact et véridique, je m'en pique et tu peux t'en flatter... Il faut te dire que ce matin, vêtu en bourgeois comme me voici, je faisais le guet dans les environs de la rue de la Pépinière pour tâcher de jeter le grappin sur ce *grincheur à la cambriolle* qui nous est recommandé, tu sais, le petit Sautriot, dit *Fine-Mouche*?...

RAPHAEL.

Oui, oui, je sais...

CARILLON.

Donc, je flânais les mains dans mes poches et le nez en l'air, comme un badaud qui n'a rien à faire, comme un particulier qui prend du bon temps... Je venais de m'amuser à regarder des caricatures à la porte d'un vitrier et je me remettais en marche, quand je me vis dépassé par un individu en livrée qui portait des guêtres grises, une veste à boutons armoriés, une casquette galonnée et une cravache à pommeau d'argent. Ça me fit d'autant plus d'effet, dans le premier moment, de quelque *larbin de la haute*, qu'on en rencontre pas mal dans ce quartier-là, et je ne m'en préoccupai pas autrement... Cependant, comme *ce larbin* marchait toujours devant moi, je le regardais pour me distraire et je me disais que j'avais déjà vu cette dégaine quelque part, mais il m'était impossible de me souvenir en quel endroit ni à quelle époque... Tout à coup une idée me vint : Ce gaillard-là, me dis-je à moi-même, a parfaitement la tournure du baron de Maubert vu de dos, et je me mis à examiner sa jambe gauche. Il la tirait légèrement. Or, il faut te dire que Maubert, pendant le séjour que nous avons fait ensemble en Amérique, a été blessé à la jambe en question et que, depuis ce temps-là, il boitaille... Mes premiers soupçons se confirmaient de plus en plus, comme tu vois ; cependant je n'étais toujours sûr de rien, je n'avais pas encore vu le visage de mon homme et il y a dans Paris plus d'un boiteux, et bien des dos qui se ressemblent...

RAPHAEL.

Mon Dieu !... Jean-Paul !... mon Dieu ! que tu es long !...

CARILLON.

Patience !... j'arrive...

RAPHAEL.

Hâte-toi !...

CARILLON.

M'y voici : J'attachais la plus grande importance à savoir à quoi m'en tenir ; aussi je hâtai le pas et je dépassai le domestique. Ceci fait, je me retournai sans en avoir l'air et je le dévisageai...

RAPHAEL.

Eh bien ?...

CARILLON.

Eh bien ! c'était un nègre...

RAPHAEL, *surpris*.

Ah !....

CARILLON.

Oui, un nègre superbe, avec un teint luisant et une chevelure crépue à faire envie au roi du Congo lui-même. Ça me démonta d'abord, mais je réfléchis bien vite qu'avec un peu de jus de réglisse et de laine, le premier blanc venu se métamorphose en Africain. Quant à savoir si mon nègre ressemblait au baron de Maubert, il était impossible de le deviner sous sa couche de bistre. Il n'y avait plus qu'un moyen à employer, c'était de faire parler mon homme et de le reconnaître à la voix. Le pied me manqua sur le trottoir, je trébuchai et j'allai me jeter dans ses jambes : *Maladroit !* s'écria-t-il, *prenez donc garde à ce que vous faites !...* Cette fois il n'y avait point à s'y tromper, décidément je pouvais me proclamer le roi des fins limiers, le nègre était Maubert !...

RAPHAEL, *haletant d'impatience*.

Et alors ?... et alors, qu'as-tu fait ?...

CARILLON.

Je n'ai pas perdu une minute, je me suis relevé comme un serpent, j'ai posé ma main sur l'épaule du baron et je lui ai dit : *Baron de Maubert, je t'arrête au nom de la loi !...* — *Tiens !...* me répondit mon prisonnier avec le plus grand calme, *tiens, c'est toi, Carillon ! Bonjour, mon ami, je suis bien aise de te voir, il paraît que tu as changé de spécialité et que, maintenant, au lieu de voler tes gens, tu les arrêtes... Allons, c'est au mieux ! ne fais pas de scandale, je vais te suivre sans résistance...* En même temps, et tandis que je cherchais à démêler s'il parlait ainsi sérieusement ou par raillerie, il tira de sa poche gauche une pleine poignée de tabac en poudre qu'il me jeta au travers du visage et qui m'aveugla, et comme je criais de toute ma force : *Au voleur !...* il me frappa à la tempe du pommeau de sa cravache, si bien que je tombai à la renverse tout étourdi... Des passants me relevèrent, on me porta chez un marchand de vin et on me bassina les yeux avec de l'eau fraîche ; bref, je n'avais pas grand mal, mais je m'informai vainement de ce qu'était devenu le domestique nègre en livrée, personne ne savait comment il avait disparu, ni par où il s'était enfui... Il faut en prendre notre parti, la trace de Maubert est perdue pour aujourd'hui ; mais nous savons qu'il est à Paris, c'est déjà un grand point, et, à nous deux, je ne demande pas quinze jours pour la retrouver...

RAPHAEL.

Que Dieu le veuille !...

CARILLON.

Est-ce que tu doutes ?...

RAPHAEL.

Je ne sais si j'espère ou si je doute, mais voilà une fois de plus que cet homme nous échappe, et je crois qu'il est le démon...

CARILLON.

Bah !... il n'est pas si diable qu'il en a l'air, crois-moi, et, foi de Jean-Paul ! quand nous le tiendrons, nous le tiendrons bien !...

SCÈNE IV

LES MÊMES. — UN AGENT.

L'AGENT.

Monsieur le préfet demande l'agent Raphaël.

RAPHAEL.

J'y vais.

CARILLON, à *Raphaël*.

Je t'attends ici ; je vais faire un rapport sur l'affaire de ce matin et on mettra à notre disposition toute la brigade de sûreté.

RAPHAEL.
C'est bien. Il est probable que je ne serai pas long-temps avant de revenir...
(Il sort avec l'agent.)

SCÈNE V

(Le cabinet du préfet de police.)

RAPHAEL, LE PRÉFET DE POLICE.

LE PRÉFET, à *Raphaël*.
C'est vous qui avez été chargé de mettre à exécution le mandat décerné contre le nommé Jules d'Artenay, ex-clerc d'avoué, prévenu de vol et de détournement de mineure ?
RAPHAEL.
Oui, monsieur le préfet, c'est moi.
LE PRÉFET.
Où en est cette affaire ?...
RAPHAEL.
J'ai eu l'honneur de faire un rapport.
LE PRÉFET.
Répétez-moi de vive voix ce que contenait ce rapport...
RAPHAEL.
C'est malheureusement bien peu de chose. A force de recherches, je suis parvenu à découvrir qu'un jeune homme, qui, selon toute apparence, n'est autre que le prévenu, a pris un fiacre sur le boulevard des Italiens le jour du vol, et à une heure qui s'accorde avec celle de la disparition. Ce jeune homme était en compagnie d'une jolie fille : il s'est arrêté en face de la boutique d'un changeur de la rue Dauphine, il est entré dans cette boutique et il s'est fait donner, tant en or qu'en pièces de cent sous, la monnaie de cinq billets de mille

francs. Cette dernière circonstance me paraît devoir changer en certitude les soupçons sur l'identité du jeune homme, car il s'agissait précisément du vol d'une somme de cinq mille francs. De la rue Dauphine, le fiacre a conduit le prévenu et sa compagne à la barrière d'Enfer; là, les traces se perdent et il m'a été, jusqu'à ce moment, impossible de les retrouver...

LE PRÉFET.

C'est de la négligence!...

RAPHAEL.

Monsieur le préfet me permettra de lui faire observer...

LE PRÉFET, *vivement*.

Rien!... Il est clair comme le jour que ce jeune homme se cache aux environs de Paris, et cela depuis quinze jours!... Ne point l'avoir encore arrêté est un acte de flagrante maladresse!... Je n'admets de votre part aucune excuse!... La police que j'ai l'honneur de diriger, et qui est la première police du monde entier, ne peut point se laisser jouer ainsi par un filou novice!... Je suis fort mécontent de vous, monsieur l'agent! Faites en sorte de réparer au plus vite votre impardonnable négligence!... Il me faut ce jeune homme, il me le faut, entendez-vous, et si vous ne voulez point encourir ma disgrâce, arrangez-vous pour ne me le point faire attendre!... Allez...

RAPHAEL, *après s'être incliné, et à lui-même, en sortant*.

Quel métier!... Oh! ma vengeance!... ma vengeance!...

XXIX

LA POLICE.

Cinq semaines s'étaient écoulées depuis l'installation de Jules et de Norine au pavillon de la Marelle.

Pendant ce laps de temps, aucun incident, même futile, n'était venu troubler les deux jeunes gens dans leur solitude et les distraire de leur amour.

Jules n'avait franchi qu'une seule fois les limites du petit jardin qui devenait son univers, et c'était pour aller à Bourg-la-Reine acheter du linge et quelques effets d'habillement, indispensables à sa maîtresse et à lui-même.

A la longue, on se blase sur tout, même sur l'inquiétude et sur la terreur.

Les angoisses de M. d'Artenay s'engourdissaient peu à peu à mesure que passaient les heures et que se succédaient les jours. Quoiqu'il n'eût rien à attendre de l'avenir, il y pensait avec moins d'effroi, les nuits étaient plus calmes, ses sombres pressentiments s'effaçaient et parfois il se livrait, presque sans arrière-pensée, au bonheur d'aimer Norine et de la posséder.

Quant à la jeune fille, que pouvait-elle désirer de plus ?... elle était loin de sa mère, elle était près de Jules, double raison de se trouver complétement heureuse.

Le ciel de ces pauvres amants paraissait s'éclaicir.

Espoir trompeur !... mensongère tranquillité !...

Hélas !... la foudre allait gronder bientôt.

§

Nous savons déjà que Jules s'était entendu avec M. Herbelot, l'honorable et bavard aubergiste du *Soleil d'or*, pour qu'il se chargeât de préparer et de servir les repas quotidiens.

Jules et Norine déjeunaient à onze heures du matin et dînaient à six heures.

Herbelot se montrait exact.

Ses connaissances culinaires n'étaient ni bien variées, ni bien profondes, mais nos amoureux trouvaient exquises ses gibelottes de lapin et ses longes de veau aux oignons.

Quant à sa piquette de Suresnes et d'Argenteuil, qu'il baptisait pompeusement du nom de *petit Bourgogne*, Jules et Norine, qui la buvaient dans le même verre, la proclamaient un véritable nectar.

Or, un matin, Herbelot, qui était en train de placer sur la table de la salle à manger une omelette fumante et d'assez maigres côtelettes, entama la conversation en disant :

— A propos, monsieur et madame, vous ne savez pas ?...

— Non, dit Jules.

— Il se passe quelque chose de joliment extraordinaire dans le pays, tout de même...

— Quoi donc ?

— Je ne serais point étonné d'apprendre qu'on a découvert un nouveau complot contre les jours de Sa Majesté Louis-Philippe I*er*, roi des Français, notre monarque...

— Un complot !... répéta Jules.

— Mon Dieu, oui.

— Et à quel propos me dites-vous cela ?

— Parce que je le suppose...

— Et pourquoi le supposez-vous ?

— Ah ! voilà la chose, je vais vous le dire et, après, vous verrez que vous serez de mon avis...

Herbelot s'interrompit.

— Je vous écoute... fit Jules.

— Il faut d'abord que vous sachiez, monsieur et madame, poursuivit l'aubergiste, et cela, c'est sûr et certain, que l'auteur du complot n'est pas loin d'ici...

— Ah ! fit Jules, vous croyez ?

— J'en suis sûr.

— Et comment cela ?...

— On le cherche.

— Qui ?...

— La police.

Jules se sentit pâlir et chanceler.

— Monsieur Herbelot, murmura-t-il d'une voix faible

et à peine distincte, je ne vous comprends pas bien... expliquez-vous mieux, je vous prie...

— Vous allez voir comme c'est clair, reprit Herbelot; figurez-vous qu'il est arrivé chez moi, ce matin, vers les huit heures, deux messieurs bien vêtus et à moustaches qui se sont fait servir un petit déjeuner champêtre sous une des tonnelles de mon jardin; tout en déjeunant, ils se sont mis à me questionner...

— Au sujet de quoi? demanda Jules haletant.

— Oh! mon Dieu, au sujet de tout le monde, ils voulaient savoir les noms de tous les gens du pays et surtout de ceux qui y sont arrivés depuis pas bien longtemps... Moi, je leur répondais de mon mieux, et cependant ils trouvaient toujours que je ne leur en disais pas assez long... Oh! ils m'ont parlé de vous comme des autres, allez! et ils m'ont même tenu joliment longtemps sur votre compte...

Jules s'efforça de sourire.

— Que pouvaient-ils donc vous demander sur moi?... balbutia-t-il ensuite.

— Plus de cent choses : Qui vous étiez? Si vous veniez pour la première fois cette année dans le pays? Quel âge vous aviez? Si vous aviez les cheveux noirs? Depuis combien de temps vous étiez arrivé? Et encore beaucoup d'autres minuties dont je ne me souviens plus.

— Et ensuite?...

— Dame! ensuite, ils ont continué à prendre leurs renseignements, et, comme à la fin ça me lassait, il y en a un qui a tiré de son portefeuille une carte de la police et qui me l'a montrée en me disant que j'étais obligé de leur répondre et de dire tout ce que je savais, car ils étaient à la recherche d'un grand scélérat : — *Est-ce qu'un brigand aurait formé le criminel dessein d'attenter à la vie de notre monarque?* m'empressai-je alors de demander. Ces messieurs ne me répondirent pas *oui*, mais ils ne me répondirent pas *non*, et ma conviction fut formée aussitôt. Je continuai, comme bien vous pensez, à leur dire ce que je savais, et, quand ce fut fini, j'ajoutai : — Eh bien, messieurs, pensez-vous que vous viendrez à bout de le découvrir, ce brigand ?...

« — Oh! maintenant, nous le tenons, répondit le plus grand des deux.

« — Et, poursuivis-je, aurais-je eu le bonheur de vous mettre sur la trace ?...

« — Mais, sans doute, mon cher monsieur, et c'est à vous, en grande partie, que nous devrons notre capture...

— C'était flatteur, vous en conviendrez, monsieur et madame, et ça m'enchante; malheureusement ces messieurs s'en allèrent presque aussitôt après et j'ignore la fin de l'histoire, mais d'ici à ce soir il est bien probable que nous apprendrons quelque chose de nouveau...

Herbelot se tut.

Jules était debout et se soutenait des deux mains au dossier d'une chaise pour ne point tomber.

Norine voyait bien son trouble croissant et sa pâleur livide et elle s'en épouvantait.

Mais elle n'osait l'interroger devant l'aubergiste.

Il y eut un instant de silence terrible, pendant lequel Herbelot acheva de disposer sur la table de merisier le couvert interrompu par son récit.

En ce moment, on sonna à la porte du jardin.

La petite cloche, agitée par une main discrète, résonna humblement.

Deux ou trois vibrations, tout au plus, arrivèrent jusqu'à la salle à manger où se trouvaient nos personnages.

Et cependant, jamais éclair déchirant la nue ne produisit un pareil effroi.

Jamais coup de théâtre d'un drame terrible n'arracha à des spectateurs palpitants un cri de terreur semblable à celui qui s'échappa des lèvres blanchies de Jules d'Artenay.

On eût dit que le spectre de Banquo venait d'apparaître sanglant au festin de lady Macbeth.

Le bruit de cette sonnette, ce bruit faible et timide, était pour lui un glas d'agonie.

Il porta la main à son cœur où le sang affluait avec une violence presque mortelle, il ferma les yeux, et un tremblement convulsif s'empara de tous ses membres.

Norine, aussi pâle que son amant, courut à lui et l'enlaça de ses bras comme pour le protéger de son amour contre ce danger inconnu qui le menaçait.

Herbelot ne remarqua rien de tout cela.

Il s'approcha curieusement de la fenêtre qui donnait sur le jardin et il dit :

— Tiens !... qui ça peut-il donc être qui sonne comme ça ?...

— Oh ! murmura Jules d'une voix mourante, n'ouvrez pas !... n'ouvrez pas !...

L'aubergiste le regarda avec un étonnement manifeste.

— C'est peut-être une visite que monsieur ne veut point recevoir ?... demanda-t-il ensuite.

Jules ne pouvait plus parler.

— Oui... oui... balbutia Norine, c'est cela...

— Si monsieur et madame le veulent, poursuivit l'aubergiste, je vais aller dire à ces importuns qu'il n'y a personne et que monsieur et madame sont à Paris...

Et, sans attendre qu'on lui répondit, il fit quelques pas pour sortir.

Jules eut la force de l'arrêter d'un geste suppliant.

— Tiens !... fit Herbelot à voix basse, c'est bien drôle !...

On sonna pour la seconde fois.

On entendit d'une façon distincte les battements du cœur de Jules, et ses dents s'entre-choquaient.

L'aubergiste était retourné auprès de la fenêtre, comme à un poste d'observation.

Un troisième appel de la sonnette retentit.

Presque en même temps une tête apparut au-dessus du mur d'enceinte, auprès de la porte.

— Ah ! s'écria Herbelot, c'est lui, c'est mon monsieur à moustaches... l'un des hommes de ce matin... l'agent de police... Est-ce que par hasard le malfaiteur en question se serait réfugié ici, à l'insu de monsieur et de madame ?... Oh ! il ne faut point badiner avec ces choses-là, je cours à la porte...

Et l'aubergiste s'élança.

Mais à peine atteignait-il le seuil qu'il entendit à deux pas de lui une exclamation sourde et brisée.

Il se retourna.

Jules chancelait, couvert de sang et tenant encore à la main le couteau avec lequel il venait de se frapper.

XXX

RAPHAEL ET NORINE.

En face de cette catastrophe inattendue et foudroyante, Herbelot resta debout, immobile, les bras ballants, la bouche béante.

Sous les chocs successifs de tant d'événements étranges, sa perspicacité naufrageait.

Il ne savait plus s'il devait courir aux agents afin de leur ouvrir la porte du jardin, ou s'élancer vers Jules pour le secourir.

M. d'Artenay venait de tomber sur une chaise.

Norine, agenouillée auprès de lui, poussait des cris déchirants et s'arrachait les cheveux.

Le sang de Jules ruisselait. Sa chemise se teignait de rouge et on voyait ses vêtements devenir humides.

Pendant ce temps les hommes de la police avaient escaladé le mur du jardin et s'approchaient rapidement du pavillon.

Ils arrivèrent.

Ils franchirent les marches du perron, ils pénétrèrent dans la salle à manger, et celui qui marchait le premier s'arrêta à l'aspect du spectacle imprévu qui s'offrait à lui.

Mais son hésitation ne dura qu'un instant et, suivi de son compagnon, il fit quelques pas en avant en s'écriant :

— Un assassinat !...

— Non... répondit Jules d'une voix éteinte, un suicide...

Puis sa tête se pencha sur sa poitrine, il ferma les yeux, un tressaillement suprême agita ses membres et il sembla mort.

Norine le crut sans doute, car son désespoir prit tous les caractères de la folie, et ses clameurs et ses gémissements redoublèrent.

L'agent de police la regarda, avec distraction d'abord.

Mais, soudain, il pâlit et ses lèvres murmurèrent tout bas :

— Oh !... comme elle ressemble à Mathilde !...

Cet agent, nos lecteurs l'ont déjà deviné sans doute, n'était autre que Raphaël.

Carillon l'accompagnait.

Raphaël s'approcha lentement de Norine agenouillée, et lui dit d'un ton doux et affectueux et avec une émotion dont il n'était pas le maître et qu'il ne cherchait point à cacher :

— Au nom du ciel, mademoiselle, calmez-vous !... peut-être y a-t-il encore de l'espoir... peut-être celui que vous aimez n'est-il point blessé aussi dangereusement que vous paraissez le craindre...

— Oh !... s'écria Norine, il est mort !... il est mort !... et je veux mourir avec lui !...

Raphaël comprit qu'une pareille douleur ne céderait qu'à l'évidence, et qu'en dehors d'une certitude matérielle, toute consolation serait inutile et comme non avenue.

Il se pencha vers Jules, il écarta sa chemise ensanglantée, il mit sa poitrine à nu, il humecta une serviette de l'eau des carafes qui se trouvaient sur la table, et avec cette serviette il lava la blessure.

— Voyez, mademoiselle, dit-il ensuite, le couteau était rond et émoussé, la lame a entaillé légèrement les chairs. la plaie est longue, mais sans profondeur et, par conséquent, sans danger...

Norine baissa la tête et joignit ses mains.

Une ardente prière d'actions de grâces monta de son cœur vers le ciel.

Puis elle murmura :

— Oh! que Dieu vous bénisse, monsieur, pour ce que vous venez de me dire... mais, cependant, regardez... regardez comme son sang coule !...

— Sans doute, et c'est de là que proviennent sa faiblesse et son évanouissement...

— Que faire?...

— Arrêter le sang.

— Oui, mais comment?...

— Rien n'est plus facile.

— Oh! parlez, parlez, monsieur.

— Quelques compresses imbibées d'eau salée et fixées sur la blessure avec un bandage suffiront...

— Oh ! je cours...

— Il serait bon d'abord, poursuivit Raphaël, de porter votre ami sur un lit...

— La chambre à coucher est au premier.

Raphaël fit un signe à Carillon qui, jusqu'à ce moment, était demeuré un peu en arrière.

Carillon s'avança.

Raphaël lui montra Herbelot qui regardait toute cette scène avec ses gros yeux pétillants de curiosité.

— Congédie-moi ce vieux bavard, lui dit-il tout bas, et qu'il ne s'avise pas de répéter à qui que ce soit un seul mot de tout ce qui vient de se passer ici...

Une minute après, Herbelot tournait sur ses talons et regagnait son auberge au pas de course.

Aussitôt qu'il eut disparu, Raphaël et Carillon soulevèrent le corps de M. d'Artenay et, guidés par Norine, ils prirent le chemin de l'étage supérieur.

Là, ils étendirent ce corps sur un lit dont les draps se trouvèrent aussitôt teints de sang.

Puis Raphaël déchira en bandelettes deux ou trois mouchoirs de toile que Norine lui apporta, et, après avoir dépouillé le jeune homme de sa redingote, de son gilet et de sa chemise, il posa sur la plaie un premier appareil qu'il assujettit de son mieux et qu'il imbiba d'eau salée.

Le sang s'arrêta au bout de quelques minutes.

Jules fit un faible mouvement.

Un soupir plaintif s'échappa de sa poitrine et ses lèvres entr'ouvertes murmurèrent des mots indistincts.

— Je vous l'avais dit, mademoiselle, reprit alors Raphaël en se tournant vers Norine, cette blessure ne sera rien...

Un sourire de la jeune fille remercia Raphaël, mieux que ne l'auraient pu faire les paroles les plus expressives.

La compassion et la sympathie se peignaient en ce moment sur les traits beaux encore de l'agent de police.

Il avait prodigué à Jules tous les soins que réclamait son état, non point avec la froide charité d'un indifférent, mais avec l'affectueuse sollicitude d'un frère ou d'un ami.

Le chaos se faisait dans l'esprit de Norine.

Elle ne comprenait rien à ce qui se passait devant elle.

Cet homme, en présence duquel elle avait tremblé d'abord, car sa venue annonçait et amenait en effet un terrible malheur, cet homme ressemblait maintenant à un bon génie chargé de réparer le mal qu'il avait fait.

Quel pouvait être cet homme ?

Norine se posait cette question sous toutes les formes et elle ne parvenait point à y répondre.

Raphaël comprit les doutes et les incertitudes de la jeune fille.

Il secoua tristement la tête, comme pour répondre aux pensées qu'elle n'osait exprimer tout haut.

— Hélas ! mademoiselle, lui dit-il ensuite, vous ne vous trompiez pas... le malheur, en effet, est entré ici en même temps que moi...

— Quoi !... balbutia Norine à qui toutes ses terreurs revinrent à la fois, vous êtes...

Elle n'acheva point.

Mais Raphaël la devina.

— L'aubergiste du *Soleil d'or* avait parlé, n'est-ce pas ?... lui demanda-t-il.

Norine fit signe que oui.

— Eh bien ! poursuivit Raphaël, il vous a dit la vérité....

Il s'interrompit, il baissa les yeux, puis il continua, mais plus bas et avec une sorte de pudeur :

— Ce qu'il vous a dit que j'étais, je le suis en effet... et c'est en ce mement surtout que j'ai honte de moi-même et que je comprends combien ma mission est triste et pénible...

— Ainsi, demanda brusquement Norine, ainsi, vous venez l'arrêter ?...

— Je le dois... répondit Raphaël.

— Mais, monsieur... balbutia la jeune fille avec un geste suppliant, mais, monsieur, il n'est pas coupable.

— Dieu le veuille !...

— Ne me croyez-vous point ?...

— Je n'ai pas le droit de vous croire...

— Il est innocent, je vous le jure, de cette faute dont on l'accuse, et personne au monde ne doit le savoir mieux que moi...

— Pourrez-vous fournir une preuve de cette innocence ?...

— Certes !...

— Laquelle ?...

— Ma parole...

— Et c'est tout ?...

— N'est-ce donc point assez ?...

— Je le crains...

— Quoi ?... quand je dirai bien haut qu'il ne m'a ni séduite ni enlevée, que je l'ai suivi parce que je l'aimais... bien plus, que c'est moi qui suis venue lui demander à deux genoux de prendre pitié de moi et de m'emmener, quand je dirai tout cela, on ne me croira pas ?...

— On vous croira, je n'en puis douter... répondit Raphaël.

— Eh bien ?...

— Eh bien ! l'une des deux accusations portées contre votre amant tombera, mais l'autre ?...

— L'autre ?... répéta Norine dont les yeux s'agrandirent démesurément et devinrent fixes ; il y en a donc une autre ?...

— Ne le savez-vous pas ?...

— Non... non... cent fois non !...

— Ah ! pauvre enfant !... murmura Raphaël en lui-même, pauvre enfant !... pauvre enfant !...

Norine avait saisi le poignet de Raphaël, elle le secouait avec une force nerveuse, et elle répétait comme sous l'empire d'une fiévreuse hallucination :

— L'autre... l'autre accusation... quelle est-elle ?... Parlez.. parlez...

Raphaël hésita.

Il regarda Norine et, effrayé de l'agitation convulsive qu'un silence obstiné de sa part redoublerait sans doute, il laissa tomber de ses lèvres ces deux mots accablants :

— Un vol...

— Ah !... répliqua Norine avec une impétuosité furieuse, vous mentez !...

Et, se jetant à corps perdu sur Jules toujours inanimé et le soulevant dans ses bras, elle lui cria comme s'il eût pu l'écouter et lui répondre :

— Entends-tu, mon Jules, entends-tu ce que dit cet homme ?... entends-tu comme il ment d'une façon infâme ?... Il prétend que tu as volé... volé !... entends-tu ? Jules !... Jules !... réponds-lui donc !... appelle-le menteur !... et chasse-le d'ici...

La voix de Norine, cette voix passionnée et haletante qui frappait son oreille, son haleine qui brûlait sa joue, tirèrent Jules de l'évanouissement dans lequel il était plongé.

Ses bras s'étendirent.

Sa main s'appuya sur l'épaule de sa maîtresse.

Il ouvrit les yeux et il regarda autour de lui.

Norine répétait encore :

— Réponds-lui !... mais réponds-lui donc !...

XXXI

RAPHAEL ET JULES.

Au bout d'une minute, tout au plus, l'esprit de M. d'Artenay, dégagé des nuages qui venaient de l'obscurcir momentanément, avait repris sa lucidité habituelle.

— Je me souviens... je me souviens... pensa-t-il ; oh ! pourquoi ne suis-je pas mort ?...

— Cet homme dit que tu as volé !... répéta Norine pour la dixième fois peut-être ; réponds-lui !... mais réponds-lui donc !...

Jules secoua tristement la tête, ainsi que l'avait fait Raphaël quelques minutes auparavant.

— C'est vrai... balbutia-t-il ; j'ai volé.... et c'est pour cela que tout à l'heure j'ai voulu mourir...

Norine resta pendant un instant comme foudroyée

Mais soudain son front se releva et l'on eût dit qu'il était couronné d'une auréole étincelante.

Ses yeux rayonnaient.

Ses bras resserrèrent leur étreinte, et elle appuya plus fortement contre son cœur la tête pâle de son amant.

Elle venait de tout comprendre.

Et, au milieu de son désespoir, elle était fière et heureuse de cet amour immense qui pour la sauver du déshonneur n'avait reculé ni devant un crime, ni devant le hideux horizon du bagne.

Elle se tourna vers Raphaël, triomphante, éplorée, en larmes, souriante.

Et elle lui dit :

— Eh bien ! après ?... il a volé, mais j'ai volé aussi, il a volé pour moi, je le savais, je suis sa complice, qu'on m'arrête avec lui et qu'on nous punisse ensemble...

— Ne la croyez pas !... s'écria Jules ; elle est innocente... je suis seul coupable... elle ignorait tout... elle croyait...

Il voulut continuer, mais Norine lui ferma la bouche avec sa main mignonne et blanche.

Puis elle reprit :

— Je vous répète que je suis sa complice et qu'il faut m'arrêter en même temps que lui...

— Mademoiselle, reprit Raphaël en s'inclinant, je suis porteur d'un ordre qui vous concerne, mais, fort heureusement, ce n'est point un ordre d'arrestation...

— Ah !... s'écrièrent en même temps Jules et Norine.

Raphaël continua :

— Il s'agit, dit-il, d'une mesure infiniment moins grave et moins pénible...

— Laquelle ? balbutia la jeune fille.

Raphaël tira son portefeuille, il y prit un papier plié en quatre et il le présenta à Norine.

Cette dernière le déploya en tremblant.

Mais à peine y avait-elle jeté un regard, qu'elle devint livide et que ses jambes se dérobèrent sous elle ; sans le lit, au bord duquel elle se trouvait et qui lui servit de point d'appui, elle serait bien certainement tombée à la renverse.

Ce papier qui venait de jouer ainsi le rôle de la tête de Méduse était tout bonnement un ordre de réintégrer le plus promptement possible au domicile maternel *mademoiselle Honorine Picard, fille unique et mineure de madame Irma Picard, née Dujonquoy.*

Jules saisit cet ordre au moment où il s'échappait des mains défaillantes de Norine et le lut à son tour.

— Ah !... fit-il, c'est le dernier coup !... Mon Dieu, c'est trop souffrir ! Mon Dieu, serez-vous sans pitié !...

Et Jules, arrivé au paroxysme du désespoir, se tordit sur son lit en frappant sa tête contre la muraille.

Dans ces mouvements désordonnés, les bandes de toile qui retenaient la compresse posée par Raphaël sur la blessure se rompirent.

La blessure se rouvrit et le sang se remit à couler.

Toutes ces émotions étaient au-dessus des forces de la pauvre Norine.

Son visage se décomposa.

Elle tomba à genoux auprès du lit, car elle ne pouvait plus se soutenir.

Une douleur aiguë lui fit croire que quelque chose se déchirait en elle.

Sa poitrine se gonfla comme si elle allait éclater, et une écume pourpre teignit son mouchoir qu'elle avait porté vivement à ses lèvres.

Raphaël s'aperçut de ce fatal symptôme, il comprit que la mort avait touché de son doigt glacé et impitoyable cette jeune fille si belle, en apparence si vivace.

Sa compassion en redoubla.

Il s'efforça de calmer Jules par de bonnes et affectueuses paroles, et il obtint de lui qu'il laisserait replacer l'appareil sur sa plaie.

— Monsieur, lui demanda le jeune homme quand cette opération fut achevée, qu'allez-vous faire de moi maintenant ?

— Mon devoir est de vous conduire à Paris et de vous y remettre entre les mains de qui de droit... répondit Raphaël.

— C'est bien, je suis prêt à vous suivre...

Et, tout en parlant ainsi, Jules fit un mouvement pour se jeter en bas du lit.

Raphaël lui posa doucement la main sur l'épaule.

— Que faites-vous?... dit M. d'Artenay.

— Je vous empêche de vous lever...

— Pourquoi?...

— Parce que vous souffrez et qu'il est au moins inutile d'aggraver votre mal par une imprudence...

— Mais cependant, puisqu'il faut partir?

— Il ne le faut pas aujourd'hui...

— Comment, s'écria Jules, nous resterons ici?...

— Deux jours si cela est utile, répliqua Raphaël, je suis de la police, hélas!... mais pourtant j'ai un cœur... un cœur qui bat toujours, quoiqu'il dût être mort depuis bien longtemps, à la manière dont il a été blessé, meurtri, foulé aux pieds!... Il est impossible de vous transporter dans l'état où vous voilà... Je prends sur moi d'attendre que votre blessure soit sinon guérie, du moins refermée...

Une larme de reconnaissance se suspendit aux longs cils de Norine, et elle serra entre les siennes la main de Raphaël.

— Monsieur, poursuivit ce dernier en s'adressant à Jules, vous êtes sous le coup d'une grave accusation, et pourtant je vous crois honnête et je sens que j'ai confiance en vous...

— Oh! merci!... merci!... balbutia le jeune homme.

— Donnez-moi donc votre parole d'honneur de ne point chercher à vous enfuir de cette maison, reprit Raphaël, et nous vous laisserons seul dans cette chambre avec mademoiselle, autant que cela pourra vous convenir...

— Cette parole, répondit Jules, je vous la donne et je la tiendrai...

— C'est bien... nous nous retirons...

Et en effet, après avoir salué Norine, Raphaël et Carillon quittèrent la chambre.

Jules, brisé de corps et d'esprit et épuisé d'ailleurs

par l'énorme quantité de sang qu'il avait perdue, ne tarda point à tomber dans un assoupissement profond.

Norine s'approcha de la fenêtre, l'ouvrit et aspira avidement l'air pur du dehors, qui lui semblait répandre un peu de baume sur sa poitrine déchirée.

§

Deux heures se passèrent.

Jules s'éveilla.

Il demanda alors à voir cet étrange agent de police qui, avec lui accusé d'un double crime, se conduisait d'une façon aussi courtoise qu'aurait pu le faire un capitaine du siècle passé avec un gentilhomme prisonnier de guerre.

Norine alla prévenir Raphaël, qui monta aussitôt auprès de Jules.

— Monsieur, lui dit ce dernier, vous m'avez adressé, au moment de quitter cette chambre, une parole touchante et dont je vous remercie de nouveau et du plus profond de mon cœur... vous m'avez dit que, malgré les apparences, vous me croyiez honnête et vous aviez confiance en moi...

— Et je vous le répéte, répondit Raphaël.

— Eh bien ! poursuivit Jules, je vais vous dire la vérité toute entière, et vous déciderez vous-même si vous avez raison ou tort de me juger ainsi...

— Parlez, dit Raphaël avec émotion, et surtout oubliez la profession de celui qui vous écoute pour ne vous souvenir que de la sympathie qui vous ouvre son âme...

— Je suis accusé de deux crimes... reprit M. d'Artenay ; sur l'un des deux vous savez déjà à quoi vous en tenir... quant à l'autre...

Jules hésita.

— Vous êtes innocent aussi ? demanda vivement Raphaël.

— Non... répondit Jules d'une voix sombre, non... je suis coupable...

Raphaël ne put retenir un geste d'étonnement.

— Ouvrez ce secrétaire, je vous prie, continua M. d'Artenay en désignant un meuble placé dans l'un des angles de la chambre.

Raphaël obéit au désir exprimé par Jules.

— Tirez à vous le second tiroir, à droite, continua ce dernier.

— C'est fait.

— Que voyez-vous?

— Des pièces d'or en assez grand nombre, et un sac à moitié rempli d'écus de cent sous...

— Comptez les écus et les pièces d'or, je vous le demande instamment.

Au bout de quelques minutes, Raphaël répondit pour la seconde fois.

— C'est fait.

— Quel est le chiffre de la somme que vous avez trouvée?...

— Quatre mille deux cent cinq francs.

— Eh bien! dit alors M. d'Artenay, ces quatre mille deux cent cinq francs sont ce qui reste de la somme de cinq mille francs dérobée par moi à l'avoué Digoine, mon patron... Prenez cet argent, monsieur, et que la restitution en soit faite...

— Ainsi, murmura Raphaël, cette accusation par suite de laquelle je vous ai arrêté, est bien réellement fondée?..

— Oui... répondit Jules, j'ai volé, le tribunal de ma conscience m'a condamné déjà, le tribunal de la justice humaine me condamnera bientôt ; désormais mon honneur est flétri, mon nom est entaché d'infamie, mais il y a cependant un pardon que j'espère, c'est le pardon de Dieu qui lit au fond des cœurs et qui voit clair dans le mien... Oui, monsieur, j'ai volé, et je ne cherche pas d'excuses, et devant mes juges je ne me défendrai point; les autres connaîtront mon crime ; à vous seul je dirai comment et pourquoi je l'ai commis...

Et Jules raconta à Raphaël tous les détails de la longue et douloureuse histoire qui remplit les premiers volumes de ce livre et dont plus d'une scène, nous en avons peur, a dû produire un effet pénible sur la délicate sensibilité de nos belles lectrices.

Quand il eut achevé, Norine pleurait et Raphaël était très-ému.

— Pauvre enfant! dit-il à Jules en lui pressant la main, mon cœur comprend d'autant mieux le vôtre qu'il y a dans ma vie de bien tristes pages qui sont presque pareilles à celles que vous venez de me dérouler... Si un crime pouvait être une action héroïque, le vôtre en serait une... Mais, devant le jury, on ne mettra en cause que *le fait*, le fait matériel et constant; or il existe, il est irrécusable, vous ne chercherez même point à le nier et vous serez condamné...

— Je m'y attends... répondit Jules.

Raphaël se tut pendant quelques minutes et sembla réfléchir profondément.

— Écoutez, fit-il ensuite, je vais vous adresser une proposition, acceptez-la si vous voulez...

— Laquelle?

— Celle-ci : Je ne vous ai pas vu, j'ignore où vous êtes, toutes mes recherches ont été vaines pour vous découvrir, soyez libre, fuyez...

Norine poussa un cri de joie en entendant ces paroles.
Mais Jules secoua pensivement la tête.

— Fuir!... répéta-t-il ; à quoi voulez-vous que cela nous mène?

Raphaël ne répondit pas.

Sans doute il était de l'avis de M. d'Artenay, mais il ne voulait point le dire.

Jules poursuivit :

— Où aller? où nous cacher? que devenir, sans asile et sans ressources?... Oui, sans ressources, car cet argent qui est là, je n'y veux plus toucher... C'est le fruit d'un crime... Je n'y veux plus toucher!... Laissé libre aujourd'hui par vous, je tomberai demain entre les mains d'un autre... d'un autre qui sera dur et brutal et qui, au lieu de me traiter en ami, comme vous le faites, me traitera, lui, en voleur!... Non, non, ce qui est accompli l'a été par la volonté de Dieu, ne cherchons pas à y rien changer...

— Mon enfant, répondit Raphaël, vous avez raison, je le sens bien, mais je ne puis m'accoutumer à cette idée de vous livrer à la justice qui va vous condamner en vous déshonorant!...

Norine sanglotait.

Pendant un instant, elle avait espéré.

Cet espoir s'évanouissait soudain.

— Monsieur, reprit Jules, peu importe ce qui doit advenir de moi... j'aurai de la force et du courage si vous voulez me promettre de faire la chose que je vais vous demander...

— Quelle que soit cette chose, s'écria vivement Raphaël, je la ferai, je vous le jure!

XXXII

LE DÉPART.

Il y eut un instant de silence, pendant lequel Jules semblait réfléchir à la manière dont il allait formuler sa prière.

— Monsieur, dit-il enfin en levant sur l'agent de police ses regards tristes et suppliants, monsieur, avez-vous jamais aimé?...

Raphaël tressaillit.

Cette question, comme un fer acéré, l'atteignait en plein cœur et rouvrait en lui des blessures mal cicatrisées.

Jules vit cette cicatrice.

Instinctivement, il en devina la cause.

Il prit la main de Raphaël, il la serra entre les siennes, et, sans attendre sa réponse, il reprit :

— Oh ! je le vois à votre pâleur, je le comprends à votre douloureux silence, vous avez bien aimé, vous avez bien souffert ! Aussi je le crois fermement, monsieur, c'est Dieu qui vous a envoyé à moi pour m'écouter et pour me consoler...

— Parlez... balbutia Raphaël.

M. d'Artenay baissa la voix et continua en désignant Norine, qui s'était agenouillée au pied du lit et qui cachait sa tête dans ses mains.

— Il ne faut point que cet ange de candeur et d'amour soit souillé par le contact du vice, il ne faut pas que cette pauvre enfant soit perdue... et elle le sera infailliblement si vous ne veillez point sur elle, si vous ne la mettez sous la sauvegarde des lois... Vous savez déjà, d'après ce que je viens de vous raconter tout à l'heure, que la mère de ma bien-aimée ne reculera devant rien, pas même devant le plus honteux et le plus ignoble de tous les crimes, pour atteindre son but infernal... Placez-vous entre elle et ce but... Je n'ai ni le droit ni le pouvoir d'élever la voix pour accuser quelqu'un, moi qui suis accusé moi-même, et d'ailleurs je ne suis ni le frère, ni le fiancé de Norine ; on ne m'écouterait point, ou on rirait de mon impudence !... Soyez mon écho, monsieur, il faudra bien qu'on vous entende !... portez plainte contre cette mère dénaturée, et qu'on donne à Norine un asile où du moins elle soit sûre de n'être pas vendue !... Me le promettez-vous ?...

— Je vous le jure, répondit Raphaël, et si la loi était impuissante pour la défendre, je la défendrais moi-même.

Un rayon de joie vint éclairer le front pâle de M. d'Artenay, et cette fois ce fut contre ses lèvres qu'il pressa la main de Raphaël.

— Merci, murmura-t-il ensuite, merci !

Il y eut un nouveau silence.

Puis M. d'Artenay reprit :
— Monsieur, je suis prêt.
— Vous êtes prêt ? répéta Raphaël avec étonnement.
— Oui.
— A quoi ?
— A partir avec vous.
Norine poussa un cri.
— Ne m'avez-vous donc pas compris ?... demanda Raphaël.
— Je vous ai parfaitement compris, au contraire, et pour la seconde fois je vous remercie du fond du cœur. Vous m'avez offert de rester ici un jour tout entier et même plus longtemps si cela était nécessaire...
— Eh bien ?...
— Eh bien ! j'aime mieux que mon sort s'accomplisse tout de suite.
— Pourquoi donc cette hâte étrange ?
— Il me semble, répondit Jules, il me semble que, si j'étais condamné à mort, les jours qui s'écouleraient entre le jugement et l'exécution seraient pour moi un plus grand supplice que l'exécution elle-même, et que je hâterais de tous mes vœux l'heure où l'échafaud m'appellerait. Ma position est à peu près la même. Je suis condamné à mort dans mon amour et dans mon honneur, ce qui veut dire que je ne reverrai plus Norine, et que mon honneur ne sortira pas de la prison où je vais entrer... or je sens bien que le courage me manquerait bientôt pour affronter ce double et terrible malheur... il vaut donc mieux en finir tout de suite...
Il y avait entre les deux natures de Jules et de Raphaël une évidente et incontestable sympathie.
L'agent de police trouva juste le raisonnement de son prisonnier, et il n'essaya même pas de le combattre par quelques objections banales.
— Ainsi, demanda-t-il seulement, vous êtes bien décidé ?
— Oui, répondit Jules.
— Vous voulez partir ?

— Je le souhaite aussi vivement qu'à l'heure qu'il est je puisse souhaiter une chose...

— N'êtes-vous pas bien faible ?...

— Qu'importe ma faiblesse !

— Votre blessure peut se rouvrir et devenir dangereuse...

— Eh ! s'écria Jules avec une fiévreuse exaltation, ne savez-vous pas aussi bien que moi que le plus grand bonheur qui pourrait m'arriver serait de mourir de ma blessure ?...

Cette fois encore, Raphaël n'avait rien à répondre.

— Puisque vous le voulez ainsi, dit-il, apprêtez-vous ; je vais donner les ordres nécessaires pour nous procurer une voiture...

Et il sortit de la chambre où M. d'Artenay demeura seul avec Norine.

Alors eut lieu entre ces deux amants une scène douloureuse et déchirante.

Se séparer de Jules, c'était pour la jeune fille le plus grand de tous les malheurs, et, si elle se sentait du courage devant la mort, elle sentait bien qu'elle n'en avait aucun en face de cette séparation.

Quand Raphaël avait offert à M. d'Artenay de lui laisser sa liberté, son cœur avait bondi de joie.

En entendant Jules rejeter cette offre, son cœur s'était serré d'étonnement et de douleur.

Puis elle avait fini par se persuader que la proposition de l'agent de police était un piège, que le refus de son amant cachait une ruse, et qu'aussitôt que l'occasion se présenterait il s'emparerait avidement de cette liberté qu'il semblait repousser avec dédain.

Cette conviction avait grandi dans son esprit pendant toute la dernière partie de l'entretien des deux hommes, entretien auquel elle avait assisté, mais sans en écouter un seul mot.

Aussi, dès que Raphaël fut allé retrouver Carillon, Norine, avec toute la promptitude imaginable, aida son amant à se lever et à se vêtir.

Puis elle le pressa dans ses bras, et elle lui dit tout bas d'une voix haletante et brisée :

— Viens, maintenant... viens... fuyons !...

Et alors, quand elle eut compris, par les réponses de Jules, qu'il ne voulait pas fuir et qu'il subirait sa destinée, alors commença pour elle une crise de désespoir et en quelque sorte d'agonie.

Elle se traîna aux pieds de Jules, éplorée et suppliante.

Elle eut recours aux larmes, aux prières.

Elle trouva dans son cœur des cris d'une irrésistible éloquence.

Et cependant M. d'Artenay fut inébranlable.

Il pleura avec elle, mais il ne lui céda rien.

Norine sembla devenir folle.

De violentes secousses tordirent ses membres délicats.

Ses larmes se séchèrent dans ses yeux rendus hagards.

De sourds gémissements remplacèrent ses cris et elle se mit à heurter de la tête contre la muraille, ainsi que l'avait fait Jules une heure auparavant.

En vain M. d'Artenay essaya de la contenir.

Il avait perdu beaucoup de sang et sa faiblesse était extrême ; d'ailleurs l'exaltation nerveuse doublait les forces de la jeune fille.

— Au secours !... au secours !... s'écria-t-il.

Raphaël accourut.

Mais déjà sa présence était inutile.

Une sorte de profond engourdissement, plus semblable au sommeil cataleptique qu'à l'évanouissement, avait remplacé la terrible crise qui venait de se manifester.

Norine était tombée raide et tout étendue sur le sol, les yeux ouverts, mais sans regards, les lèvres muettes, l'intelligence endormie.

Dans une situation semblable à la sienne, c'était un véritable soulagement que de n'avoir point la conscience de ses maux.

Aussi ni M. d'Artenay ni Raphaël n'essayèrent de la ranimer.

— Hélas !... pensaient-ils tous les deux, elle se réveillera bien assez tôt pour souffrir !...

§

Cependant le moment du départ était arrivé.

Raphaël avait expédié Carillon à maître Herbelot, et ce dernier s'était empressé de mettre à la disposition de l'agent de police une de ces longues carrioles, recouvertes de cerceaux sur lesquels est ajustée une large toile blanche qui garantit le contenu de la carriole presque aussi bien que pourrait le faire une couverture plus solide.

L'intérieur de cette charrette fut garni de trois ou quatre bottes de paille; on y attela un vigoureux cheval, et Carillon amena le tout en face du pavillon de la Marelle.

Raphaël prévint M. d'Artenay.

Tous les deux soulevèrent le corps de Norine, dont l'évanouissement n'avait pas cessé, et le portèrent avec des précautions infinies jusqu'à la carriole, où ils l'étendirent sur les bottes de paille.

Jules prit place à côté d'elle.

Raphaël et Carillon s'assirent en avant; ce dernier reprit les guides et fouetta le cheval qui partit au grand trot, et c'est ainsi que Jules s'éloigna de cet asile où pendant quelques semaines il avait caché son amour troublé par tant d'angoisses et interrompu par un dénouement si fatal.

Durant le trajet, il n'y eut que peu de paroles échangées entre l'agent de police et son prisonnier.

Jules s'enfonçait dans une sombre rêverie et dans un anéantissement physique et moral résultant de sa faiblesse et de sa blessure.

Raphaël, lui, sentait des pensées amères et des souvenirs déchirants assaillir son esprit, à mesure que se déroulaient devant lui les horizons bien connus de la plaine de Montrouge.

Il se rappelait comment, quelques années auparavant, il était sorti de Paris par la barrière d'Enfer, miné par la fièvre et par la soif de la vengeance, épuisé de froid, de fatigue et de faim, comment il avait été recueilli mourant par Carillon et par Tourniquet, et comment le désir de vivre lui était revenu en même temps qu'il renaissait à l'espoir toujours déçu d'assouvir enfin sa haine contre le baron de Maubert.

Il se rappelait les conséquences terribles de cette espérance encore une fois trompée!

Le doux fantôme d'Émilie, enveloppée dans son linceul précoce et portant l'auréole des fleurs immaculées de sa couronne d'épouse vierge, passait devant les regards de son âme!

Il assistait par le souvenir à toutes les scènes de ce drame lugubre dont il avait été le héros, et presque toujours la victime.

Et, comparant sa destinée à celle de ce malheureux jeune homme qu'il conduisait à la prison et à l'infamie, il se sentait saisi d'une compassion égale pour lui-même et pour son prisonnier.

L'étrange ressemblance de Norine avec l'objet de son premier amour, avec la duchesse Mathilde, ajoutait encore au trouble de son âme.

. . . .

La carriole entra dans Paris.

XXXIII

AUGUSTIN.

Un matin, vers les dix heures, et précisément le lendemain du jour où nous venons de voir Raphaël arrêter

M. d'Artenay, madame Belphégor, qui, la veille au soir, s'était couchée fort tard, dormait de ce calme et profond sommeil qui est, dit-on, exclusivement réservé aux cœurs honnêtes et aux consciences pures.

Or, la digne femme, quoiqu'elle eût le cœur fort malhonnête et la conscience infiniment chargée, n'en dormait pas moins bien pour cela, tout comme si elle l'eût fait exprès afin de donner un démenti au dicton populaire.

Sa femme de chambre vint la prévenir que quelqu'un insistait pour être admis à lui parler sur-le-champ.

Madame Belphégor frotta, d'un air de mauvaise humeur, ses gros yeux encore mal ouverts et demanda d'un ton rogue :

— Quelqu'un ? quel est ce quelqu'un ?...
— Un homme.
— Le connais-tu ?...
— Non, madame.
— Il n'est donc pas encore venu ici ?
— Jamais.
— Est-il jeune ou vieux ?
— Plutôt vieux que jeune.
— Quelle mine a-t-il ?
— Ni bonne ni mauvaise. Il est mis proprement, tout en noir, avec une cravate blanche et des souliers à boucles.
— C'est quelque solliciteur, quelque mendiant ?...
— Pardon, madame, mais je ne crois pas.
— Ah ! tu ne crois pas ?...
— Non, madame.
— Et, pourquoi cela ?
— Parce que, tout à l'heure, comme je lui répondais que pour rien au monde je n'entrerais chez Madame avant que Madame soit éveillée et m'ait sonnée, il m'a mis cent sous dans la main pour me décider... Certainement ce ne sont point là des manières de mendiant !...

Madame Belphégor avait fait un bond dans son lit en entendant raconter par la caméristre le procédé du généreux inconnu.

— Cent sous !... s'écria-t-elle. Cent sous pour me parler cinq minutes plus tôt !... il doit y avoir gros à gagner avec cet homme-là !...

— C'est aussi ce que je pense.

— J'espère, Justine, que tu as été polie avec ce monsieur ?...

— Oh ! certainement. Surtout lorsque j'ai vu la couleur de son argent. Jusqu'à ce moment, je l'avais pris pour un valet de chambre...

— Es-tu folle !... murmura madame Belphégor. Voilà ce que c'est que de ne pas se connaître en figures ! Tu dis qu'il était tout de noir habillé ?...

— Oui, madame.

— Avec une cravate blanche ?

— Oui, madame, raide et empesée comme celle de mylord Arthur Chifney qui vient si souvent ici...

— N'as-tu pas ajouté qu'il portait des souliers à boucles ?

— Comme un curé, oui, madame...

— Justine, mon enfant, cette tenue m'ouvre les yeux...

— Et, que voyez-vous ?

— Je vois que cet inconnu doit être un personnage important, un ambassadeur pour le moins.

— Vous croyez ?...

— Je le parierais.

— Dame !... la chose est bien possible tout de même...

— Justine ?

— Madame ?...

— Regarde donc un peu dans la rue...

— Pourquoi faire ?

— Pour voir s'il n'y a pas un équipage devant la porte...

— Il y a un fiacre.

— Voilà tout ?

— Oui, madame.

— Raison de plus. C'est le fiacre de l'ambassadeur ; il l'aura pris à la place de sa voiture, afin de ne pas trahir son incognito. C'est de la haute diplomatie ! Il ne faut pas faire attendre Son Excellence !... Je m'habille sur-le-champ... Fais entrer Sa Seigneurie au salon, dis-lui que je suis à lui dans cinq minutes au plus tard et accours me mettre ma robe...

Justine obéit.

Elle alla remplir à l'endroit du nouveau-venu les instructions de sa maîtresse, auprès de laquelle elle revint presque aussitôt.

Cinq minutes suffirent à madame Belphégor pour serrer sa rotondité imposante dans les baleines implacables et les buscs de fer d'un corset.

Justine employa toutes ses forces à métamorphoser ce corset en une machine à haute pression, et l'entremetteuse, rouge, suant, haletant, ressembla bientôt à un saucisson de Lyon hermétiquement ficelé.

Cette opération terminée, madame Belphégor revêtit une robe de taffetas, couleur *flamme de punch*, et fort indiscrètement décolletée.

Elle jeta sur ses épaules un mantelet de dentelle.

Elle attacha à son corsage le gigantesque camée dont nous avons déjà eu l'occasion de parler.

Elle agrafa à son bras gauche une demi-douzaine de bracelets, et, après avoir posé sur ses cheveux rares et grisonnants un petit bonnet de tulle garni de fleurs et de rubans, elle s'empressa de se rendre au salon où, ainsi que nous l'avons entendu dire à elle-même, elle se croyait attendue par une *Excellence*.

Ainsi que Justine l'avait affirmé d'abord à sa maîtresse, le prétendu ambassadeur n'avait ni bonne ni mauvaise mine : il n'était plus jeune ; ses cheveux blancs se collaient sur ses tempes, et son menton soigneusement rasé s'appuyait sur sa haute cravate de calicot empesé.

En somme, il ressemblait à un valet de chambre de bonne maison plus qu'à toute autre chose.

Ceci n'empêcha point madame Belphégor de lui trouver un air de haute distinction et de dignité surnaturelle

L'inconnu était debout.

Il salua avec une politesse froide.

Elle alla à lui en accumulant les révérences les plus grotesques et les plus compassées.

— Madame, lui dit-il tout d'abord, j'ai à vous demander pardon d'avoir fait interrompre votre sommeil, et...

Madame Belphégor ne le laissa point achever.

— Il n'importe!... il n'importe!... répondit-elle vivement, j'étais tout éveillée, monsieur, et, quand même il n'en eût point été ainsi, je ne me féliciterais pas moins...

L'inconnu reprit :

— Ce qui peut me servir d'excuse, c'est que je ne vous aurai point dérangée pour rien... j'ai quelque chose à vous proposer...

Madame Belphégor minauda.

— Tout ce que vous voudrez... dit-elle.

Puis elle ajouta :

— A qui ai-je l'honneur de parler?...

— Je m'appelle Augustin Raimbaut, répondit l'inconnu.

— Voilà un singulier nom!... pensa la Belphégor, c'est peut-être un étranger...

Et elle reprit avec un accent d'interrogation :

— Ambassadeur, sans doute?...

L'inconnu s'inclina avec humilité.

— Non, madame, dit-il, valet de chambre.

Madame Belphégor fit un brusque haut-le-corps et le rouge lui monta à la figure.

Elle se sentait humiliée plus que nous ne saurions le dire d'avoir revêtu sa robe *flamme de punch*, son camée et ses bracelets, et d'avoir fait toutes sortes de frais d'amabilité et de politesse pour un simple domestique.

Cependant elle ne tarda point à se remettre.

— Vous venez pour le compte de votre maître, probablement?... reprit-elle.

— Non, madame, je n'ai pas de maître, en ce moment du moins, et je viens pour mon propre compte...

Madame Belphégor prit une attitude majestueuse.

— Mais alors, mon cher, dit-elle avec impertinence, qu'est-ce que vous me voulez?..... Voyons, expliquez-

vous, et faites vite, car je n'ai pas de temps à perdre...
— Soyez tranquille, madame, vous ne pourrez point regarder comme perdu le temps que vous passerez avec moi...

Il y avait une telle assurance dans la façon dont furent prononcées ces paroles, que madame Belphégor en fut étonnée elle-même.

— Parlez, dit-elle.
— C'est ce que je vais faire.
— J'écoute.
— M'y voici : le comte Fritz Ritter de Landerhausen a besoin d'un valet de chambre...
— C'est vrai.
— Vous lui avez offert de mettre tous vos soins à lui en procurer un autre, et il a accepté cette proposition avec enthousiasme...
— Comment le savez-vous ?...
— Mon Dieu, c'est bien simple. Tiburce Pépin, le portier de la maison de la rue Saint-Lazare, aime à bavarder, surtout quand il entrevoit un écu de cinq francs au bout de ses paroles.
— Je comprends.
— Or, savez-vous quel a été mon raisonnement ?...
— Non.
— Je me suis dit tout bonnement : J'ai besoin de madame Belphégor, il ne s'agit que de prouver à madame Belphégor qu'elle a aussi besoin de moi, et elle me servira de son mieux...
— J'ai besoin de vous, moi ?...
— Mon Dieu, oui.
— Plaisantez-vous, monsieur ?...
— Je ne plaisante jamais, madame.
— Par exemple, voilà qui est curieux !...
— Plus curieux que vous ne le pensez. Continuons : Dans la situation où nous nous trouvons en ce moment, nous ne pouvons nous passer l'un de l'autre...
— Par exemple !...
— Je le prouve.

— De quelle façon ?

— D'abord, il est clair comme le jour que, sans votre appui, je n'ai que peu de chance d'être agréé par le comte de Landerhausen qui veut un valet de votre main...

— Cela est clair, en effet. Après ?...

— Dame ! après, il est non moins lumineux que sans mon secours vous ne pouvez vous maintenir auprès du même personnage...

— Oh ! quant à ceci, je le nie absolument !..

— Vous avez tort.

— Non pas !

— Vous avez tort, vous dis-je, et je vais vous le démontrer...

— Soit ! répliqua madame Belphégor, j'attends...

XXXIV

LE VALET DE CHAMBRE

— Qu'est-ce que c'est que le comte Fritz Ritter de Landerhausen ?... demanda Augustin.

— Un noble étranger, répondit madame Belphégor.

— Je vous l'accorde, mais c'est surtout un noble imbécile. Son esprit est aussi lourd que sa bourse est bien garnie...

— Voilà que vous dites du mal de lui tout comme si vous étiez déjà à son service... fit-elle.

— Le mot est charmant !... s'écria le valet d'un air approbateur.

— Poursuivez, mon ami, dit madame Belphégor très flattée de ce compliment.

— Ce personnage stupide, continua Augustin, est à cette heure parfaitement blasé, il s'ennuie, et vous ne ferez aucune difficulté de convenir que vous perdez chaque jour un peu de l'influence que vous aviez su prendre sur lui.

Madame Belphégor ne répondit pas.

Son silence équivalait à un acquiescement tacite.

Le valet reprit :

— Cette influence perdue, il existe un moyen de la reconquérir, c'est de placer auprès du comte un ami sûr, un autre vous-même, assez habile pour ranimer la flamme vacillante de ses passions prêtes à s'éteindre, assez dévoué pour faire tourner à votre profit l'incendie qu'il aura rallumé et dans lequel se consumera jusqu'au dernier napoléon toute la fortune du vieux drôle...

— Mon Dieu! que voilà donc un particulier qui parle bien !... se dit madame Belphégor, forcée de s'avouer à elle-même qu'elle était à moitié convaincue.

Augustin continua :

— Cet homme habile et dévoué, cet autre vous-même, vous le comprenez, c'est moi.

Madame Belphégor vit s'aligner dans un horizon magique d'interminables piles de pièces de cent sous, et tressaillit de joie.

— Mais, demanda-t-elle ensuite, qui me répondra que vous exécuterez fidèlement les clauses du traité que vous me proposez ?...

— Qui vous en répondra ?... Mon intérêt. Je vous le répète, il est aussi essentiel pour moi de vous avoir pour alliée qu'il l'est pour vous de m'avoir pour ami... D'ailleurs, continua le valet, *rien pour rien*, tel est mon principe. Je vous demande un service immédiat et je vous offre les arrhes de ceux que je vous rendrai par la suite...

En parlant ainsi, le futur domestique de Fritz Ritter tira de la poche de côté de son habit noir un portefeuille d'assez bonne apparence, dans lequel il prit un billet de banque de *mille francs*, qu'il présenta à madame Belphégor.

— Diable !... s'écria cette dernière, tout en saisissant le billet. Diable !... il paraît que vous avez des économies !...

— Hu !... hu !... de bien petites... répondit modestement le valet, une soixantaine de mille francs tout au plus...

Madame Belphégor ouvrit de grands yeux.

Ce domestique avait mille écus de rentes.

Un tel fait bouleversait toutes ses idées.

Du reste, sa décision était prise et elle avait résolu de se mettre absolument à la disposition du bizarre valet de chambre.

Cependant elle fit une dernière observation, mais pour la forme et rien de plus.

— Tout cela est fort bien, mon ami, dit-elle ; mais vous comprenez que j'ai reçu dans ceci une mission de confiance dont je ne dois point m'écarter... Je ne puis acheter chat en poche... Il faut que j'aie sur vous quelques renseignements.

— C'est-à-dire, interrompit Augustin, que vous désirez savoir si j'ai des certificats en règle...

— Vous me comprenez à merveille.

— Eh bien ! je pourrai vous satisfaire.

— Quand ?

— Tout de suite.

Augustin exhiba de l'une de ses basques une liasse de papiers noués d'un ruban rouge.

Il défit le nœud et il étala les papiers.

— J'espère que ceci est complet !... dit-il ; j'ai pour garants de ma moralité et de ma probité des ambassadeurs, des diplomates, des ministres, des banquiers et des fils de famille, c'est-à-dire tout ce qu'il y a au monde de moins probe et de plus immoral !... Ils déclarent ci-contre, avec paraphe et cachet armorié, que je jouis à leur connaissance de toutes les vertus qui leur manquent !... Voyez, regardez, examinez, ma chère dame : la liste est longue et vous avez de quoi choisir...

— Oh !... murmura madame Belphégor en minaudant, point n'est la peine, mon bon ami ; quand on possède, comme moi, une certaine expérience du monde, on voit tout de suite à qui l'on a affaire...

— Bien, dit Augustin. Ainsi, tout est convenu ?...
— Oui.
— Vous me présenterez au comte de Landerhausen ?...
— Qui vous accueillera avec enthousiasme.
— Quand m'y conduirez-vous ?...
— Demain, si vous voulez.
— Pourquoi pas aujourd'hui ?...
— Aujourd'hui, soit. Mais comme vous êtes pressé !...
— Que voulez-vous ! j'aime les situations franches.
— Eh bien ! nous allons en finir sur-le-champ...
— A la bonne heure !...
— Un mot encore...
— Dix, si vous voulez.
— Il faut que je fasse de vous, au comte, un éloge détaillé.
— Sans doute. Faites-le sans restriction. Ne craignez pas de blesser ma modestie...
— Donnez-moi quelques détails.
— De quelle nature ?...
— A votre sujet. Que savez-vous ?
— Tout.
— Parlons sérieusement, mon cher.
— Rien n'est plus sérieux que ma réponse, je vous jure...
— Vous savez habiller élégamment un *gentleman* ?...
— Mon premier maître fut Georges Brummel.
— Vous savez coiffer ?... Le comte y tient énormément.
— J'ai étudié sous Giovanni.
— Vous montez à cheval ?
— Comme feu les centaures. J'ai donné des leçons à Baucher.
— Vous savez découper ?
— Je fus maître-d'hôtel chez lord Normanby.
— Mais alors, vous êtes complet ?
— Il me semble que je le disais tout à l'heure.

— C'est un vrai présent que je fais au comte.
— Oui, certes... Il en appréciera plus tard la valeur.
— Combien comptez-vous lui demander de gages ?
— Combien ?...
— Oui ?
— Ce qu'il voudra.
— Comment ?...
— Est-ce que cela me regarde ?... est-ce que je m'occupe de ces misères-là ? Non, chère dame, je vise plus haut et j'atteins toujours mon but.

Madame Belphégor était éblouie et comme pétrifiée d'admiration.

— Je cours mettre un chapeau, dit-elle, et nous allons aller sur-le-champ rue Saint-Lazare...
— Vous êtes charmante.
— Est-ce que c'est vous qui avez amené ce grand fiacre qui est en bas devant la porte ?
— Mon Dieu, oui.
— C'est au mieux, nous nous en servirons.

Puis madame Belphégor sortit du salon et s'empressa d'aller compléter sa toilette.

Augustin resta seul.

Une sorte de rire muet, pareil à celui de *Bas-de-Cuir* dans les romans de Cooper, vint éclairer son visage, tandis qu'il se disait à lui-même : Décidément, c'est bien joué !...

Au bout de deux ou trois minutes, madame Belphégor reparut.

Tous les deux montèrent dans le fiacre qui les conduisit à la rue Saint-Lazare.

§

Nos lecteurs savent déjà que madame Belphégor ne faisait jamais antichambre chez le comte de Landerhausen.

Il en fut ce jour-là comme de coutume.

Le cocher Baptiste introduisit l'entremetteuse auprès de Fritz, qui achevait de tremper dans un grand bol de chocolat les dernières mouillettes d'un petit pain viennois.

— Tiens, vous voilà ? fit le comte.
— Toute à votre service, répondit madame Belphégor.
— M'apportez-vous des nouvelles de votre nièce ?...
— Hélas ! non. Depuis le jour où elle a disparu de chez sa mère, nous n'en avons pas entendu parler...
— Cette pauvre innocente se cache avec quelque amoureux.
— Je parierais ma tête que non.
— Vous seriez bien sûre de perdre !... Mais j'imagine que vous n'êtes pas venue chez moi tout exprès pour me raconter que vous n'aviez rien à me dire...
— Parbleu ! certainement !
— Vous me voulez quelque chose ?
— Mais-z-oui.
— De quoi s'agit-il ?
— D'une commission dont vous m'avez chargée.
— Moi ?
— Vous-même.
— Expliquez-vous, ma chère, car je ne devine pas le moins du monde à quoi vous faites allusion.

XXXV

UN BON DOMESTIQUE.

— Mettez-vous donc en quatre pour faire plaisir aux gens ! s'écria madame Belphégor d'un ton de mauvaise humeur et, quand vous serez venu à bout de réussir, on vous récompensera de votre peine en vous saluant d'un : *Ma foi, je n'ai pas la moindre idée de ce que vous voulez dire !*...

Fritz Ritter haussa les épaules.

— Tout cela n'a pas le sens commun! répondit-il ensuite; calmez-vous, ma chère, dites-moi ce que vous avez fait, et ensuite, si la chose en vaut la peine, je vous remercierai avec connaissance de cause.

— Au fait, vous avez raison. Eh bien! je vous ai trouvé une perle...

— Encore des énigmes!... de quelle perle parlez-vous?...

— D'un valet de chambre unique, admirable, comme vous n'en avez jamais eu et comme vous n'en rencontrerez jamais!...

— Ah! ah!...

— Dame! j'ai eu du mal, j'ai fouillé partout, mais j'ai fini par déterrer ce qu'il vous fallait; vous pouvez le prendre de confiance, vous ne m'en ferez pas de reproches...

— Où a-t-il déjà servi?...

— Dans les premières maisons, rien que des gens comme il faut : marquis et comtes comme vous... Il vous montrera ses certificats.

— Sait-il coiffer?...

— Il coiffe si bien, qu'au besoin il vous confectionnera lui-même des perruques quand vous serez chauve...

Fritz Ritter fit une grimace.

Madame Belphégor s'en aperçut.

— Ce que je dis là, reprit-elle, c'est histoire de plaisanter, car vos cheveux sont solides et vous en avez comme à vingt-cinq ans.

Le comte recommença ses questions.

— Qu'est-ce que ce garçon me demandera de gages? fit-il.

— Je ne saurais vous le dire au juste. Vous vous arrangerez avec lui et je vous réponds qu'il sera raisonnable...

— Est-il jeune?

— Pas précisément, mais il n'en a que meilleure façon; la première fois que je l'ai vu, je l'ai pris pour un ambassadeur...

— Je voudrais le voir et lui parler...
— C'est facile.
— Quand me le présenterez-vous ?.
— Tout de suite.
— Où donc est-il ?...
— Dans votre antichambre : je l'ai amené avec moi.
— Eh bien ! qu'il vienne...

Madame Belphégor quitta le comte et rentra au bout d'un instant avec Augustin.

A la vue de ce dernier, Fritz Ritter ne put retenir un geste d'étonnement.

Les traits du valet de chambre ne lui étaient point absolument inconnus ; il était certain d'avoir déjà rencontré quelque part ce visage ou un autre qui lui ressemblait fort.

Mais il eut beau chercher, il ne put préciser assez ses souvenirs pour les rattacher à un nom et à une date.

Il questionna le nouveau-venu, qui lui répondit avec la respectueuse déférence d'un valet admirablement stylé.

Seulement madame Belphégor remarqua, non sans surprise, que la voix d'Augustin n'était plus la même en parlant au comte que lorsqu'il avait eu un long entretien avec elle, si peu de temps auparavant.

Hâtons-nous d'ajouter qu'elle garda pour elle cette remarque.

Au reste, Fritz Ritter et le valet de chambre ne tardèrent point à tomber d'accord, et l'entremetteuse ne se retira que quand elle eut vu son nouvel *associé* agréé définitivement.

Il fut convenu qu'Augustin prendrait le soir même possession de sa place, afin d'être tout prêt à entrer en fonctions dès le lendemain.

Nous allons assister aux débuts de ce remarquable valet de chambre.

§

Il était dix heures du matin.

Fritz Ritter s'éveilla, prit sur sa table de nuit la clochette d'argent dont il avait l'habitude de se servir, et l'agita tout en bâillant.

La dernière vibration ne s'était point éteinte quand la porte s'ouvrit et quand Augustin entra.

Il attendait depuis plus de deux heures dans la pièce voisine le premier appel de son maître.

Avec une agilité merveilleuse, il aida le comte à sortir de son lit et à passer un pantalon et une robe de chambre.

Puis, tandis que Fritz Ritter parcourait les lettres et les journaux, Augustin disposa de l'eau tiède sur la toilette, prépara les rasoirs et mit les fers à friser dans un petit réchaud à l'esprit-de-vin.

Tout cela, discrètement, sans bruit et avec cette dextérité qui témoigne d'une longue pratique.

Ceci fait, et sous le prétexte d'aller chercher de l'eau fraîche, Augustin sortit de la chambre, il alla trouver le cocher, il lui donna de la part de son maître une commission qui devait le tenir absent pendant au moins trois heures; il le vit sortir, il descendit chez Tiburce Pépin, lui intima l'ordre de ne laisser monter personne sous quelque prétexte que ce fût, et enfin il remonta et, après avoir poussé les verrous intérieurs de la porte de l'antichambre, il revint trouver Fritz Ritter.

— Vous allez me raser, lui dit ce dernier, et faites en sorte d'avoir la main légère, car j'ai la peau du visage extrêmement fine et sensible...

— J'ose espérer que monsieur le comte sera content, répondit Augustin.

Et il se mit en devoir de faire mousser le savon onctueux et parfumé dans le plat à barbe en argent.

Une serviette de fine toile fut nouée autour du cou de taureau du gentilhomme allemand; Augustin s'empara de la savonnette et il recouvrit d'une couche de mousse blanche et odorante tout le côté droit de la figure de son maître.

Ce dernier, les yeux demi-clos et la tête renversée contre le dossier de son siège, se recueillait en quelque sorte pour mieux apprécier la légèreté du coup de rasoir de son valet de chambre.

Mais, soudain, il rouvrit largement les yeux et il fit un bond, comme si le tonnerre venait de tomber à ses pieds.

C'est qu'Augustin, debout devant lui, disait d'une voix mordante et railleuse :

— Bonjour, Camisard, bonjour, mon ami, comment te portes-tu ?...

Fritz Ritter, atterré d'abord, voulut s'élancer sur l'étrange valet qui lui parlait de cette façon.

Mais Augustin lui présenta la gueule béante d'un pistolet à deux coups et ajouta d'un ton très-calme :

— Rassieds-toi, mon cher Camisard, et ne fais pas de bruit, car, vois-tu, ce petit instrument que je tiens est fort méchant et ne demanderait pas mieux que de mordre. Sois donc raisonnable, je t'y engage dans l'intérêt de ta conservation, mon bon Camisard...

— Vous me connaissez ?... murmura Fritz Ritter anéanti.

— Comme tu vois.

— Qui donc êtes-vous ?...

— Tu ne devines pas ?...

— Non.

— C'est fort drôle !... Il est incroyable que tu ne me reconnaisses point !... Car enfin, mon Dieu ! qui serais-je, si je n'étais Maubert ?...

— Maubert !... répéta Fritz Ritter (que désormais nous appellerons Camisard). Maubert !... dit-il pour la troisième fois en devenant pâle comme un mort; vous êtes donc sorti du tombeau ?...

— J'en suis sorti d'autant plus facilement que je n'y étais jamais entré. Je suis vivant, bien vivant, et je ne doute pas un instant du sensible plaisir avec lequel tu me revois...

Camisard ne répondit pas.

Maubert poursuivit :

— Je t'ai cherché bien longtemps, mon bon, et tou-

12

jours inutilement. Cela me chagrinait prodigieusement...
un si vieil ami, tu comprends !... A propos d'amis, j'ai
rencontré Carillon, l'autre jour : il est agent de police
et il a voulu m'arrêter !... Hein !... comme on se re-
trouve !...

Camisard fit de la tête un signe qui ne signifiait absolument rien.

Le malheureux était anéanti.

— Est-ce que tu as peur de moi ?... demanda Maubert,
Parole d'honneur !... tu aurais le plus grand tort, car il
dépend entièrement de toi que je ne te fasse pas de mal.
Tâche donc de mettre un peu d'ordre dans tes idées si
tant est que tu aies des idées à toi ; quitte cet air effaré,
et causons de bonne amitié !...

— Que veux-tu me dire ?... balbutia Camisard.

— Oh ! beaucoup de choses, mon petit, infiniment de
choses. Mais procédons par ordre ; parlons de toi d'a-
bord, nous en arriverons ensuite à ce qui me concerne...
Je tiens, avant toute chose, à te faire mon compliment.

— A quel propos ?...

— Mais à propos de la brillante passe dans laquelle te
voilà !... Tu as fait fortune... à ce qu'il paraît : ton intérieur est très-confortable, tu ne te refuses rien ! madame
Belphégor met à ta disposition tout un sérail ; au lieu de
servir les autres, comme autrefois, c'est toi qui te fais
servir. Tu as maison montée, chevaux, cocher, valet de
chambre ; c'est bien, cela ! c'est très-bien !...

Maubert parlait ainsi d'un air si convaincu, qu'il était
difficile de savoir s'il était de bonne foi ou si ses paroles
cachaient une raillerie amère.

Camisard le regarda d'un air hébété.

Le baron poursuivit :

— Sois franc avec moi, mon cher, satisfais ma curiosité
bien naturelle, dis-moi si tu t'es enrichi par de hardis
coups de main ou par d'heureuses spéculations.

— L'un et l'autre... hasarda Camisard.

— Cette réponse me plaît, mais elle manque de détails.
Depuis le moment où le hasard nous a séparés l'un de

l'autre, ton existence a dû être bizarre et accidentée, et je désire la connaître...

— Plus tard... répondit Camisard avec embarras, plus tard je vous dirai tout...

— Pourquoi pas tout de suite ? L'occasion est excellente : nous sommes seuls, et j'ai pris mes mesures pour que personne au monde ne puisse venir nous interrompre...

Le baron prononça ces derniers mots de façon à les *souligner* en quelque sorte.

Camisard en comprit l'intention cachée.

— Le trouble... l'émotion... balbutia-t-il.

— Ah ! oui... répliqua Maubert en riant, l'émotion de revoir un bon maître, un ami que tu croyais perdu... C'est l'indice d'un excellent cœur et je te reconnais bien là, Camisard !... Manifeste-moi, si tu veux, ta joie et ta tendresse, je ne puis qu'y sympathiser... Presse-moi sur ton cœur si tu le désires... Arrose-moi de tes larmes pieuses et touchantes, mais ensuite, prends un peu sur toi et mets-moi au fait des particularités que je souhaite si vivement connaître...

— D'abord, reprit Camisard, j'ai fait un petit héritage...

— Ah !... ah !.. Tu avais donc des parents ?...

— Oui, un oncle...

— Très-éloigné, je le parierais ?...

— Assez éloigné, comme vous dites...

— Tu ne m'en avais jamais parlé ?...

— Je ne pensais jamais à lui.

— Et tu n'as connu sa vie qu'en apprenant sa mort, n'est-ce pas ? et en sachant qu'il t'instituait par testament son légataire universel ?...

— C'est précisément cela.

— O perle des oncles !... vertueux vieillard !... type disparu !... je donne une larme à ta cendre !... Continue, Camisard...

— Une fois maître de l'héritage, je résolus de l'utiliser.

— A combien se montait-il à peu près ?...

— Une soixantaine de mille francs.

— Peste !... et alors, que fis-tu?
— Je m'en allai en Allemagne et je fondai une société en commandite à l'instar de Paris...
— Qu'est-ce que c'était?
— Une assurance mutuelle.
— Contre quoi?
— Contre les voleurs.
— Ingénieuse idée! Les actionnaires durent mordre à l'hameçon?
— Ils mordirent.
— Et quand tu les sentis frétiller au bout de ta ligne, tu levas le pied, je le parierais...
— Vous ne vous trompez pas...
— Bravo, Camisard!... je suis content de toi!...

XXXVI

UN BON MAITRE.

Camisard parut extrêmement flatté de cet éloge.
Maubert reprit :
— Tu ne t'arrêtas pas en si beau chemin, j'imagine?...
— Non, certes!...
— Quelle fut ta ligne de conduite?...
— Je commençai à mener un certain train, j'étudiai l'art de biseauter les cartes et de faire sauter la coupe, je me fis recevoir dans des sociétés, je jouai avec quelque bonheur et je réalisai de jolis bénéfices...
— De mieux en mieux!... Camisard, je te promets de t'embrasser quand tu auras fini...
Camisard continua :
— Au bout d'un certain temps, je me trouvai assez

riche; je pris le nom de Fritz Ritter, comte de Landerhausen. Un petit juif allemand me fabriqua, moyennant quelques louis, un passeport et des papiers parfaitement en règle, et je vins à Paris, où je mène depuis ce temps une existence paisible et modeste...

— *O nimium fortunatos sua si bona norint !...* déclama Maubert d'un ton pathétique.

Puis il ajouta presque aussitôt :

— Je voudrais savoir ce qui constitue, selon toi, une somme suffisante de félicité, en d'autres termes, à combien se monte ta fortune ?

Camisard parut hésiter.

— Eh bien ?... demanda Maubert.

— Quatre cent mille francs environ, répondit enfin le faux étranger.

— Diable !... c'est très-gentil, cela !... Jamais, au grand jamais, je ne t'aurais cru capable de diriger si bien ta barque !...

— Euh !... euh !... fit Camisard en se rengorgeant.

— Je pense que tu conviendras sans peine, continua le baron, que tu me dois un peu du bonheur dont tu jouis...

Le regard de l'ex-voleur redevint effaré.

— Comment cela ?... demanda-t-il.

— N'étais-tu pas jadis un franc lourdaud, un butor inintelligent, un brigand inhabile, bon tout au plus pour l'effraction et pour l'escalade et tout à fait incapable d'ourdir une machination bien tissue et une friponnerie de bon aloi... N'est-ce point en vivant côte à côte avec moi et en échauffant ton esprit épais aux rayons de ma brillante intelligence que tu es devenu quelque chose ?...

— C'est vrai.

— Donc tu me dois ta fortune ?...

— Dans ce sens-là, j'en conviens...

— Camisard ?...

— Monsieur le baron ?...

— J'ai toujours été pour toi un bon maître, n'est-ce pas ?...

12.

— Sans doute.
— Tu n'as jamais eu lieu de te plaindre de moi?...
— Jamais.
— Si la fatalité ne nous avait séparés violemment, nous ne nous serions point quittés?...
— Je le crois.
— Enfin tu m'aimes?...
— Rien n'est plus certain.
— Eh bien! mon ami, l'occasion se présente de me prouver que la reconnaissance est au nombre de tes vertus...
— Pour cela, que faut-il faire?... demanda Camisard devenu singulièrement attentif.
— Tu es riche et je suis pauvre...
Camisard fit un signe de tête affirmatif.
Maubert continua :
— Je n'ai pas un sou et tu possèdes quatre cent mille francs...
— Eh bien?...
— Eh bien! offre-moi la moitié de ton avoir, c'est-à-dire deux cent mille livres, et je te promets de les accepter, afin de ne pas t'affliger par un refus...
Une horrible moue se dessina sur les grosses lèvres de Camisard.
Depuis le commencement de cet entretien, il en était arrivé peu à peu à se persuader que Maubert ignorait et le chiffre de sa fortune, et la véritable origine de cette fortune.
Aussi se sentait-il parfaitement décidé à n'en pas laisser échapper la moindre parcelle.
Il y eut un instant de silence.
— On croirait que tu hésites?... fit Maubert.
— Non, répondit Camisard, je n'hésite pas...
— Tu consens?
— Je refuse.
— Tu crois?
— J'en suis sûr.
— Sérieusement?

— Oui.
— C'est ton dernier mot?
— C'est mon dernier mot.
— Réfléchis, mon ami...
— Mes réflexions sont faites.
— Alors, prends garde!
— A quoi?...

Camisard avait repris tout son aplomb, et avec son aplomb une inexprimable impudence.

Il s'était levé et dominait Maubert de toute sa haute taille et de sa force herculéenne.

Le baron dissimulait dans la poche de côté de son pantalon le petit pistolet dont nous avons déjà parlé et que Camisard avait oublié complétement.

— Mon bon ami, reprit Maubert en renouant l'entretien d'un ton très-doux et avec un flegme apparent, je vois avec regret que tu ne te conduis pas gentiment et que tu me mets dans la dure nécessité de relever certains faits qui, dans ta narration, ne me paraissent pas suffisamment exacts...

— Lesquels?...

— Ah! mon Dieu! plusieurs petits détails sans aucune importance et que je vais reprendre en sous-œuvre...

« D'abord tu n'as pas hérité.

« Les huit cent mille francs que tu possèdes, car il s'agit de huit cent mille francs et non point de quatre cent mille, ainsi que tu me le disais, te proviennent d'un vol.

« Celui que tu as volé, c'est moi.

« Ce vol a eu lieu à Bougival, pendant la nuit où j'ai été assassiné par mon ex-pupille, le vicomte Raphaël. (Encore un jeune homme bien reconnaissant!)

« Le reste de ton récit est à l'avenant.

« Tout à l'heure, j'ai voulu t'éprouver.

« L'épreuve n'a pas réussi.

« Tu m'as refusé la moitié de mon bien...

« Peut-être aurais-je fait la sottise de m'en contenter...

« Maintenant, je veux tout.

« Que ceci te serve de leçon, mon bonhomme, et te donne pour l'avenir l'amour de la sincérité... »

Maubert se tut.

Camisard fit un second mouvement pour s'élancer sur lui.

Le baron le tint en respect en braquant de son côté les doubles canons de son pistolet, et lui dit avec un accent d'irrésistible autorité :

— Assieds-toi, Camisard, et ne fais pas le moindre geste si tu ne veux pas que je te brûle la cervelle...

Camisard, tremblant, s'assit.

— Je suis un fin renard, reprit alors Maubert, et tu sais bien qu'on ne me dépiste pas aisément. Tes fonds, ou plutôt les miens, sont déposés chez messieurs Tanré et compagnie, banquiers. J'irai les retirer dans une heure. Fais-moi le plaisir de remplir et de signer ceci.

Et le baron mit sous les yeux de Camisard un de ces bordereaux imprimés portant en tête le nom du banquier chez lequel on a des fonds.

Il suffit, pour retirer de chez ce banquier une somme quelconque, d'écrire le chiffre de la somme sur le bordereau et de le signer.

Camisard s'était habitué à regarder comme lui appartenant légitimement les huit cent mille francs volés à Maubert.

L'idée de les rendre lui fit horreur.

Il lui semblait qu'on le dépouillait d'une manière infâme.

Il repoussa le papier avec indignation.

— Veux-tu signer? répéta Maubert.

— Jamais! s'écria-t-il.

Le canon du pistolet s'approcha de sa tempe.

Camisard se prit à trembler.

— Mon bon ami, reprit le baron, ceci n'est pas une plaisanterie. Ma position à Paris est des plus fausses. Je n'ai pas un instant à perdre pour m'expatrier. Je te donne ma parole d'honneur que si dans trois minutes tu n'as pas signé, tu es un homme mort...

Le pistolet s'approchait de plus en plus.

Camisard connaissait Maubert, et il comprenait à merveille que, s'il n'obéissait pas, la menace de ce dernier ne serait point vaine.

Il se résigna.

— Je signerai... balbutia-t-il.

— Allons donc!... s'écria Maubert, voici que tu deviens raisonnable...

Et il présenta à son ancien complice une plume et une écritoire qu'il avait disposées à l'avance en prévision de cet événement.

Camisard était tout à la fois effrayant et grotesque.

Nous savons qu'une couche de mousse savonneuse recouvrait une partie de sa figure.

L'autre joue semblait presque aussi blanche, tant elle était pâle et livide.

Il se sentait en proie à une sorte de tremblement convulsif.

La frayeur et le désespoir le démoralisaient complétement.

— Dépêchons-nous, fit Maubert.

Camisard prit la plume et la trempa dans l'encre.

XXXVII

UN COUP DE CROSSE.

A cet instant précis, un violent coup de sonnette retentit à la porte extérieure de l'appartement.

Maubert tressaillit.

Camisard se sentit renaître à l'espoir.

Il laissa tomber sa plume, et ses lèvres s'entr'ouvrirent comme pour pousser un cri joyeux.

— Silence!... murmura Maubert; silence, ou tu es mort!...

Camisard courba la tête et se tut.

On sonna de nouveau et plus fortement encore que la première fois.

Maubert maudissait de toute son âme le concierge qui n'avait pas su faire respecter la consigne.

Après ce second coup de sonnette, il y eut un instant de silence.

Maubert crut que le visiteur intempestif s'était éloigné, et il respira.

Cet espoir était sans fondement.

Au bruit de la sonnette agitée succéda celui de plusieurs coups frappés violemment contre la porte de l'appartement.

Maubert retenait son haleine et commençait à pâlir.

Il y eut un nouveau silence.

Ensuite les coups recommencèrent, plus violents et plus rapprochés que la première fois.

Et enfin, dans un intervalle entre ces chocs réitérés, on entendit d'une façon à peu près distincte une voix qui prononçait ces mots :

— Ouvrez! au nom de la loi !...

— Perdu!... murmura Maubert avec rage.

— Sauvé!... se dit alors Camisard en repoussant la plume.

— Ah!... s'écria le baron qui vit ce mouvement, tu crois m'échapper, nigaud que tu es!... tu te trompes!... Cette fortune que tu m'as volée et que je ne puis te faire rendre, tu n'en jouiras pas plus que moi !...

Et prenant son pistolet par le canon, il frappa avec la crosse la tempe de Camisard.

Il n'en porta qu'un seul coup, mais ce coup fut si rude, si carrément asséné, que le géant Camisard, poussant un rugissement sourd, comme un bœuf colossal que frappe à l'abattoir la massue du boucher, battit l'air de ses deux bras et roula sur le tapis ainsi qu'une masse inerte et foudroyée.

— Bien ! se dit Maubert, celui-là a son affaire.. Maintenant, songeons à la mienne...

Son parti fut pris aussitôt.

Il était d'une audace inouïe, mais il offrait la seule chance de salut qui restât peut-être au baron.

Voici ce qu'il fit.

De la main gauche il reprit le plat à barbe en argent.

De la main droite il saisit la savonnette.

Puis, sortant de la chambre d'un pas vif et hardi, il alla jusqu'à la porte d'entrée et il demanda :

— Qui est là ?
— Ouvrez, répondit une voix.
— Que voulez-vous ?
— Parler au comte de Landerhausen.
— Il n'y est pas.
— Nous savons le contraire par le portier. Ouvrez...
— Ouvrez, au nom de la loi ! Nons sommes des agents, un commissaire de police nous accompagne et nous agissons en vertu d'un mandat d'amener...
— Oh ! oh ! fit le baron, voilà qui est bien différent... J'ouvre, messieurs, j'ouvre à l'instant.

Et en effet il se mit en devoir de repousser les verrous, puis il fit tourner la clef dans la serrure, et la porte s'ouvrit.

Un groupe de cinq ou six personnes, parmi lesquelles se trouvaient Raphaël, Carillon, et un commissaire de police reconnaissable à son écharpe tricolore, firent irruption dans l'antichambre.

Tiburce Pépin venait par derrière.

Sa mine de furet était pétillante de curiosité.

— Qui êtes-vous ? demanda le commissaire de police au baron de Maubert.

Ce dernier ouvrait la bouche pour répondre.

Mais le concierge intervint.

— Monsieur le commissaire, fit-il, c'est le valet de chambre.

— Bien, dit le magistrat.

Puis s'adressant de nouveau à Maubert, il reprit :

— Où est votre maître?
— Dans sa chambre à coucher.
— Que fait-il?
— Je le rasais quand nous avons entendu sonner et frapper... Je vais vous conduire auprès de lui...
— Inutile, dit le magistrat qui craignait vaguement que le domestique ne cherchât à favoriser l'évasion du maître.

C'est sur cette défiance que Maubert avait compté.

Raphaël et Carillon s'étaient élancés déjà dans l'intérieur de l'appartement.

Le commissaire les suivit, en compagnie des agents subalternes et de Tiburce Pépin.

Le baron, resté seul, posa sur une banquette sa serviette, sa savonnette et son plat à barbe.

Il s'esquiva par la porte restée ouverte.

En deux bonds il descendit l'escalier.

En trois sauts il atteignit la rue, où il ne tarda guère à disparaître dans la foule des allants et venants.

§

Suivons cependant Raphaël et Carillon.

Ils traversèrent le salon avec autant de vitesse que Maubert en mettait à franchir les marches de l'escalier.

Tiburce Pépin les avait mis au fait de la disposition intérieure de l'appartement.

Ils soulevèrent la portière de la chambre à coucher, et le premier objet qu'ils aperçurent fut le corps inanimé de Camisard.

— Quel est cet homme? demanda Raphaël à Tiburce.

— Ça? répondit le portier; mais c'est mon locataire en personne, M. le comte de Landerhausen!... Il paraîtrait que le pauvre cher homme a éprouvé quelque accident...

Les agents soulevèrent Camisard et l'installèrent sur le lit.

— Un pistolet! dit Carillon en ramassant l'arme que Maubert avait laissé tomber à côté de sa victime.

Raphaël, aussitôt après cette découverte, crut à un suicide de M. de Landerhausen.

Mais l'examen du pistolet le détrompa bien vite.

Les deux coups étaient chargés.

D'ailleurs le corps de Camisard ne portait la trace d'aucune blessure.

On voyait seulement, sur la tempe droite, une meurtrissure étroite, mais noirâtre, livide, et de l'aspect le plus effrayant.

— Oh! oh! fit le commissaire de police en regardant Raphaël.

— Je vous comprends, répondit ce dernier à cette muette interrogation. Vous voulez dire, n'est-ce pas, que voilà un suicide qui ressemble diablement à un assassinat ?...

— Oui.

— Où est le valet de chambre ?

— Dans l'antichambre, sans doute, ou à la cuisine...

Raphaël se mit à rire.

— Je parierais, dit-il ensuite, que c'est lui qui a fait le coup et qu'à présent il est déjà loin. C'est notre faute, nous devions le garder à vue. Mais il ne sera pas bien difficile de le repincer... Du reste, je me trompe peut-être et l'on peut voir à la cuisine et à l'antichambre comme vient de le dire M. le commissaire.

Un agent fut envoyé à la recherche du domestique.

Nous savons déjà qu'il était certain de ne point le trouver.

— Vous voyez ? dit Raphaël au magistrat.

Ce dernier hocha la tête affirmativement, puis il demanda en désignant Camisard :

— Est-ce que cet homme est mort ?

— Je ne sais, répondit l'agent.

— Il faudrait voir.

— C'est facile. Il ne s'agit que d'envoyer chercher un médecin dans le quartier.

— Il y en a un au quatrième, dans la maison même... dit alors Tiburce Pépin.

13

— Est-il chez lui?
— Je le crois.
— Eh bien! faites-le descendre.
— J'y cours.
En effet le portier s'éloigna.
Pendant son absence, Carillon mit le temps à profit.
Il s'était approché du lit sur lequel gisait le cadavre, et il examinait avec une profonde attention le cadavre du prétendu Fritz Ritter de Landerhausen.
Par instants, des exclamations interrompues s'échappaient de ses lèvres.
— Le diable m'emporte! murmurait-il, si je ne connais pas cette tête-là!... Mais où diable l'ai-je rencontrée?
Et il regardait le comte de plus belle, et il s'efforçait de creuser plus avant dans le tuf de ses souvenirs.
Sans doute un éclair vint tout à coup briller dans cette nuit profonde et mettre entre ses doigts le bout du fil d'Ariane qui devait le guider.
Il saisit la main droite du cadavre et il en examina soigneusement l'index.
Une cicatrice très-ancienne formait comme un bourrelet autour de la troisième phalange de ce doigt.
— Je savais bien!... fit Carillon en laissant retomber la main.
Il s'approcha de Raphaël, lui frappa sur l'épaule et lui dit:
— Regarde donc un peu ce particulier-là...
— Eh bien?...
— Eh bien! c'est une de nos anciennes connaissances.
— Tu crois?
— J'en suis sûr.
— Qui donc?
— Camisard.
Raphaël tressaillit.
— Camisard!... s'écria-t-il, Camisard, le valet de Maubert?
— Lui-même, en personne naturelle...

— C'est impossible !...

— C'est pourtant vrai, et la preuve, c'est qu'il a toujours l'empreinte d'une cicatrice que je lui connaissais à merveille.

— Mais ces apparences de fortune ?...

— Eh bien ! n'a-t-il pas les huit cent mille francs volés au baron de Maubert, et sur lesquels j'avais jeté mon dévolu avant d'être devenu... honnête homme ?

— C'est juste.

— Crois-moi, vois-tu, c'est bien lui, ou plutôt c'était bien lui, car le pauvre diable me fait un peu l'effet d'être claqué, ou, tout au moins, il n'en vaut guère mieux...

Raphaël n'écoutait plus.

On sait que le souvenir du baron éveillait toujours dans son âme un transport de colère et de haine.

— Maubert !... répéta-t-il en lui-même, oh ! Maubert, quand te retrouverai-je ?...

En ce moment, Tiburce Pépin rentra avec le médécin.

XXXVIII

JULES ET RAPHAEL.

— Monsieur, dit le commissaire de police au nouveau-venu, veuillez nous dire s'il y a un décès à constater ou si cet homme est encore vivant...

Et il désignait Camisard.

Le praticien s'approcha du lit et appuya sa main sur le cœur de l'ex-comte de Landerhausen.

— Diable !... diable ! fit-il ensuite, après avoir examiné le corps, il n'y a pas un instant à perdre pour essayer une saignée... Je doute fort qu'elle amène un résultat, mais enfin nous allons bien voir...

Il tira de sa poche une petite trousse chirurgicale et des ligatures, il disposa le tout sur un siége et il retroussa la manche de la robe de chambre et celle de la chemise de fine toile de Hollande qui couvraient le bras robuste de Camisard.

Cette opération mit à nu des dessins bizarres et caractéristiques, tatoués sur l'avant-bras du bandit.

C'étaient d'abord un homme et une femme, grotesquement figurés, se tenant la main au-dessus d'un petit autel couronné de flammes.

Une guirlande de cœurs, également enflammés, encadraient ce groupe, et au-dessous se lisaient les mots suivants, que nous reproduisons avec leur orthographe naïve :

Eternèle amoure a la baile Eméllia.

Un peu plus haut se voyait une lutte d'hommes.

L'un des combattants, beaucoup plus grand que les autres, semblait prêt à les anéantir d'un coup de son poignet gigantesque.

Au-dessous de cette scène, cette légende était tracée :

Honeure a la forse et a la valeure.

Des détails qui échappent à l'analyse et des dessins obscènes complétaient cette galerie pittoresque et artistique.

— Il faut convenir, dit le médecin en souriant, que voilà, pour un gentilhomme, des ornements assez bizarres...

Le commissaire de police hocha la tête et ne répondit pas.

Carillon regarda Raphaël en riant.

Le médecin fit la ligature, prépara sa lancette et piqua la veine du bandit.

Le sang ne coula pas d'abord.

Enfin une grosse goutte, d'un pourpre sombre et presque noir, suinta des lèvres de la blessure et le sang se mit, non point à jaillir, mais à couler lentement et comme à regret.

— Eh bien ?... demanda le commissaire de police.

— Il vit encore, répondit le médecin.

En effet, un long soupir souleva la poitrine du bandit.

Il se souleva à demi.

Il ouvrit les yeux.

Il promena tout autour de lui un regard effaré et qui ne voyait point, et il murmura, avec l'accent d'une indicible terreur :

— Je vous donnerai tout... tout ce que je possède... mais ne me tuez pas... Grâce !... grâce !...

— Monsieur, dit alors le commissaire, calmez-vous... personne n'en veut à votre vie...

Camisard parut ne point entendre.

— Grâce !... répéta-t-il, grâce, Maubert !...

En entendant prononcer ce nom, Raphaël, qui se trouvait un peu en arrière, bondit jusqu'auprès du lit.

— Que parlez-vous de Maubert ?... s'écria-t-il ; il était donc ici ?...

— Oui... oui... balbutia Camisard à qui un peu de présence d'esprit semblait revenir.

— Est-ce lui qui vous a frappé ?

— Lui... oui... c'est lui... frapper pour me voler... pour me voler huit cent mille francs...

— Ainsi, demanda l'agent de police, tremblant d'émotion, ainsi le valet de chambre qui était auprès de vous tout à l'heure ?...

— Oui, répéta Camisard d'une voix de plus en plus faible, oui... lui... lui... Maubert...

— Ah ! murmura Raphaël avec un désespoir véritable, trop tard !... encore trop tard !... Ce démon m'échappera toujours !...

Puis il voulut continuer à interroger Camisard.

Mais les yeux de ce dernier s'étaient refermés.

Le sang ne coulait plus.

Ses lèvres s'agitaient sans laisser s'échapper un son articulé et distinct.

Une sorte de frisson convulsif secoua le corps du bandit, qui retomba ensuite en arrière et ne bougea plus.

Camisard était mort.

— Le fil d'Ariane se brise encore une fois !... murmura douloureusement Raphaël.

— Allons, se dit Carillon avec une imperturbable philosophie, c'est une fameuse canaille de moins ?... Que le diable prenne son âme... si tant est qu'il en avait une !...

Telle fut l'oraison funèbre de très-haut et très-puissant seigneur Fritz Ritter, comte de Landerhausen, l'ami des reines de Mabille et de Valentino.

Et nous ne pouvons nous empêcher de répéter avec Carillon :

— Que le diable ait son âme !...

§

Le moment est venu d'apprendre à nos lecteurs par suite de quels incidents Raphaël, agissant au nom de la loi, arrivait à la porte du logis de la rue Saint-Lazare juste à temps pour empêcher sa vieille connaissance le baron de Maubert de reconquérir cette fortune dont nous connaissons la mystérieuse et terrible origine.

Nous reprenons notre récit au moment de l'entrée dans Paris de la carriole qui contenait Jules d'Artenay, Norine et les agents de police.

Il n'y avait pas deux partis à prendre à l'égard de Jules.

Il devait être et il fut en effet écroué au *dépôt*, quartier général de tous les prévenus aussitôt après leur arrestation, sorte de prison transitoire où ils ne passent que peu de temps et d'où ils sont extraits, d'après les ordres du juge d'instruction chargé de leur affaire, pour être conduits soit à la Force, soit à Sainte-Pélagie, soit dans toute autre maison de détention.

Norine, toujours évanouie, échappa aux déchirantes horreurs de cette séparation.

Jules la quitta avec un courage héroïque.

Aucune larme ne mouilla ses paupières.

Ses yeux étaient secs, mais son cœur se brisait, et il ne puisait la force de supporter toutes ses tortures que dans la certitude que ces douleurs surhumaines seraient de courte durée.

— Vous vous souvenez de votre promesse?... dit-il seulement à Raphaël.

— Oui, répondit ce dernier qui semblait beaucoup plus ému que Jules et qui ne pouvait venir à bout de retenir ses larmes, je vous ai juré de veiller sur elle, et, soyez tranquille, mon ami, je tiendrai mon serment...

— Merci... fit le jeune homme en serrant entre les siennes les mains de l'agent de police. Merci...

Et il ajouta, mais d'une voix si basse, que Raphaël ne put l'entendre :

— Au moins, ainsi, je mourrai tranquille...

— Vous reverrai-je?... demanda-t-il ensuite.

— Oui, balbutia l'agent.

— Quand viendrez-vous?...

— Quand vous voudrez.

— Eh bien ! après-demain.

— Soit.

— Vous m'apporterez de ses nouvelles, n'est-ce pas?...

Raphaël fit signe que *oui*, car il ne pouvait plus parler.

— Et, poursuivit Jules, d'ici là, tâchez de la consoler un peu... tâchez de lui persuader qu'elle me reverra bientôt... Pauvre enfant !... elle m'aime tant !... elle le croira... Elle est bien malade, allez, ma pauvre Norine, sa poitrine est attaquée... Il lui aurait fallu, pour la guérir, du repos et du bonheur... Mais ce n'est pas moi qui pouvais lui donner cela... Aussi elle n'a pas longtemps à vivre.

Raphaël ne répondit pas.

De grosses larmes coulaient sur ses joues.

— Allons, reprit Jules, au revoir!... à bientôt!... à après-demain!...

§

Ainsi que nous l'avons déjà dit, M. d'Artenay fut écroué au dépôt.

Le lendemain, il comparut devant le juge d'instruction.

Ce magistrat l'interrogea sur les deux chefs d'accusation qui pesaient sur lui : accusation de vol, accusation de détournement de jeune fille mineure, avec violences et séquestration.

Sur le premier de ces chefs, Jules fut explicite.

Il ne chercha aucun détour, il avoua le vol, purement et simplement, sans même plaider pour sa propre cause les circonstances atténuantes.

Quant à la seconde accusation, il raconta dans tous leurs détails les faits si simples et si touchants de sa liaison avec Norine.

Il mit dans ce récit tant d'amour et tant de cœur, que le juge d'instruction lui-même ressentit quelque émotion en l'écoutant, et que le secrétaire de ce magistrat en fut attendri.

Il était impossible de douter de la véracité des paroles de Jules : le juge d'instruction lui annonça que vraisemblablement la chambre des mises en accusation rendrait un arrêt de *non-lieu* sur le second chef.

Mais le fait du vol était constant, puisque le prévenu lui-même ne cherchait point à le nier.

Le juge d'instruction fit écrouer Jules à la Conciergerie, pour passer devant le jury à la prochaine session des assises.

M. d'Artenay avait une dizaine de francs dans sa poche au moment de son arrestation.

Il demanda à être mis *à la pistole*, c'est-à-dire dans une chambre où il se trouverait seul, et où il aurait au moins la liberté de penser sans être distrait à chaque instant par le voisinage repoussant et les refrains cyniques des hôtes immondes de ce séjour du crime.

Il se fit apporter ensuite du papier et une plume, et il écrivit aussi longtemps qu'un rayon lumineux filtra à travers les barreaux épais qui croisaient leurs bras de fer devant les fenêtres de sa cellule.

Quand le jour vint à lui manquer, il fit sa prière à Dieu, il se coucha, et il ne tarda pas à s'endormir d'un calme et profond sommeil dont on ne doit point s'étonner, car il ne fait guère défaut à ceux qui, avec un cœur courageux, ont pris une résolution suprême.

Le lendemain matin, il se leva avec les premières clartés de l'aube et il se remit à écrire.

Quand il eut achevé, il plia en forme de lettre les feuillets qu'il avait remplis.

Ensuite il attendit, avec une impatience manifeste.

C'est que c'est ce jour-là que Raphaël lui avait promis de le venir visiter, et, par Raphaël, il allait avoir des nouvelles de Norine.

Quelques heures se passèrent dans cette attente fébrile et inquiète.

— S'il m'avait oublié!... pensait-il; s'il allait ne pas venir!...

Et, à cette idée, le courage persévérant de M. d'Artenay menaçait de lui faire complétement défaut.

Par bonheur, cette crainte était vaine.

Vers les deux heures de l'après-midi, on entendit crier les gonds et gémir les verrous.

La porte s'ouvrit et Raphaël entra dans la cellule de Jules d'Artenay.

Que d'amertumes et que de douleurs se trouvaient ainsi face à face!

XXXIX

L'ENTREVUE.

Raphaël vint à M. d'Artenay et lui tendit la main.

Jules lui ouvrit ses bras et le serra pendant un instant sur son cœur, comme un ancien et fidèle ami.

— Parlez-moi d'elle... lui dit-il ensuite.

Nous ne reproduirons point ici intégralement le récit de Raphaël et la conversation des deux hommes.

Cette reproduction nous entraînerait beaucoup trop loin.

Contentons-nous de l'analyser et d'apprendre à nos lecteurs ce qu'elle apprit à M. d'Artenay lui-même.

Immédiatement après avoir écroué son prisonnier au dépôt de la Préfecture, Raphaël s'était demandé où et comment il pourrait trouver pour Norine un asile sûr et inviolable, asile dans lequel il la conduirait, au lieu de la ramener chez sa mère, ainsi que le lui intimait l'ordre dont il était porteur.

Il pensa aussitôt à ce bon et digne vieillard, Isidore Potard, le fabricant de meubles du faubourg Saint-Antoine, le père de cette charmante et malheureuse Émilie, sa femme pendant quelques heures, morte à dix-huit ans lâchement assassinée par Maubert.

Depuis la terrible catastrophe qui termine le dernier volume du *Vicomte Raphaël*, Isidore Potard s'était complétement retiré des affaires, et il menait une vie triste et solitaire, pleurant sa fille bien-aimée, et n'aspirant qu'après le moment où Dieu lui permettrait d'aller la rejoindre...

Raphaël le voyait presque chaque jour.

Il ne lui avait point caché le terrible parti qu'il avait dû prendre pour arriver à se venger enfin du baron de Maubert.

Isidore Potard, en qui le désespoir avait épuré le cœur, agrandi la foi, avivé les sentiments religieux et fait naître une résignation toute chrétienne, essaya vainement de combattre cette résolution.

Raphaël se montra inébranlable.

Le vieillard, alors, cessa ses inutiles instances et, depuis ce jour, il n'avait plus été échangé entre eux un seul mot qui eût quelque rapport à ce sujet, triste pour l'un comme pour l'autre.

Raphaël alla trouver son beau-père.

Il lui raconta brièvement l'histoire de Norine et le pria de la recevoir chez lui pendant quelques jours, jusqu'à ce qu'il ait eu le temps d'aviser.

Il y avait là une bonne action à faire.

Potard n'eut garde de refuser.

Le vieillard demeurait *rue du Pas-de-la-Mule*, au Marais.

Raphaël amena la carriole devant la porte de la maison qu'il habitait, puis, aidé de Carillon, il transporta jusqu'au logis de son beau-père Norine, dont le profond évanouissement n'avait pas cessé.

Une voisine obligeante déshabilla la jeune fille et la mit au lit, on envoya chercher un médecin et des soins empressés et intelligents ne tardèrent point à rappeler la jeune fille à elle-même.

Aussitôt qu'elle ouvrit les yeux, son premier regard chercha Jules autour d'elle, et, ne le voyant pas, elle se souvint de tout ce qui s'était passé, et elle éclata en larmes amères et en sanglots déchirants.

Ces sanglots amenèrent une suffocation presque complète, puis une sorte de gémissement sourd, causé par la douleur, s'échappa de la gorge contractée de Norine.

De la main gauche elle pressa sa poitrine avec force, tandis que sa main droite appuyait sur ses lèvres un mouchoir qui fut à l'instant même tout marbré de taches de sang.

— Pauvre enfant!... murmura le médecin en hochant la tête d'un air tristement significatif, pauvre enfant!...

A cette crise succéda une sorte de calme.

Une lourde somnolence s'empara de la jeune fille, et elle s'endormit d'un profond sommeil.

Mais, tandis qu'elle dormait, des larmes incessantes filtraient goutte à goutte entre ses paupières closes et gonflées et roulaient sur ses joues décolorées.

Le lendemain, Raphaël retourna voir Norine.

Sa pâleur avait encore augmenté; des taches d'un rouge sombre se dessinaient sur ses pommettes.

Elle se sentait si faible qu'il lui avait été complétement impossible de songer à quitter son lit.

Avec un doux et triste sourire, elle remercia Raphaël de ce qu'il avait fait; elle semblait heureuse de songer qu'elle ne retournerait pas chez sa mère.

Raphaël lui apprit qu'il verrait bientôt Jules, et lui demanda ce qu'elle le chargeait de lui répéter.

— Dites-lui ce qu'il sait déjà, répondit-elle, c'est-à-dire que je l'aime et que je l'aimerai par delà la mort, car l'aimer toute ma vie, ce ne serait pas assez long...

— A dix-huit ans, la vie est longue... murmura Raphaël.

— Pas toujours... répliqua la jeune fille en appuyant la main sur sa poitrine avec un geste sinistre.

Et elle ajouta d'une voix plus basse :

— Heureusement....

En quittant Norine, Raphaël retourna à la préfecture de police. La veille, il avait fait son rapport au sujet de l'arrestation de M. d'Artenay, en ajoutant simplement qu'il n'avait trouvé aucune trace de la jeune fille que l'ex-second clerc de maître Digoine était accusé d'avoir séquestrée.

Après avoir pourvu, ainsi que nous venons de le voir, au repos momentané de Norine, Raphaël songea à la venger.

En conséquence, il se livra à une recherche longue et minutieuse.

Il avait pris note d'un nom prononcé par Norine, dans le cours de l'un des entretiens qu'il venait d'avoir avec elle.

Ce nom, c'était celui de Fritz Ritter, comte de Landerhausen.

Il voulait savoir si dans quelque dossier il ne trouverait pas de renseignements utiles sur ce personnage.

Ses investigations furent couronnées d'un complet succès.

On sait que la police prend bonne note de tous les étrangers qui arrivent à Paris, et que, lorsque ces étrangers sont des gens de quelque importance, elle se tient, avec une sollicitude exemplaire, au courant de leurs actions.

Le comte de Landerhausen avait mérité et obtenu une attention toute spéciale.

Son dossier volumineux n'était rien moins qu'édifiant.

Le cynisme éhonté des mœurs du comte s'y trouvait dévoilé de cent façons. Certaines peccadilles dépassaient la limite légale; mais comme personne, jusqu'alors, n'avait porté une plainte en règle, on avait laissé dormir toute cette fange et tout ce scandale.

Quelques autres notes des mêmes dossiers, rapprochées les unes des autres et compulsées par un œil vigilant, tendaient à prouver jusqu'à l'évidence que le comte de Landerhausen n'était autre chose qu'un aventurier, dont la fortune et le titre étaient également douteux.

Raphaël rédigea sur tout cela un rapport détaillé et il le remit entre les mains du procureur du roi, en sollicitant un mandat d'amener contre Fritz Ritter.

Le procureur du roi prit vingt-quatre heures pour examiner cette affaire.

Raphaël s'arma de patience, et il employa le reste de sa journée à se procurer dans le quartier Saint-Lazare de nouveaux renseignements, qui se trouvèrent concorder parfaitement avec ceux des dossiers de la préfecture.

L'agent de police, ensuite, attendit le mandat d'amener et l'occasion d'agir.

Le lendemain était le jour où Raphaël était attendu par M. d'Artenay.

Nous avons assisté au commencement de leur entrevue.

L'entretien de l'agent de police et du prévenu dura deux heures.

Au bout de ce temps, Raphaël dit à M. d'Artenay :

— Adieu, mon pauvre ami, il faut que je vous quitte...

— Déjà?...

— Je voudrais rester plus longtemps, mais le procureur du roi doit m'attendre pour cette affaire dont je vous parlais tout à l'heure et qui vous intéresse encore plus que moi, puisqu'elle est la première cause de tous les maux qui viennent de vous accabler...

— Vous voulez parler de ce misérable comte allemand?

— Oui.

— Allez donc, et puisse la justice des hommes être d'accord avec celle de Dieu!

— Elle le sera... j'en ai la certitude...

— Cent fois tant mieux... Quand verrez-vous Norine?

— Demain.

— Ne pourriez-vous la voir aujourd'hui?

— Si vous y tenez beaucoup, je ferai en sorte de passer quelques instants auprès d'elle ce soir.

— J'y tiens beaucoup.

— Eh bien! c'est convenu.

— Merci.

— Qu'avez-vous à lui faire dire?..

— J'ai à vous prier de lui remettre quelque chose...

— Quoi?

— Une lettre.

— Où est-elle, cette lettre?

— La voici.

Et M. d'Artenay présenta à Raphaël la lettre assez épaisse formée des nombreuses feuilles de papier que nous lui avons vu charger d'écriture le soir de son entrée en prison et le matin du jour suivant.

Raphaël prit ce paquet.

— Et, demanda-t-il, il n'y a rien à ajouter en lui donnant ceci?...

— Rien. Seulement je désire que ma pauvre Norine

soit seule en brisant ce cachet et en lisant ces pages.....
— Soyez tranquille... répondit Raphaël. Et, maintenant, au revoir !...
— *Au revoir !...* murmura Jules ; non, *adieu !...*
— *Adieu ?...* Pourquoi ?...
— Parce qu'il me semble que nous ne nous reverrons plus...
— Qui nous en empêcherait ?...
— Je l'ignore ; mais mes pressentiments sont tristes...
— Chassez-les...
— Je le voudrais... je ne le peux pas...

Raphaël regarda M. d'Artenay fixement et pendant quelques secondes.

— Jules ?... lui dit-il ensuite.
— Mon ami ?...
— Soyez franc avec moi... Vous avez quelque sombre projet ?...
— Moi ?...
— Oui, vous.
— Vous vous trompez, je vous assure...
— Je ne me trompe point... Vous songez au suicide...
— Non...
— Jurez-le-moi.
— A quoi bon jurer ?... Je vous l'affirme et cela doit suffire...
— Soit. Je n'ai pas le droit d'insister davantage, mais j'ai celui de vous dire, et mon exemple est là qui le prouve, qu'il y a bien souvent plus de courage à vivre qu'à mourir... Croyez-moi, mon ami, il peut y avoir encore pour vous du bonheur en ce monde...

Jules sourit tristement à Raphaël, comme Norine avait fait la veille, et il répondit seulement :

— Norine et vous, vous êtes les seuls êtres qui m'ayez aimé en ce monde, depuis la mort de ma pauvre mère... Aussi je vous le rends, croyez-le, du plus profond de mon âme...

Il s'approcha de Raphaël et il l'embrassa.

Puis il poursuivit :

— Maintenant, mon ami, adieu !... N'oubliez pas ce que je vous ai prié de faire et adieu, encore adieu !...

Raphaël sortit du cachot.

XL

ADIEU.

Voici quelle était la lettre de M. d'Artenay à sa maîtresse :

« Chère Norine bien-aimée, nous voici séparés pour toujours ; cet entretien sera le dernier et, si longues que soient les pages que je commence en ce moment, elles me sembleront trop courtes pour tout ce que j'ai à te dire, et puis il y a dans ma pauvre tête une confusion si grande, que peut-être je ne saurai ni m'expliquer bien clairement ni te parler comme je voudrais le faire...

« J'essaierai cependant, je te parlerai avec mon cœur, tu m'écouteras avec le tien... Ce qui sera mal dit, tu le comprendras... Ce qui sera oublié, tu le devineras...

« Je ne crois pas qu'il y ait jamais eu deux êtres en ce monde s'aimant d'un amour plus saint, plus pur, plus absolu que le nôtre... Je ne crois pas non plus qu'il y en ait eu de plus injustement malheureux.

« Cet amour, qui devait être pour nous un bonheur divin, éternel, nous a conduits dans un abîme d'où nous ne sortirons pas.

« Cet amour nous a perdus, et cependant je bénis Dieu de nous l'avoir envoyé, et je trouve qu'avoir été aimé de toi, c'est une part de bonheur assez grande et que l'on peut mourir après...

« Je viens de repasser une à une toutes les émotions,

toutes les sensations qui se sont succédé dans mon âme depuis le jour où je t'ai vue pour la première fois et qui est aussi celui où j'ai commencé à t'aimer.

« Au fond de presque toutes ces sensations il y avait quelque douleur amere : c'était le doute, la jalousie, l'effroi de l'avenir...

« Destiné par le hasard à souffrir presque sans cesse, je souffrais dans mon amour, comme j'avais souffert dans ma tendresse filiale, dans mes désirs ambitieux, dans mes aspirations de jeune homme...

« Mais, à côté de ces douleurs, je trouvais des joies si brûlantes, que le souvenir de tout le reste s'effaçait comme par miracle, aussitôt que vibrait en moi cette corde bienheureuse.

« Mon étoile est funeste.

« Tous les malheurs de ma vie, je les aurais eus sans toi.

« Mais c'est à toi seule que j'en dois les étincelants bonheurs.

« Tu vois donc combien j'ai raison de t'aimer et de bénir Dieu qui permit cet amour.

« Sais-tu, Norine, ce qui m'attriste le plus à cette heure ?...

« C'est de penser combien il aurait fallu peu de chose pour changer entièrement notre existence et pour la faire si belle, que les anges eux-mêmes en auraient été jaloux.

« Que fallait-il, en effet ?...

« Qu'il me restât quelques parcelles de cette fortune dévorée par un père que j'ai le courage de ne pas maudire...

« Il fallait mieux encore...

« Si ta mère avait eu pour toi véritablement le cœur d'une mère... Si elle n'avait caressé d'infâmes espérances, de monstrueux projets... Si elle n'avait demandé qu'au travail, sinon la fortune, du moins le pain de chaque jour, comme notre vie devenait facile et souriante !...

« Aujourd'hui tu serais ma femme, ma compagne respectée, devant Dieu et devant les hommes.

« Nous serions pauvres, c'est vrai, mais à quoi peut servir la richesse, quand on s'aime et quand on vit l'un pour l'autre ?

« Nous vois-tu tous les deux, Norine, dans une petite chambre dont la simplicité aurait paru presque élégante !..

« Nous vois-tu, assis l'un près de l'autre à côté d'une fenêtre entr'ouverte et tout embaumée du parfum des fleurs que tu préfères !...

« Oh ! Norine, n'eussions-nous mangé que du pain, que ce pain nous eût semblé bon !...

« Et puis, comme j'aurais travaillé avec une joyeuse ardeur pour toi, pour nos enfants !...

« Car il nous serait venu des enfants... de petits anges, beaux comme leur mère...

« Quel rêve !... mon Dieu, quel beau rêve !...

« Mais aussi quelle réalité terrible !

« Je suis en prison. J'y suis, déshonoré...

« Et toi ?... Oh ! pauvre Norine !

« Ce que j'ai fait, ma bien-aimée, je ne le regrette pas.

« Ce crime que j'ai commis, je n'en ai nulle honte.

« Dans une circonstance pareille, je recommencerais, je te le jure.

« Ne fallait-il pas, d'abord et avant tout, te sauver ?

« C'était bien pis que la mort qui te menaçait, c'était la honte, c'était l'infamie.

« Pour empêcher cela, Norine, j'aurais donné mon honneur, et ma vie, et mon âme...

« Pouvais-je reculer devant un crime pour lequel les hommes auront raison de se montrer sévères, mais que Dieu me pardonnera dans sa justice et dans sa bonté ?

« Maintenant, ma Norine bien-aimée, arme-toi de courage pour entendre ce qui me reste à te dire.

« Je sens que la force me manque pour porter un nom déshonoré, pour respirer l'atmosphère impure des prisons, côte à côte avec des voleurs dont une condamnation fera mes égaux...

« Je sens que la force me manque pour rentrer un jour dans le monde avec un front taché d'infamie...

« Et puis, je le répète, dans les quelques jours que nous avons passés ensemble au pavillon de la Marelle, j'ai épuisé le bonheur de toute ma vie...

« Je te dis adieu, ma Norine...

« Aussitôt que j'aurai achevé de t'écrire, aussitôt que celui qui doit te remettre cette lettre sera venu la chercher, je me mettrai à genoux pour me confesser à Dieu et pour lui demander pardon de cette dernière faute que je vais commettre, en disposant d'une vie qui ne m'appartient pas, puisqu'il n'a fait que me la confier...

« Ensuite...

« Oh ! ensuite, tout sera fini pour moi dans ce monde. Mon âme, libre, pourra s'envoler, et tu la sentiras effleurer doucement tes lèvres en leur donnant un dernier baiser...

« Prie aussi pour moi, ma Norine, prie du fond du cœur; tes prières sont celles d'un ange, et elles monteront tout droit vers Dieu....

« Je ne te demande point de me garder ton âme et de ne jamais mêler un autre nom à mon souvenir...

« Je ne doute point de toi, Norine : un cœur comme le tien ne bat qu'une seule fois, des lèvres comme les tiennes ne prononcent jamais qu'un nom...

« Je suis sûr que tu m'aimeras jusqu'à ton dernier jour, et il y a en moi je ne sais quelle voix qui me dit que nous nous retrouverons bientôt...

« Adieu, adieu donc, mon enfant chérie, ma Norine, ma pauvre bien-aimée, adieu, ou plutôt, au revoir !... Oui, au revoir !... Oui, à bientôt !... »

. . . .

Il y avait quelques lignes encore, ajoutées à celles qui précèdent, mais elles étaient indéchiffrables.

La force d'âme avait fait défaut à Jules au dernier moment.

Ses larmes, longtemps contenues, avaient effacé l'écriture en ruisselant sur le papier.

§

Raphaël, porteur de cette lettre dont il ignorait le contenu, arriva auprès de Norine.

La jeune fille, de plus en plus faible, de plus en plus pâle, était levée depuis une heure, et, étendue sur un fauteuil auprès de la fenêtre entr'ouverte, elle s'abandonnait à une sorte d'engourdissement de l'esprit et du corps.

La venue de Raphaël l'arracha à cette somnolence.

Elle tressaillit, et elle s'écria vivement :

— L'avez-vous vu ?

— Oui.

— Quand ?

— Il n'y a pas une heure que je l'ai quitté.

— Eh bien ?...

— Eh bien ! il m'a remis une lettre pour vous.

— Une lettre pour moi !... où est-elle ?...

— La voici.

— Oh ! donnez, donnez vite.

Norine étendit la main.

Raphaël lui présenta la lettre qu'elle saisit avidement et dont elle rompit le cachet.

Déjà elle commençait à en dévorer les premiers mots quand Raphaël l'arrêta, du geste.

— Qu'y a-t-il donc ? demanda-t-elle.

— Jules vous prie d'attendre, pour lire cette lettre, que vous soyez seule...

— Ah !... fit Norine.

— Et, poursuivit Raphaël, comme je conçois votre impatience, je me retire à l'instant même...

En parlant ainsi, il se leva pour quitter la chambre.

— Restez, lui dit la jeune fille, tout à l'heure je lirai cette lettre. Maintenant, parlez-moi de lui...

Raphaël reprit sa place auprès de Norine.

— Que voulez-vous que je vous dise ? fit-il après s'être rassis.

— Comment l'avez-vous trouvé ?...

— Beaucoup mieux que je n'espérais... il se résigne et il est calme...
— Il est calme, dites-vous ?...
— Oui.
— Êtes-vous sûr que ce calme ne cache point un profond désespoir et quelque résolution fatale ?...

Raphaël baissa la tête et ne répondit pas d'abord.

Ces paroles de la jeune fille donnaient une force nouvelle à la vague inquiétude qui le tourmentait.

— Vous hésitez !... s'écria Norine. Oh ! je vous comprends : ainsi que moi vous redoutez un malheur, et vous n'osez pas me l'avouer...

— Vous lisez mal dans ma pensée, murmura Raphaël qui voulait, avant toute chose, rassurer la pauvre Norine; je vous affirme que la résignation de votre ami est sincère et qu'il a foi dans l'avenir...

La jeune fille secoua douloureusement la tête.

— Vous me trompez, fit-elle, mais voici une lettre qui ne me trompera pas... Il faut que la volonté de mon Jules soit accomplie. Sortez donc de cette chambre pendant un instant, monsieur, je vous en prie; je vous rappellerai tout à l'heure...

Raphaël s'inclina et sortit.

Norine, restée seule, déploya de nouveau la lettre de son amant et l'embrassa tout entière d'un seul regard, comme si la vérité avait dû jaillir de ses lignes pressées.

Puis elle commença sa lecture.

Les premières lignes ne présentèrent point à son esprit de sens bien distinct.

Elle hésitait avant de comprendre et elle les relut à deux ou trois reprises.

Enfin le doute ne fut plus possible.

L'évidence était là, terrible, inattaquable.

Norine poussa un cri, et tomba évanouie de son fauteuil sur le plancher.

XLI

AGONIE.

En entendant le cri poussé par Norine, Raphaël se précipita dans la chambre qu'il venait de quitter un instant pour obéir à la recommandation de Jules d'Artenay.

Il trouva la jeune fille étendue, roide et inanimée, sur le plancher.

A côté d'elle gisait la lettre de son amant.

Raphaël prit la malheureuse enfant dans ses bras, il la porta sur le lit, puis, voulant connaître la cause du mal afin d'y mieux porter remède, il ramassa le papier fatal et le parcourut rapidement.

— Mon Dieu !... murmura-t-il après avoir achevé cette lecture désespérante. Oh ! mon Dieu !... ses pressentiments ne la trompaient pas !

Et il fit un mouvement pour sortir de la chambre, pressé par cette pensée impérieuse de courir à Jules, et, s'il en était temps encore, d'arrêter l'accomplissement de sa résolution funèbre et désespérée.

Mais il s'arrêta presque aussitôt.

Pouvait-il abandonner ainsi la jeune fille ?

Peut-être, faute des premiers soins, l'étincelle de la vie allait s'éteindre en elle tout à fait et sans ressources avant son retour.

Il revint auprès du lit.

Il se pencha vers Norine et il s'aperçut avec épouvante que les lèvres pâlies de la pauvre fille étaient humectées de sang.

— Perdue aussi !... perdue... pensa-t-il.

Il alla prendre un peu d'eau fraîche et avec cette eau il mouilla les tempes de Norine.

La pauvre enfant reprit connaissance presque aussitôt.

Elle se souleva à demi.

Elle vit la lettre de Jules dans les mains de Raphaël.

Un éclair se ralluma dans sa prunelle éteinte et elle murmura d'une voix brisée et à peine distincte :

— Vous avez lu ?...

— Oui, balbutia Raphaël.

— Vous avez compris ?

— Oui.

— Et vous êtes encore là ?... s'écria-t-elle alors avec une énergie brusque, vous êtes encore là, tandis qu'il meurt peut-être !...

— J'avais peur, répondit Raphaël, peur pour vous...

— Moi !... Eh ! qu'importe !... qu'importe !... Courez !... mais courez donc !... Sauvez-le s'il est temps encore... et... s'il est trop tard... revenez me dire que je n'ai plus qu'à l'aller rejoindre...

Raphaël n'en entendit pas davantage.

Il s'élança au dehors.

Il gagna la rue.

Il arrêta une voiture qui passait et il donna l'ordre au cocher de le conduire vers la prison, de toute la vitesse de son cheval. . . . .
. . . .

Au moment où Raphaël sortait de la chambre, Norine avait voulu descendre du lit et aller jusqu'à la fenêtre afin de le voir s'éloigner.

Mais il lui fut impossible de se soutenir.

Un violent accès de toux vint, en brisant sa poitrine, paralyser le peu de forces qui lui restaient.

Elle pressa contre sa bouche son mouchoir, qui fut aussitôt trempé de sang.

Elle se laissa tomber à genoux, elle appuya sa tête sur le bord du lit, et oubliant les douleurs physiques et morales qui la torturaient doublement, elle se mit à prier avec ferveur. . . . .
. . . .

§

Voici ce qui s'était passé dans la chambre de Jules, après le départ de Raphaël.

M. d'Artenay, nous le savons, avait pris une résolution irrévocable ; par conséquent il était calme.

D'ailleurs, une belle et forte nature comme la sienne se purifie dans les épreuves et grandit dans la douleur.

Et puis dans ce moment suprême, voyant la mort face à face et jetant sur sa situation un regard exempt d'amertume, il ne se dissimulait point qu'il avait commis un crime ; mais les circonstances dans lesquelles ce crime avait été commis l'ennoblissaient presque à ses propres yeux.

Enfin, sa mort n'était-elle point une expiation suffisante ?...

Ne s'était-il point condamné lui-même, et d'une façon bien autrement sévère que ne l'eussent fait les lois humaines ?...

Une seule pensée troublait Jules.

Il savait bien que Dieu n'a point laissé à l'homme le droit terrible de disposer de sa propre vie.

Il savait bien que le suicide est un crime.

Mais il comptait sur l'infinie miséricorde de ce Dieu de bonté vers lequel il élevait son âme.

Jules mit un genou en terre et pria.

C'était à ce moment précis où Norine, elle aussi, priait agenouillée.

. . . .

M. d'Artenay eut à s'occuper ensuite des préparatifs matériels de son suicide.

Il le fit avec un sang-froid étrange.

D'abord il ouvrit sa fenêtre.

Ainsi que toutes les fenêtres de prison, elle était garnie de barreaux de fer d'une formidable épaisseur.

Il monta sur une chaise, et, après avoir fait une sorte de nœud coulant avec sa cravate de soie noire, il attacha l'extrémité de cette cravate au barreau le plus élevé.

Tout était prêt.

Jules prononça une dernière fois le nom bien-aimé de Norine.

Une dernière fois il demanda pardon à Dieu de toutes les fautes de sa vie et de la nouvelle faute qu'il était au moment de commettre.

Il passa son cou dans le nœud fatal, en se haussant sur la pointe des pieds.

Puis il eut le terrible courage de repousser la chaise qui lui servait de point d'appui et il se lança dans l'éternité. . . . .
. . . .

Quand Raphaël entra, pâle et haletant, dans la chambre de M. d'Artenay, avec le directeur de la Conciergerie qu'il avait fait prévenir en toute hâte, il y avait dix minutes que l'asphyxie par strangulation était complète.

A la même heure, à la même minute, M⁰ Digoine, l'avoué dameret et galant, se présentait chez son ami le procureur du roi.

Il venait retirer sa plainte et solliciter l'élargissement du jeune homme, élargissement qu'il désirait obtenir à titre de faveur spéciale et très-vivement souhaitée.

Et le procureur du roi promettait de faire tous ses efforts pour obtenir la modification de l'arrêt de la chambre des mises en accusation.

Cette bonne volonté venait trop tard.
. . . .

Pour expliquer à nos lecteurs la générosité si inattendue et si invraisemblable de M⁰ Digoine, hâtons-nous de dire que le vieil avoué, son prédécesseur, celui qui avait promis à madame d'Artenay de veiller sur son fils, venait d'arriver à Paris et s'était hâté d'indemniser son successeur des sommes détournées par le premier clerc.

Mais, encore une fois, il était trop tard.
. . . .

Raphaël retourna auprès de Norine.

La jeune fille s'était mise au lit, car elle ne pouvait plus se soutenir.

De grosses larmes ruisselaient à travers ses paupières à demi fermées.

Sa livide pâleur ressemblait à celle de ces images de cire qui représentent une femme endormie et dont on n'a pas encore enluminé les joues.

En entendant le bruit de la porte, elle ouvrit les yeux et vit Raphaël qui s'avançait lentement vers le lit.

Il s'arrêta à côté de son chevet, presque aussi pâle qu'elle, et il demeura là, muet, immobile, la tête baissée.

Norine lui tendit sa main défaillante et que brûlait la fièvre.

— Mon ami, lui dit-elle ensuite d'une voix faible, mais douce et suave, vous voyez que je ne vous demande rien... je ne vous interroge pas... je sais tout...

— Quoi?... murmura Raphaël, vous savez?...

— Je sais qu'il était trop tard, poursuivit la jeune fille; je sais que tout était fini quand vous êtes arrivé...

— Mais... qui vous a dit?

— Personne, seulement, sans doute, mon âme était avec la sienne... tout à coup j'ai senti une douleur aiguë qui me traversait le cœur... J'ai compris que l'organe de la vie se brisait en moi... Je me suis dit : *Il est mort!...* et vous voyez bien que je ne me trompais pas...

Raphaël n'eut ni la force ni le courage de répondre.

Norine poursuivit avec un sourire triste et doux :

— Je sais que, moi aussi, je me meurs, je sens que je vais le rejoindre; aussi je suis calme et résignée : j'espère et j'attends...

Norine se tut.

Raphaël pleurait.

La jeune fille lui tendit de nouveau la main.

— Pourquoi pleurer, mon ami? lui dit-elle. Dieu fait bien tout ce qu'il fait... il avait décidé que je ne pouvais être heureuse en ce monde avec mon Jules... Il nous réunira dans l'autre... Quant à vous, mon ami, à vous qui sans nous connaître avez été si bon pour nous, merci... merci du fond de mon cœur!... que Dieu vous récompense comme vous méritez de l'être!... que Dieu vous rende heureux!...

Raphaël ne répondit rien.

Seulement il secoua la tête, et un sourire amer et douloureux se dessina sur ses lèvres.

Norine ne vit ni ce mouvement ni ce sourire.

— Mon ami, reprit-elle au bout d'un instant, un dernier service, je vous en prie...

— Lequel?... demanda vivement Raphaël.

— Allez me chercher un prêtre, et ne perdez pas un instant, car mes minutes sont comptées. . . . .
. . . .

XLII

PAUVRE NORINE !

Un quart d'heure ne s'était point écoulé depuis la scène qui termine le précédent chapitre, quand Raphaël revint auprès de Norine.

Il était accompagné par un prêtre, le premier vicaire de la paroisse la plus voisine.

Ce vicaire, jeune encore, réunissait ces qualités saintes et ces nobles vertus qui font de la plupart des ministres de notre culte les véritables représentants de Dieu sur la terre.

La foi la plus sincère et la plus profonde brillait dans son regard.

Sa bouche était toujours ouverte pour laisser tomber, sur ceux qui souffraient dans leur âme ou dans leur corps, des paroles de consolation et d'espérance.

La plus évangélique charité vivifiait son cœur.

Quelques mots, échappés à Raphaël dans son trouble, lui avaient fait comprendre que, dans l'humble logis où on le conduisait, il y avait une créature humaine à réconcilier avec le ciel, il y avait une âme à sauver.

Il accourait, rempli d'ardeur pour cette tâche vraiment sacrée ; il accourait, prêt à parler au nom du Dieu de paix et de pardon.

Il s'avança jusqu'auprès du lit et là il s'arrêta, saisi d'une douloureuse compassion à la vue de cette créature si jeune et si belle et qui se mourait.

En effet, le sceau de la mort se voyait visiblement sur le front de la pauvre enfant agonisante.

Mais la mort, en la touchant du bout de son aile, avait encore ajouté quelque chose à sa beauté.

L'ovale amaigri de son visage offrait des contours d'une pureté idéale.

La fièvre colorait ses lèvres et ses joues et donnait à ses yeux l'éclat du diamant.

Son regard semblait sourire à un autre monde dans lequel elle allait entrer.

Une sorte d'auréole brillait autour de cette admirable tête et la rendait sublime.

— Mon enfant, lui dit le jeune prêtre, vous m'avez fait appeler : me voici...

— Merci, mon père, répondit Norine, merci d'être venu sans retard !... Vous le voyez, le temps pressait...

— Eh bien ! mon enfant, je suis auprès de vous, j'y suis au nom de Dieu, au nom du Dieu d'indulgence et de miséricorde... Parlez, que voulez-vous de moi ?...

— Réclamer le secours de votre saint ministère, — vous prier de m'entendre en confession...

— Me voici prêt....

— Mon père, éclairez-moi d'abord, montrez-moi la lumière et la vérité, car mon ignorance est complète, elle me fait honte et elle m'épouvante...

— Vous croyez en Dieu, n'est-ce pas ?...

— Oh ! de toute mon âme...

— Ce Dieu, vous l'aimez ?...
— Je n'espère qu'en lui, mon père...
— Vous vous repentez des fautes que vous avez commises et qui l'ont offensé ?...
— Oui, mon père, je m'en repens... je m'en repens du fond du cœur...
— Vous savez qu'il peut vous punir ?...
— Je le sais, et je tremble...
— Vous savez aussi qu'il est infiniment bon, qu'il peut vous pardonner, et qu'il vous pardonnera si votre repentir est sincère et profond ?...
— Je le sais et j'espère...
— Eh bien! mon enfant, puisque vous avez la foi, le repentir et la confiance, c'est à Dieu que nous allons demander de faire le reste et de vous purifier dans les eaux saintes de l'absolution... Élevez vers lui votre âme, recueillez votre pensée et parlez, je vous écoute...

Le prêtre s'inclina près du lit.

La jeune fille baissa sa tête charmante sur sa poitrine déchirée et interrogea son cœur et ses souvenirs.

Raphaël s'était agenouillé à l'extrémité la plus reculée de la chambre, de façon à ce qu'aucune des paroles de Norine ne pût arriver jusqu'à lui.

Et certes, en ce moment, cette chambre funèbre présentait un spectacle touchant et solennel.

Raphaël, cet homme si souvent foudroyé par le malheur et dont nous connaissons l'existence étrange et bouleversée, Raphaël sanglotait comme un enfant.

Cette jeune fille près de mourir lui rappelait d'une façon déchirante Mathilde et Émilie, toutes les deux mortes pour lui...

Mathilde surtout, à laquelle nous savons que Norine ressemblait tant.

Le prêtre ne pouvait se défendre d'une émotion profonde.

Norine seule était calme.

Le prêtre acheva sa prière.

La jeune fille venait d'interroger le passé et de prome-

14.

ner sur sa vie entière ce regard de l'âme, ce regard lucide et profond que le ciel accorde aux mourants.

Elle releva la tête.

— J'écoute... répéta le prêtre.

— Pardonnez-moi, mon père, murmura la jeune fille, pardonnez-moi parce que j'ai péché...

Puis la confession commença. . . . .
. . . .

Quand tout fut fini, quand Norine épuisée se tut, quand le prêtre eut prononcé sur elle les paroles sacramentelles de l'absolution qui, pareilles à l'eau du baptême, font d'une âme coupable une âme immaculée, une sorte de lueur, douce et vive tout à la fois, sembla rayonner autour du front de la jeune fille.

L'amour terrestre qui l'avait unie à Jules s'était épuré soudainement...

Elle avait pardonné à sa mère, à sa mère et à tous ceux qui lui avaient fait tant de mal...

Il n'y avait plus dans son cœur ni une pensée coupable ni une aspiration terrestre...

Elle était chaste, elle était sainte.

Alors, oh! alors les anges du ciel durent battre des ailes...

Une de leurs sœurs venait de leur être rendue...

Presque aussitôt après cette réconciliation avec Dieu, les premiers symptômes de l'agonie se manifestèrent.

Une crise de douleur aiguë assaillit la pauvre enfant.

Elle porta les deux mains à sa poitrine, et elle murmura, au milieu de gémissements entrecoupés :

— Que je souffre !... mon Dieu !... que je souffre !...

— Du courage, ma fille, répondit le jeune prêtre; offrez ces souffrances à celui qui, pour vous, a tant souffert, à celui qui, pour vous, est mort sur une croix...

Et il mit dans la main droite de Norine un petit crucifix.

— Oui, balbutia la jeune fille, à vous, mon Dieu... à vous !...

Et elle appuya sur ses lèvres le crucifix qu'elle venait de recevoir.

Soudain, et comme par miracle, l'expression de ses traits changea.

Une joie surhumaine, une béatitude infinie rayonna sur son visage dont la beauté parut divine.

Ses yeux s'animèrent et semblèrent contempler un spectacle inattendu et d'une inconcevable magnificence.

Elle se souleva à demi, et ses lèvres murmurèrent avec une extase véritable :

— Que c'est beau !... que c'est beau !

Sans doute elle entrevoyait le ciel.

Ces mots furent les derniers qu'elle prononça.

Ses longues paupières redescendirent à demi sur ses grands yeux dont l'éclat s'éteignit.

Elle retomba doucement en arrière.

Sa respiration s'arrêta, mais le sourire de ses lèvres ne s'effaça point.

Elle eut l'air d'un ange endormi.

— C'est fini... dit tout bas le prêtre. Ame chrétienne, montez au ciel...

— Fini !... répéta Raphaël en étouffant un sanglot.

Puis tous les deux s'agenouillèrent l'un près de l'autre et prièrent pour la pauvre Norine.

§

Deux heures après l'agonie si douloureuse et si touchante que nous venons de raconter, une voiture de place s'arrêtait devant le n° 7 de la rue de Paradis-Poissonnière.

Raphaël descendit de cette voiture, franchit l'allée, et, s'adressant à notre vieille connaissance, Baptiste Médard, il lui demanda madame Picard.

— Elle y est, mossieu... répondit le portier, et il indiqua l'étage.

Raphaël monta.

Irma vint lui ouvrir la porte.

— Qu'y a-t-il pour le service de monsieur ?... fit-elle en voyant une figure inconnue.

— Mettez un châle, un chapeau, et venez avec moi, répondit brièvement Raphaël.
— Avec vous !... répéta Irma stupéfaite.
Raphaël fit un signe affirmatif.
— Mais, monsieur, s'écria madame Picard, je ne vous connais ni d'Ève ni d'Adam !...
— Qu'importe !...
— Il importe beaucoup !... Qui êtes-vous ?...
— Cela ne vous regarde pas.
— Dites-moi qui vous êtes, ou je crie : *A la garde* !...
— Si vous criez : *A la garde* !... c'est vous que la garde arrêtera.
— Moi !...
— En voilà assez !... Venez...

Et Raphaël, tout en parlant, tira de son portefeuille et montra à Irma sa carte d'agent de police.

La misérable femme devint tremblante aussitôt.
— La police !... murmura-t-elle ; que me veut la police ?...
Raphaël ne répondit pas.
Soudain un rayon de lumière traversa l'esprit d'Irma.
— Est-ce que ma fille est retrouvée ?... fit-elle.
— Oui, répliqua Raphaël d'une voix sombre.
— Et vous me conduisez auprès d'elle ?...
— Oui.
— Venez, alors, venez... dit Irma dont la frayeur se dissipait peu à peu. Il n'est pas gracieux, ce monsieur, pensait-elle en même temps ; mais, bah ! il ne me mangera pas, après tout !...

Elle mit à la hâte un châle et un chapeau, elle ferma la porte et elle descendit avec Raphaël qui la fit monter à côté de lui dans le fiacre.

Chemin faisant, elle essaya, à deux ou trois reprises, de lui adresser la parole.

Elle n'en obtint pas un seul mot de réponse.
— Allons !... pensait-elle de plus en plus, décidément, il n'est pas gracieux du tout !...

§

Raphaël et Irma entrèrent dans la chambre mortuaire.
Quatre cierges brûlaient autour de la couche funèbre.
Le drap du lit couvrait le visage de la jeune morte.
Raphaël s'arrêta sur le seuil.
— Où est ma fille?... demanda Irma.
Raphaël prit cette mère infâme par le poignet.
Il la traîna jusqu'auprès du lit, et, découvrant tout à coup la pâle figure de Norine, il répondit :
— La voilà, votre fille, misérable femme ! la voilà, morte !... assassinée par vous !...
Irma poussa quelques cris.
Elle essaya quelques contorsions.
Elle s'efforça de simuler quelques larmes.
Mais ses yeux éraillés étaient aussi secs que son ignoble cœur.

ÉPILOGUE. — LA VENGEANCE.

I

MAUBERT.

Nous voici arrivés à peu près au terme de notre tâche.
Nous touchons aux dernières pages de ce long roman qui s'est appelé tour à tour *les Confessions d'un Bohême*, *e Vicomte Raphaël* et *les Oiseaux de Nuit*.

Au moment où nous avons vu pour la dernière fois le baron de Maubert, sa position était désespérée.

Depuis le vol commis à son préjudice par Carillon, pendant la nuit de Marly-la-Machine, vol dont Camisard avait profité comme nous savons ; depuis, surtout, l'empoisonnement de la malheureuse Émilie, Maubert n'était jamais venu à bout de ressaisir complétement la fortune.

Il avait vécu au hasard, au jour le jour, explorant tous les pays du monde, ourdissant partout des trames d'une monstrueuse habileté et n'arrivant à aucun résultat satisfaisant.

Peut-être un bandit d'un ordre inférieur se fût-il contenté des produits de l'infâme industrie de Maubert.

Mais nous connaissons le baron.

Il n'était pas homme à glaner dans les champs dorés et ensanglantés du crime.

Il lui fallait une riche moisson, il lui fallait une large curée.

Depuis bien longtemps son rêve était de posséder un million.

Ce million, il s'était promis de le réaliser ou de périr à la tâche.

Un jour, Maubert prit un grand parti.

Il résolut de venir se jeter tête baissée au centre du péril, mais aussi dans le seul lieu du monde qui fût digne d'un homme tel que lui.

On devine que nous voulons parler de Paris.

Qui sait ?

Peut-être à Paris retrouverait-il Camisard, et, avec Camisard, les huit cent mille francs disparus.

Une fois cette résolution bien arrêtée, Maubert ne perdit pas un instant.

Grâce à ce merveilleux talent de transformation qu'il possédait à un si haut point, il se composa une demi-douzaine d'individualités nouvelles, et il affronta les yeux toujours ouverts de cet argus parisien qu'on nomme la police.

Nous savons que le hasard parut d'abord le servir à merveille.

Nous savons qu'il retrouva Camisard et qu'il le reconnut, malgré tous les changements survenus dans sa personne et malgré le prestigieux pseudonyme de baron de Landerhausen.

Nous savons enfin comment il s'y prit pour lui être présenté et pour s'introduire dans son intérieur en qualité de valet de chambre.

Maubert touchait au but.

Son cœur de bronze dut tressaillir.

Il dut croire que son étoile allait reparaître au ciel, plus brillante, plus lumineuse que jamais.

Maubert se trompait.

Nous avons assisté, chez Fritz Ritter, à cette scène bouffonne et sinistre, terminée par un assassinat.

La fortune railleuse semblait ne s'offrir au baron que pour lui glisser de nouveau entre les doigts.

Il fallut toute l'infernale présence d'esprit, toute la diabolique rouerie de Maubert, pour échapper à la police en cette occurrence, pour dépister surtout les regards si clairvoyants et si haineux de Raphaël.

Une fois sorti, comme par miracle, de la maison de la rue Saint-Lazare, Maubert se trouva libre, mais, nous le répétons, dans une situation déplorable et désespérée.

Il comprenait à merveille qu'avant que cinq minutes se fussent écoulées, on aurait constaté que le prétendu valet de chambre de Camisard n'était autre que lui, Maubert.

Cette découverte allait mettre à ses trousses toute la brigade de sûreté.

Il était à bout de ressources.

Comment s'en procurer sans attirer sur lui l'attention d'une façon dangereuse et fatale ?...

Aucun expédient ne se présenta à son esprit, si inventif cependant.

Il se dit seulement que le séjour de Paris lui était désormais impossible, et il se décida à n'y point rester une heure de plus.

En conséquence, il gagna en toute hâte le logis qu'il occupait dans une maison de la rue de Miromesnil.

Là, il quitta sa défroque de valet de chambre et il revêtit à la place un pantalon gris flottant, un gilet de cachemire un peu large, une redingote brune un peu longue.

Ce costume, complété par un chapeau de l'année précédente posé sur une perruque frisottante, par des bas blancs, des souliers cirés, une chaîne de montre à breloques et des gants verdâtres, lui donna l'air du plus inoffensif de tous les bourgeois.

Ceci fait, il mit dans l'une de ses poches le peu d'argent qu'il possédait, dans l'autre un petit pistolet à deux coups et un passeport dont le signalement s'accordait avec son apparence actuelle.

Puis il quitta son logis pour n'y plus rentrer.

Il se dirigea pédestrement vers les Champs-Élysées qu'il suivit jusqu'à la barrière de l'Étoile, de l'air inoccupé et badaud d'un oisif qui se promène pour tuer le temps.

Mais, sous cette apparence calme et placide, se cachaient une âme bouleversée et des angoisses pleines de terreur.

La main de Maubert serrait convulsivement la crosse de son pistolet dans la poche de son pantalon.

Il lui semblait toujours qu'il était suivi et qu'il allait sentir une main lourde se poser sur son épaule.

Chaque sergent de ville qu'il rencontrait sur son chemin lui semblait le regarder avec une persistance étrange et inquiétante.

Maubert était démoralisé.

Ce n'était plus cette nature de fer, ou plutôt d'acier, qui n'avait jamais peur et se riait de tout.

Maubert, ce colosse du crime, s'amoindrissait à vue d'œil.

Aucune de ses prévisions craintives ne se réalisa cependant.

Il fit le tour de Paris par les boulevards extérieurs, jusqu'à la Villette, où il se reposa pendant un instant dans un café borgne.

Ensuite il se remit en chemin.

Il comptait se rendre en Belgique.

II

L'HOTEL DE LA POSTE.

C'était au commencement de l'hiver qui suivit les événements par lesquels se termine la seconde partie de ce livre.

Nous prions nos lecteurs de vouloir bien se transporter avec nous dans un petit village situé à deux ou trois lieues de Landrecies, non loin de la frontière de Belgique.

Huit heures du soir venaient de sonner.

Il faisait ce que dans le langage familier on est convenu d'appeler *un temps infernal*.

C'est-à-dire que la tourmente grondait au ciel, que la pluie fouettait, que le vent sifflait avec rage.

Pas un être animé, homme ou bête, ne se hasardait dans la rue principale du village, rue sombre et déserte par conséquent.

En un seul endroit, des lueurs assez vives s'échappaient des fenêtres d'une maison plus grande que les autres.

Cette maison était tout à la fois un relais de poste et une auberge.

Au-dessus de la porte cochère se balançait une enseigne de tôle, ballottant sur des gonds criards et qui portait en lettres noires ces mots :

HOTEL DE LA POSTE AUX CHEVAUX.

Pénétrons, s'il vous plaît, dans la grande pièce du rez-de-chaussée, pièce qui servait tout à la fois de cuisine et de salle commune.

Nous ne décrirons point l'intérieur de cette salle.

Contentons-nous de dire qu'il était noir et enfumé comme un tableau flamand qu'un brocanteur ou qu'un amateur n'a pas encore décrassé.

Un grand feu brûlait dans une cheminée de proportions gigantesques.

Devant ce feu il y avait trois individus.

Deux appartenaient à l'espèce humaine, le troisième à la race canine.

Les deux hommes se chauffaient et fumaient leur pipe.

Le chien, un caniche noir, pelé et honteux, remplissait humblement le modeste emploi de tourne-broche.

L'hôte, gros homme au ventre de Falstaff et à la trogne de Silène, sa femme et deux servantes complétaient en ce moment le personnel de la salle commune.

Les deux hommes que nous venons de montrer fumant paisiblement devant l'âtre avaient l'apparence, le costume et l'allure de ces marchands forains qui promènent de village en village, par toute la France, leurs carrioles chargées de marchandises variées.

Ils portaient des blouses de toile blanche par-dessus leurs habits de gros drap, et, quand ils faisaient quelque mouvement, on entendait le cliquetis argentin des pièces de cent sous qui s'entre-choquaient dans leurs poches.

L'un des deux se retourna.

— Eh! l'hôte! fit-il.

L'aubergiste accourut.

— Qu'y a-t-il pour votre service, messieurs? demanda-t-il d'un air souriant.

— Il me semble que le gigot doit être cuit, reprit son interlocuteur.

— Je le crois aussi, messieurs.

— Eh bien! qu'attendez-vous?...

— Pour vous servir?...

— Oui.

— J'attends vos ordres.

— Nous vous les donnons, servez.

— Il suffit. — Dans une demi-minute vous serez à table...

En effet, le gigot quitta la broche pour prendre place dans un large plat de faïence blanche à fleurs bleues.

Il fut posé sur une petite table qui supportait en outre deux couverts et deux bouteilles de vin, et l'aubergiste cria :

— Voilà, messieurs, voilà...

Les voyageurs prirent place à table et commencèrent à souper de bon appétit.

Au dehors l'ouragan redoublait d'impétuosité et la maison semblait craquer de la base au sommet.

L'hôte s'approcha d'eux.

— Ces messieurs entendent? demanda-t-il d'un air de sollicitude.

— Quoi?...

— L'orage.

— Parbleu... si nous l'entendons?... sans doute...

— Et ces messieurs comptent toujours se mettre en route tout à l'heure?...

— Certainement.

— Mais c'est de la folie!...

— Pourquoi donc?...

— La nuit est noire comme un four, on ne voit goutte à deux pas devant soi...

— Qu'importe?... Nous connaissons le chemin et d'ailleurs nous avons des lanternes à notre carriole.

— Le vent souffle à décorner des bœufs... vous n'avancerez pas...

— Nous irons plus lentement, voilà tout.

— La pluie vous aveuglera.

— Nous nous mettrons à l'abri derrière les rideaux de cuir.

— Enfin, reprit l'aubergiste qui semblait garder cet argument pour le dernier, je parierais volontiers cinq cents francs contre cent sous, que vous ne traverserez pas le bois des Trois-Chênes, d'un temps pareil, sans être attaqués...

Les deux voyageurs échangèrent un regard qui passa inaperçu de l'aubergiste.

Puis celui qui prenait le plus volontiers la parole s'écria :

— Attaqués, dites-vous!...

— Mon Dieu, oui.

— Et, par qui?...

— Eh! fit l'hôte, par les voleurs, donc?...

— Par les voleurs! répéta l'étranger; est-ce que vous en avez, dans les environs?...

L'aubergiste prit un air stupéfait.

— Est-ce que vous ne le saviez pas?... demanda-t-il

— Non, ma foi.
— C'est étonnant!...
— Pourquoi cela?...
— Parce qu'on ne parle dans tout le pays que de la bande du bois des Trois-Chênes...
— Vraiment?...
— C'est comme j'ai l'honneur de vous le dire.
— Et cette bande est nombreuse?...
— C'est probable, car, chaque jour, ou plutôt chaque nuit, il y a des voyageurs arrêtés, dévalisés, et, qui pis est, assassinés...
— Et cela dure depuis longtemps?...
— Depuis deux ou trois mois, à peu près.
— Eh bien! et la gendarmerie, que fait-elle?...
— Ce qu'elle fait?...
— Oui.
— Elle cherche.
— Et elle ne trouve pas?...
— Mon Dieu, non.
— C'est fâcheux.
— Oh! monsieur, c'est plus que fâcheux, c'est désolant!... Si cela dure encore longtemps, cela fera un tort irréparable à mon auberge; on passera par un autre chemin pour éviter le bois des Trois-Chênes...
— Et l'on aura raison, s'il est aussi dangereux que vous le dites...
— Il l'est, messieurs, il l'est horriblement; aussi j'espère bien que vous ne songez plus à braver le péril, et que vous passerez la nuit ici...
— Impossible!

La figure de l'aubergiste exprima la plus profonde stupeur, et il laissa tomber ses deux bras le long de son corps.
— Quoi?... s'écria-t-il ensuite, ces messieurs veulent partir malgré tout?...
— Plus que jamais; nous ne craignons pas les voleurs.

L'hôte fit un geste qui signifiait clairement :
— Dame!... j'ai fait tout ce que j'ai pu pour les retenir, maintenant je m'en lave les mains...

L'étranger reprit :
— Vous avez eu bien soin de notre cheval, n'est-ce pas?
— Oui, messieurs, il a été traité comme vous-mêmes...
— A merveille; voici notre souper bientôt achevé, faites en sorte qu'on attelle, je vous prie.
— Manette! cria l'hôte à une de ses servantes, va dire à Pierre d'atteler le cheval à la carriole de ces messieurs.

Manette regarda son maître d'un air ébahi et ne bougea pas.
— Eh bien! n'as-tu pas entendu?...
— Que si!... que si!... fit la servante, mais elle ne s'avança point vers la porte.
— Vous voyez, messieurs, dit l'aubergiste en se tournant vers les voyageurs, la pauvre fille ne peut se figurer que vous allez ainsi vous jeter dans la gueule du loup...

Mais, comme il surprit un geste d'impatience de la part de ses interlocuteurs, il se hâta d'ajouter :
— Allons, Manette, allons, trotte, ma grosse...
La servante sortit.

Les deux hommes quittèrent la table, payèrent leur dépense, puis retournèrent s'asseoir auprès de la cheminée, en attendant que tout fût prêt pour leur départ.

Alors ils échangèrent quelques mots à voix basse.
— Raphaël, dit l'un d'eux à son compagnon, espères-tu que cette fois nous aurons enfin la chance?...
— Oui, répondit Raphaël, je l'espère, Carillon, cette fois ou jamais!...
— Il faudra bien que le diable se fatigue à la fin de protéger ce bandit!...
— J'espère en Dieu qui se lassera de laisser tant de crimes impunis!... Tu as les couteaux?...
— Oui, les couteaux et les pistolets...
— Et les cordes?...
— Dans la voiture...
— Bien...

La grosse servante vint annoncer que le cheval était à la carriole.

Raphaël et Carillon se dirigèrent vers la porte de la salle commune.

III

ENCORE UN VOYAGEUR !...

Au moment où Raphaël ouvrit cette porte, une véritable trombe de vent s'engouffra dans la chambre avec un bruit sourd et éteignit les trois ou quatre chandelles qui brûlaient à droite et à gauche sur les tables.

La grosse servante fit dévotement le signe de la croix.

— Miséricorde !... murmura l'hôte, autant vaut dire que ce sont des gens perdus !...

L'hôtesse plaignit intérieurement les voyageurs.

Raphaël et Carillon ne reculèrent point.

La carriole les attendait devant la porte.

Les deux lanternes allumées projetaient au-devant de chaque roue un faible cercle lumineux.

Le cheval, attelé entre les brancards et transi par la pluie et la bise, frissonnait de tous ses membres et baissait piteusement la tête.

Raphaël et son compagnon montèrent en voiture.

Carillon prit les guides.

Il fouetta le cheval qui se mit lentement en marche, et le modeste équipage franchit la porte cochère et s'engagea dans la longue et sombre rue du village.

— Les voilà partis !... dit l'hôtesse d'un ton compatissant.

— Ils l'ont voulu ! répliqua l'hôte, bon voyage !... mais je sais bien qu'à l'heure qu'il est j'aime mieux être dans ma peau que dans la leur !...

Puis, avec un sentiment d'égoïsme bien naturel dans

sa position, il revint s'asseoir au coin de son feu dont il savoura voluptueusement la douce et vivifiante chaleur.

Cinq minutes s'étaient à peine écoulées quand on entendit dans la rue un grand bruit de roues et de grelots, entrecoupé de claquements de fouet et de jurons sonores.

Une voiture s'arrêta devant la porte de l'hôtellerie.

— Bah !... s'écria l'hôte, encore des voyageurs !...

— On dirait une chaise de poste... hasarda la grosse servante.

— C'en est pardieu bien une ! voilà qu'on détèle, nous allons avoir du monde à souper et à coucher cette nuit...

Au moment où l'hôte prononçait ces paroles, la porte extérieure s'ouvrit et deux nouveaux personnages entrèrent dans la salle commune.

C'était d'abord un homme d'un âge indéfinissable, d'une haute taille, d'une maigreur extraordinaire, se tenant droit comme à trente ans, mais dont les cheveux blancs et le visage flétri et ridé semblaient attester la vieillesse déjà avancée.

Vu par derrière, ce problématique personnage semblait jeune encore.

Sa figure seule avait quatre-vingts ans.

Peut-être atteignait-il en effet cet âge.

Peut-être de longues souffrances étaient-elles la cause de cette vieillesse prématurée.

Ce nouvel arrivant était vêtu comme un banquier qui voyage, c'est-à-dire avec une fastueuse ampleur.

Sur son habit bleu barbeau à boutons de métal brillant, il portait un magnifique paletot blanc, splendidement garni de fourrures.

C'était riche et de mauvais goût.

Derrière lui venait un domestique dont la livrée disparaissait sous un grand manteau à plusieurs collets.

Ce domestique tenait sous son bras une petite valise de cuir.

L'hôte salua avec toute la respectueuse déférence que

lui semblaient mériter un paletot blanc garni de fourrures, un domestique en livrée et une chaise de poste.

— Monsieur me fait sans doute l'honneur de souper ici ?... demanda-t-il avec une mielleuse obséquiosité.

— Non, répondit laconiquement l'étranger.

— Monsieur désire-t-il une chambre ?...

— Inutile.

— Monsieur ne couche donc pas à l'hôtel ?...

— Non.

— Mais alors, que veut monsieur ?...

— Un bol de vin chaud très-épicé, des cigares et des chevaux de poste...

— Monsieur repart !... s'écria l'hôte.

— Oui.

— Ce soir ?...

— Dans une demi-heure.

— Pour Paris ?...

— Vous êtes trop curieux, l'ami, et je n'aime pas les questions, répliqua sèchement le voyageur.

— Pardon... murmura l'hôte avec confusion; si je me permettais d'interroger monsieur, c'est que, dans son intérêt, je croyais avoir une raison pour le faire...

— Une raison ?... laquelle ?

— Celle-ci...

Et l'hôte entra dans tous les détails qu'il avait déjà donnés à Raphaël et à Carillon, à propos de la bande de voleurs du bois des Trois-Chênes.

Le nouveau-venu l'avait écouté sans l'interrompre.

Quand le récit de l'aubergiste fut achevé, il sourit d'un air d'incrédulité dédaigneuse.

— Je ne crois guère aux dévaliseurs de grands chemins, dit-il ensuite, et, d'ailleurs, s'ils se présentent, ils trouveront à qui parler, entre Bénédict et moi; nous avons huit coups à leur service...

Et, tout en parlant, le voyageur aux cheveux blancs tirait de chacune de ses poches un joli pistolet à deux coups.

Son domestique en faisait autant.

L'étranger reprit :
— Vous voyez que nous sommes en mesure ; je vous répète donc qu'il me faut trois choses : du vin chaud, des cigares et des chevaux, et que, ces trois choses, il me les faut tout de suite...

L'aubergiste hocha la tête.
— Le vin et les cigares, dit-il, c'est facile, mais quant au reste...
— Eh bien ?
— C'est impossible.
— Allons donc !
— Complétement impossible.
— Et pourquoi ?...
— Ah ! ce ne sont pas les chevaux qui me manquent...
— Sont-ce les postillons ?...
— Pas davantage. J'en ai deux, à l'heure qu'il est, qui dorment au grenier, sur le foin...
— Enfin, expliquez-vous, qu'y a-t-il ?...
— Il y a que ces postillons sont moins braves ou moins confiants que vous et qu'ils ne voudront pas marcher.
— Vous croyez ?...
— J'en suis sûr.
— Nous allons voir. Allez leur offrir de ma part soixante francs de guides pour la poste prochaine...
— Soixante francs !...
— Oui. Accepteront-ils ?...
— Je n'en sais, ma foi ! rien...

L'hôte sortit.

Quand il rentra au bout d'un instant, il hochait la tête de plus belle.
— Je savais bien, fit-il ; les drôles tiennent à leur peau.
— Ils refusent ?...
— Parfaitement.
— Je doublerai la somme.
— Vous la décupleriez que ça serait en pure perte ! ils ont répondu qu'ils ne marcheraient ni pour or ni pour argent...

Le voyageur frappa du pied la terre avec une impatience toute juvénile, qui contrastait étrangement avec son visage ridé et ses cheveux blancs.

— Il faut cependant que je parte !... murmurait-il.

Il sembla réfléchir pendant deux ou trois minutes, puis il s'écria :

— Il y a un moyen...

— Lequel ?... demanda l'hôte curieusement.

— Combien valent vos chevaux ?...

— Mes chevaux ?... Monsieur désire savoir combien ils valent ?...

— Oui.

— Est-ce que monsieur veut me les acheter ?...

— Répondez à ma question, s'il vous plaît.

— Eh bien ! ils valent l'un dans l'autre cinq cents francs.

— C'est mille francs la paire ?

— Juste.

Le voyageur prit dans sa poche un portefeuille.

Il l'ouvrit.

Il en tira un billet de banque de mille francs, et le présenta à l'hôte, en lui disant :

— Je dépose ceci entre vos mains, comme garantie du prix de deux chevaux que vous allez, non pas me vendre, mais me confier ; à mon retour, s'il n'est point arrivé d'accident à votre attelage, vous me rendrez mes mille francs.

— Cela peut se faire, mais qui conduira monsieur ?...

— Mon valet de chambre ; est-ce convenu ?...

— Puisque monsieur y tient tant, je le veux bien...

— Alors ne perdez pas un instant et que les chevaux soient à ma voiture dans dix minutes...

L'hôte quitta la salle commune pour faire exécuter les ordres de ce voyageur qui semblait tellement pressé de partir et qui alla s'asseoir devant le foyer, à la même place qu'avait occupée Raphaël si peu de temps auparavant.

Tandis qu'avaient lieu tous les pourparlers au courant

desquels nous venons de mettre nos lecteurs, l'hôtesse avait posé sur une table un grand bol rempli de vin chaud, saturé de cannelle et de clous de girofle, et une soucoupe chargée de cigares.

Le voyageur en alluma un.

Il en choisit quelques autres qu'il mit dans sa poche.

Il se versa coup sur coup trois grands verres du breuvage aromatisé qu'il avala d'un trait.

Puis il fit servir le reste à Bénédict, qui ne tarda guère à vider complétement le bol.

Un cliquetis de grelots annonça presque aussitôt qu'on était en train d'atteler la chaise de poste.

Cinq minutes après, l'étranger remontait dans sa voiture, Bénédict se mettait en selle, et l'équipage s'éloignait à grand bruit dans la direction du bois des Trois-Chênes.

— Ils sont tous fous !... murmura l'aubergiste.

Puis il ajouta à haute voix :

— Maintenant il est vraisemblable qu'il ne viendra plus personne. Qu'on ferme portes et volets, qu'on éteigne le feu et qu'on se couche...

L'hôtel de la *Poste* ne tarda point à être plongé dans le silence et l'obscurité.

IV

LE BOIS DES TROIS-CHÊNES

Suivons, s'il vous plaît, la carriole qui emmenait dans la direction du bois des Trois-Chênes Raphaël et Carillon.

L'ouragan ne diminuait point d'intensité !

La pluie, tombant depuis le matin, avait défoncé les

routes, et de larges flaques d'eau et de boue formaient çà et là de véritables fondrières.

Le vent fouettait les naseaux du cheval et l'empêchait d'avancer.

La malheureuse bête trébuchait à chaque pas, et Carillon ne parvenait à la faire marcher qu'à grand renfort de coups de fouet appliqués sur sa maigre échine.

Pendant une heure à peu près, il n'y eut pas une seule parole échangée entre les deux agents de police.

Un espace de trois lieues, environ, avait été franchi par eux.

Raphaël fut le premier qui rompit le silence.

— Quel temps!... murmura-t-il à demi-voix et comme se parlant à lui-même.

Carillon l'entendit.

— Oui, répondit-il, quel temps!... On dirait que tous les diables de l'enfer sifflent déchaînés autour de nous!...

Et, au bout d'un instant, il ajouta :

— J'ai grand'peur, sais-tu, que nous ne fassions pas encore cette nuit de la bonne besogne...

— Pourquoi donc? demanda vivement Raphaël.

— Parce que, si démon qu'il soit, celui que nous cherchons doit, par un temps pareil, être en train de dormir tranquillement dans sa tanière...

— Peut-être as-tu raison, répliqua Raphaël, mais, cependant, j'espère... je ne sais quel pressentiment me dit que nous réussirons, et je crois aux pressentiments...

Carillon hocha la tête d'un air assez sceptique, mais il ne répondit rien.

Une demi-heure se passa ainsi.

Puis, soudain, les deux pieds de devant du cheval heurtèrent un tronc d'arbre renversé par la tempête en travers de la route. Il s'abattit et ne put se relever.

Carillon sauta en bas de la carriole et s'aperçut que le malheureux quadrupède venait de se briser une jambe.

— Tonnerre!... s'écria-t-il : nous voilà frits!...

— Comment cela?...

— Notre remorqueur s'est cassé la patte...

Raphaël descendit à son tour et se convainquit de la réalité de l'accident.

— Comment faire?... demanda Carillon.

— Il n'y a qu'un parti à prendre...

— Lequel?...

— Éteindre les lanternes, laisser là la voiture jusqu'à demain matin et retourner à l'hôtel de la Poste...

— Ainsi, nous remettons notre expédition à la nuit prochaine?...

— Il le faut bien.

— Je t'approuve, mon cher ami. Voilà les lanternes éteintes ; maintenant en route, et vivement, car nous avons un fier ruban de queue à défiler, avant d'atteindre le village...

Les deux hommes, désappointés et découragés comme bien on pense, retournèrent sur leurs pas.

Ils marchaient depuis dix minutes et ils venaient d'atteindre le sommet d'une côte assez élevée, quand ils virent à quelque distance deux lumières qui s'avançaient rapidement de leur côté.

— Tiens ! fit Carillon, une voiture...

— Et qui va bon train... ajouta Raphaël.

— J'ai une idée... reprit Carillon.

— Une idée ?

— Oui, et une fameuse, encore...

— Voyons.

— Cette voiture, qui doit être une chaise de poste, à en juger par la façon dont elle file, passera nécessairement par le bois des Trois-Chênes...

— Eh bien !

— Eh bien ! nous n'avons qu'à nous mettre à sa remorque et il est fort possible que nous puissions faire notre coup cette nuit même...

— Tu as raison !... cent fois raison !... s'écria Raphaël avec enthousiasme.

Et les deux hommes attendirent la chaise de poste, qui, nos lecteurs l'ont déjà deviné sans doute, était celle que conduisait Bénédict.

Elle les rejoignit bientôt.

Raphaël et Carillon se hissèrent sur le strapontin de derrière et la voiture les emporta avec elle, à l'insu du voyageur et du postillon.

A l'endroit appelé *le bois des Trois-Chênes*, la route, qui depuis une demi-lieue traversait une vallée boisée, décrivait un coude brusque, et, à la pointe de l'angle aigu formé par ce coude, s'élevaient trois chênes de dimension colossale.

Cet endroit, situé très-loin de toute habitation, avait, même en plein jour, un aspect sauvage et sinistre.

Anne Radcliffe, la romancière aux sombres tableaux, l'eût choisi avec bonheur pour en faire le théâtre des exploits de quelqu'un de ses classiques bandits.

C'est là que, d'après l'hôte de l'hôtel de la Poste, tant de crimes audacieux se commettaient depuis deux mois.

Bénédict, le valet de chambre, devina instinctivement que, s'il y avait péril quelque part, ce devait être en ce lieu.

Il enfonça les molettes de ses éperons dans le flanc de son porteur et cingla au second cheval un vigoureux coup de fouet.

L'attelage redoubla de vitesse.

Mais au moment précis où la chaise de poste franchissait le redoutable passage, un éclair sillonna les ténèbres.

Une détonation retentit.

Une balle siffla dans les airs.

Bénédict, frappé mortellement, poussa un cri sourd et tomba de sa selle sous les roues de la voiture.

Les chevaux, épouvantés, bondirent.

Mais, soudain, ils se cabrèrent en hennissant de douleur.

Ils venaient de se heurter le poitrail contre une corde tendue en travers de la route.

En même temps un homme, un seul, s'élançant de derrière l'un des trois chênes, se précipita vers la voiture dont il ouvrit brusquement la portière.

— Rendez-vous !... cria-t-il, ou vous êtes morts !...

Deux coups de feu tirés par le voyageur à cheveux blancs répondirent à cette sommation.

Le bandit ne fut pas atteint.

Il poussa une exclamation rauque, et riposta par un coup de pistolet tiré à bout portant.

Une sorte de râle sourd, qui succéda à la détonation, lui apprit que sa balle avait frappé juste.

— Bien... murmura-t-il, après tout, j'aime mieux ça ?...

Et, se hissant sur le marchepied, il étendit ses mains dans l'intérieur de la chaise de poste, pour s'assurer de la position du corps de celui qu'il venait d'assassiner.

Quand il retira sa main droite, elle était couverte de sang.

— Bien... fit-il pour la seconde fois.

Et il s'apprêtait à descendre pour aller décrocher une des lanternes de la chaise de poste.

Mais il n'en eut pas le temps.

Quatre bras vigoureux le saisirent à l'improviste, sans qu'il lui fût possible d'opposer la moindre résistance.

Quatre mains de fer l'étendirent, haletant, sur la route boueuse, et Carillon lui dit d'une voix railleuse et stridente :

— Baron de Maubert, vous êtes servi !...

Une lame aiguë et rougie au feu, pénétrant jusque dans le cœur de Maubert (car c'était bien lui) ne lui aurait point arraché un cri pareil à celui qui s'échappa de ses lèvres, quand il entendit ces mots et quand il reconnut cette voix.

Carillon se mit à rire.

— Pas vrai, vieux, lui dit-il ensuite, pas vrai que ça te taquine ?... Hein, mon bonhomme, comme on se rencontre !... Ah çà ! nous exploitons donc les grands chemins, à cette heure ! nous sommes devenu un véritable petit Cartouche !... Eh bien ! parole d'honneur, je m'étais toujours douté que nous finirions comme cela !...

Maubert se tordait comme un serpent.

Carillon tenait ferme et riait de plus belle.

— As-tu de la corde dans ta poche pour lui lier les mains ?... demanda Raphaël.

Maubert poussa un nouveau cri.

— Lui aussi !... lui aussi !... murmura-t-il ; allons, je suis perdu !...

— Mais, franchement, ça me fait assez cet effet-là ! riposta Carillon. Allons, résigne-toi, mon pauvre ami. il faut de la philosophie, que diable ! on n'est guillotiné qu'une fois !...

Puis il ajouta, en répondant à Raphaël :

— Les cordes sont restées dans la carriole, mais j'ai là, dans ma poche, de jolies petites menottes très-bien faites, avec une petite chaînette d'acier, de six pouces de long, gentille à croquer, extrêmement solide... Ça suffira, provisoirement...

Les deux hommes retournèrent le baron et lui attachèrent les mains derrière le dos.

Avec son mouchoir de poche, Carillon lui lia en outre les pieds, et, après l'avoir ainsi rendu incapable de tout mouvement, il alla prendre une lanterne afin de voir si le voyageur était vivant ou mort.

Il lui fut impossible de décider tout d'abord cette question.

L'inconnu avait perdu connaissance.

Le sang ruisselait d'une large blessure, car la balle avait traversé la poitrine de part en part.

Carillon l'installa de son mieux sur la banquette de devant, et il alla aider les chevaux à se relever.

Ils n'étaient qu'étourdis par le choc violent qui les avait renversés.

Bénédict, la tête brisée par le premier coup de feu, était mort et déjà presque froid.

Carillon le releva et plaça le cadavre du domestique à côté du corps inanimé du maître.

Carillon prit les chevaux par la bride, les fit retourner et dit à Raphaël :

— Maintenant, aidons monsieur le baron à monter en

voiture... je lui réserve le coin de droite, il y sera très-bien...

V

LE PÈRE ET LE FILS.

Raphaël et Carillon prirent Maubert par les jambes et par les épaules et le placèrent dans le fond de la chaise de poste, en face des cadavres de ses deux victimes.

La physionomie du baron exprimait un profond abattement, mais on n'y lisait ni le remords de ses crimes, ni le sentiment de l'horreur de sa situation.

Il n'avait plus cette verve sauvage et ce cynisme diabolique qui, jusque-là, ne l'avaient jamais quitté.

Il se voyait complétement perdu et il se taisait.

Carillon présenta à Raphaël la lanterne dont il s'était servi jusque-là.

— Je vais monter à cheval, lui dit-il ensuite, et tâcher de pousser vigoureusement ces rosses efflanquées et couronnées jusqu'à l'auberge de leur propriétaire... Assieds-toi dans la voiture, tiens la lanterne d'une main, un pistolet de l'autre, et brûle la cervelle à notre ami, je ne saurais trop te le conseiller, si par hasard tu lui voyais faire un mouvement qui te déplaise.

Raphaël inclina la tête en signe d'adhésion, et, s'aidant du marchepied, prit place dans la chaise de poste.

Carillon se mit en selle et piqua des deux.

Les chevaux partirent au petit trot.

§

Nos lecteurs ont remarqué sans doute que, depuis le commencement de cette scène, le rôle de Raphaël était à peu près passif et qu'il semblait n'agir que d'après l'impulsion que Carillon lui donnait.

C'est que Raphaël, complétement dominé, complétement écrasé même par son émotion, était en quelque sorte incapable de penser et d'agir.

Au moment où il s'était retrouvé en face de Maubert, de Maubert l'assassin d'Émilie comme il avait été celui de Mathilde, Raphaël avait senti, si nous osons ainsi parler, le chaos se faire dans son âme.

Une idée fixe, une idée unique, une idée ardente, LA VENGEANCE, avait annihilé toute autre sensation.

Dieu avait eu pitié de lui, à la fin!...

Il tenait Maubert!...

Il l'avait en son pouvoir, pieds et poings liés, comme on tient un tigre enchaîné!...

Et, cette fois, il ne le lâcherait pas!...

Sans doute tout ce que nous venons d'écrire se lisait aussi distinctement qu'en ces pages sur le front pâli et contracté de Raphaël, car Maubert, ayant levé les yeux sur lui, les détourna aussitôt avec une instinctive épouvante.

Une haine si profonde et si implacable étincelait dans les regards de l'agent de police, que le baron, voyant le double canon de ce pistolet braqué sur lui, se demanda si Raphaël n'allait pas se faire justice en le tuant à l'instant même.

Maubert pouvait se rassurer.

Sa vie, quant à ce moment du moins, ne courait aucun danger.

Raphaël voulait une vengeance plus complète, un plus réel supplice, une plus lente agonie...

Et d'avance il se repaissait des friandes voluptés de sa haine enfin satisfaite.

Ainsi se passa le temps du trajet.

Pas un de ces deux hommes qui se trouvaient ainsi face à face, dans cette étroite voiture, en tête à tête avec ces cadavres, ne prononça une seule parole.

Maubert frissonnait dans son coin.

Raphaël le tenait en arrêt sous son regard.

Enfin la voiture s'arrêta.

Maubert et Raphaël tressaillirent tous les deux.

On était arrivé.

Carillon descendit de cheval, et, avec le manche de son fouet, il heurta à vingt reprises différentes la grande porte de l'*Hôtel de la Poste*, tandis que de l'autre main il sonnait la cloche à toute volée.

A ce vacarne inusité, l'hôte, l'hôtesse, les servantes s'élancèrent en bas de leurs lits et mirent tous à la fois la tête à la fenêtre.

— Ouvrez !... leur cria Carillon, ouvrez vite, nous vous amenons des vivants et des morts...

Cette phrase étrange remplit d'un effroi bien naturel les têtes à demi éveillées de tous ces braves gens.

L'hôte se demanda tout bas s'il ne ferait pas extrêmement bien de se recoucher et de ne point répondre à cet appel sinistre.

Mais cependant, comme Carillon continuait à frapper et à sonner, il prit le parti de descendre, en bonnet de coton et en caleçon, et d'ouvrir sa porte aux arrivants.

Nous ne décrirons point ici la surprise de cet aubergiste recommandable, nous n'entrerons point dans le détail des exclamations qu'il poussa, lorsqu'il reconnut ses marchands forains de la veille au soir, revenant, non plus avec leur carriole, mais avec la chaise de poste du voyageur à cheveux blancs.

Ce fut bien pis, vraiment, quand on tira de la voiture, d'abord les deux corps inanimés et sanglants, puis Maubert garrotté et couvert de boue.

Pour venir à bout de lui imposer silence, Carillon fut obligé de lui révéler, ce que certes il n'aurait jamais deviné tout seul, que Raphaël et lui étaient deux agents de la brigade de sûreté, envoyés de Paris pour s'emparer du plus dangereux des malfaiteurs.

Ces explications données, on posa dans une salle basse le cadavre de Bénédict, le valet de chambre, on étendit sur un lit le corps du maître dont la mort était encore douteuse et à côté duquel on posa la petite cassette de cuir dont nous avons déjà parlé.

Et, enfin, on remplaça par une bonne corde bien solide et toute neuve le mouchoir de poche qui liait les jambes de Maubert, et Raphaël s'installa à côté de lui, toujours le pistolet au poing, et décidé à ne pas perdre de vue son prisonnier d'une seule minute jusqu'au lendemain matin.

§

Par les soins de l'hôte, on était allé chercher le médecin du village, afin qu'il décidât si le voyageur blessé était mort, ou s'il restait un espoir quelconque de le rappeler à la vie.

Le champêtre docteur ne se fit guère attendre.

Carillon l'accompagna auprès du lit de l'inconnu.

Le médecin examina la blessure et déclara qu'elle était mortelle, mais qu'avant d'expirer l'inconnu reprendrait indubitablement connaissance, ne fût-ce que pour quelques minutes.

Puis, après avoir prononcé cet arrêt, le brave docteur, qui mourait de sommeil, retourna précipitamment se coucher.

Après son départ, Carillon resta pendant un instant debout et immobile, attachant ses regards avec persistance sur le visage du voyageur mourant.

On eût dit qu'il fouillait au fond de sa mémoire pour y trouver des souvenirs qui lui firent faute selon toute apparence, car il hocha la tête d'un air mécontent de lui-même et quitta la chambre.

Il alla rejoindre Raphaël.

— Mon ami, lui dit-il en entrant, ce voyageur assassiné par ce cher baron, le propriétaire de la chaise de poste, l'as-tu regardé, chemin faisant ?

— Non... répondit Raphaël.

— Pas une seule fois ?

— Pas une fois.

— Tu as peut-être eu tort. Fais-moi le plaisir d'aller le dévisager un instant...

— A quoi bon ?...

— Il me semble que j'ai connu cette tête-là, et je ne serais pas fâché d'avoir ton avis à ce sujet...

— Tu y tiens ?

— Oui, beaucoup.

— Soit, j'y vais. Où est-il ?...

— Dans la chambre du premier étage, au bout du corridor, la porte est entr'ouverte...

— Veille à ma place...

— Oh ! sois tranquille... Je te réponds de cet excellent baron... j'en réponds corps pour corps...

Raphaël sortit.

Il suivit les indications de Carillon et gagna la chambre du premier étage.

Deux chandelles, placées sur une petite table à côté du lit, répandaient une lueur faible et indécise.

Raphaël entra.

Au moment où il franchissait le seuil, le blessé fit un faible mouvement et ouvrit les yeux.

Raphaël s'approcha et se pencha vers le moribond.

Mais il recula soudain avec un tressaillement brusque, pareil à celui d'un homme qui vient d'être mordu par un serpent, et il s'écria d'une voix sourde :

— Mon père !... c'est mon père !...

Et Raphaël ne se trompait pas.

Cet homme agonisant, c'était bien en effet Martial de Préaulx, l'ex-amant de Louise de Basseterre, l'ex-intendant de la princesse Olympia.

Martial entendit cette voix et il reconnut Raphaël, quoique ce dernier fût bien changé par les années et par les douleurs.

Il se souleva sur son coude et, faisant signe à Raphaël d'approcher, il lui dit d'une voix entrecoupée déjà par les hoquets de l'agonie :

— C'est toi, mon fils... eh bien ! tant mieux... tu arrives à temps... je vais réparer une partie du mal que je t'ai fait autrefois... Allons, Raphaël, donne-moi ta main et oublie que j'ai agi légèrement à ton égard... il ne faut pas conserver de rancune avec un père qui sera mort dans cinq minutes...

Raphaël, anéanti comme un homme foudroyé, tendit sa main à Martial, qui la pressa faiblement entre les siennes et qui continua :

— Nous n'avons pas un instant à perdre et ce que j'ai à te dire doit avoir des témoins... appelle... appelle... plus il y aura de monde dans cette chambre, mieux cela vaudra... allons... allons... hâte-toi... hâte-toi...

Machinalement Raphaël obéit.

Il agita avec force le cordon de la sonnette.

Tout le monde était sur pied dans l'hôtel.

Cinq ou six personnes accoururent.

L'hôte et sa femme étaient au nombre des arrivants.

VI

L'ÉCHAFAUD.

Martial ne perdit pas un instant.

Il sentait s'approcher la mort, il sentait que dans quelques minutes, peut-être dans quelques secondes, les paroles expireraient sur ses lèvres glacées.

— Donne-moi cette cassette, Raphaël, dit-il d'une voix parfaitement distincte, en désignant la petite valise de cuir, sur laquelle il étendit la main aussitôt qu'elle eut été mise à sa portée.

Puis il se tourna péniblement vers ses auditeurs et il reprit, en saisissant la main de Raphaël :

— Écoutez-moi, écoutez tous, recueillez les dernières paroles, recueillez les dernières volontés d'un mourant... L'homme que vous voyez, l'homme auquel je serre la main dans ce moment est mon fils !... mon fils unique, que je viens de retrouver par un miracle et auquel, vous êtes témoins, je donne cette cassette qui contient toute ma fortune...

Après avoir ainsi parlé, il attira Raphaël à lui, et il ajouta, mais d'une voix plus basse, car il voulait n'être entendu que de celui auquel il s'adressait :

— Je t'avais volé trois cent mille francs, je te rends un million, nous sommes quittes... Et, maintenant, mon enfant, adieu .. je sens que je m'en vais... je meurs...

— Vous vivrez !... vous vivrez, mon père... murmura Raphaël.

Martial fit un geste de dénégation.

— Adieu... répéta-t-il, prie pour le repos de mon âme... cela pourra m'être utile, si vraiment j'avais une âme et s'il y a un autre monde...

Ces paroles, empreintes d'un doute presque blasphémateur, furent les dernières que prononça M. de Préaulx.

Il retomba en arrière.

Ses yeux tournèrent dans leur orbite.

Son cœur cessa de battre.

Il était mort.

Raphaël s'agenouilla et pria pour l'âme de cet homme qui avait été son père.

§

Il ne tiendrait qu'à nous de faire assister ici nos lecteurs à des séances de cour d'assises, de tout point semblables à celles dont se repaissent chaque matin les nombreux abonnés de la *Gazette des Tribunaux*.

Mais à quoi bon ?...

Nous les avons initiés déjà, dans le cours des quinze volumes qui précèdent, à presque tous les détails de la sombre et sanglante odyssée dont Maubert était le héros.

Ce terrible profil est trop bien connu maintenant pour y vouloir ajouter de nouveaux traits.

Disons seulement que Maubert, assis entre deux gendarmes sur la sellette infamante des voleurs et des assassins, y retrouva tout son sang-froid, toute son audace, tout son cynisme.

Il refusa le ministère de l'avocat qui lui avait été nommé d'office, et prétendit se défendre lui-même.

Il le fit avec une verve bouffonne digne de Vautrin, le héros des bagnes.

Pendant huit jours il bafoua les témoins, il railla la justice, il *blagua* (qu'on nous passe cette expression), il blagua le président des assises.

Enfin il entendit sans sourciller l'arrêt qui le condamnait à la peine de mort.

— Bah! fit-il, tandis qu'on le reconduisait en prison, je suis bien aise que ce soit fini, la session me paraissait un peu longue et il y avait parmi messieurs les jurés deux ou trois figures qui m'agaçaient horriblement !... Qu'est-ce après tout que l'échafaud ?... une estrade ! on y voit les choses de très-haut, et j'y monterais avec plaisir si ce gredin de Raphaël venait m'y tenir compagnie !...

On proposa à Maubert de se pourvoir en cassation.

Il refusa net.

— La comédie a duré bien assez longtemps, répondit-il ; le bon public s'impatienterait et casserait les banquettes si on lui faisait attendre le dénouement.

L'aumônier de la prison voulut essayer de le ramener à des sentiments chrétiens de repentir et d'espérance.

Maubert l'accueillit par des plaisanteries infâmes, par des railleries immondes.

Le charitable ecclésiastique se retira désespéré.

A un monstre comme le baron de Maubert, Dieu devait, au moment suprême, refuser le repentir !

. . . .

Il était six heures du matin.

Une brume glaciale et assez épaisse enveloppait les

rues de Lille. C'est à Lille que Maubert avait été jugé, son dernier crime ayant été commis dans la juridiction du procureur du roi de cette ville.

Pendant toute la nuit, des ouvriers avaient travaillé à élever, sur la place habituelle des exécutions, cette hideuse machine qu'on nomme l'échafaud.

Quelques compagnies de soldats défendaient les abords de la funèbre machine.

Une foule assez nombreuse stationnait aux alentours.

Au premier rang des curieux se voyait un homme enveloppé dans un grand manteau et rabattant sur ses yeux son chapeau à larges bords, de telle sorte qu'il était impossible de distinguer les traits de son visage.

Cet homme était arrivé le premier, et il semblait attendre l'exécution avec une fébrile impatience.

Enfin l'heure attendue sonna.

La porte de la prison s'ouvrit et le condamné parut, escorté de ses terribles gardes du corps.

Maubert était excessivement pâle ; mais, grâce à trois ou quatre verres de rhum qu'il venait d'avaler coup sur coup, il ne semblait point défaillant.

L'aumônier était venu faire auprès de lui une suprême tentative.

— Mon brave homme, avait répliqué le baron, puisque vous tenez tant à m'accompagner, soit, accompagnez-moi, et puisque vous voulez absolument parler, passez-vous-en la fantaisie... je penserai à autre chose pendant ce temps-là...

Sans se laisser décourager par cet ignoble langage, le prêtre accompagna l'assassin.

Il espérait encore qu'au dernier moment un rayon de la grâce divine toucherait cette âme endurcie...

Il l'espérait en vain.

. . . .
. . . .

Le cortége lugubre atteignit l'échafaud.

Maubert y monta d'un pas ferme.

— Mathilde, Émilie, Salluces, et vous aussi, mon père,

murmura l'homme au grand manteau et au chapeau rabattu, dans lequel nos lecteurs ont reconnu Raphaël, enfin, vous allez être vengés !...

L'office du bourreau commença.

La *toilette* du condamné avait été faite avant de quitter la prison.

Il ne restait qu'à l'attacher sur la planche à bascule.

— Mon cher ami, dit Maubert à l'exécuteur des hautes-œuvres qui s'acquittait de cette effroyable besogne, vous me croirez si vous voulez, eh bien ! parole d'honneur, je me suis vu souvent dans des situations plus agréables !... Mais, bah !... ce sera sitôt fait !... Vous me répondez de votre joujou, n'est-ce pas ?...

— Comme de moi-même... répliqua le bourreau avec orgueil.

— Allons, tant mieux. Merci, mon cher, et bonsoir la compagnie !...

Tout était prêt.

La lame d'acier glissa comme un éclair entre les deux portants.

La tête ironique du baron roula, séparée de son corps.

La justice des hommes était satisfaite.

Celle de Dieu allait commencer.

VII

POST-ÉPILOGUE.

Nous voudrions pouvoir nous arrêter ici.

Malheureusement c'est impossible.

Nous devons compléter notre tâche en apprenant à nos lecteurs ce que devint notre héros, après sa vengeance accomplie.

D'abord il quitta la police qui pour lui n'était qu'un moyen d'atteindre cette vengeance.

Il ne conserva de la fortune de son père que les trois cent mille francs qu'il pouvait considérer comme lui appartenant légitimement.

Quant aux sept cent mille francs qui complétaient un million et dont l'origine était au moins douteuse, il les fit remettre entre les mains de l'archevêque de Paris pour être employés à des œuvres de charité.

On se souvient peut-être qu'à cette époque, cette libéralité anonyme fut, pour la France entière, un sujet de véritable émotion; on en parla pendant six mois, puis on n'y pensa plus.

Avec les trois cent mille francs qui lui faisaient une véritable aisance, Raphaël résolut de vivre dans le calme et dans la retraite.

Mais le chagrin et l'ennui, ces deux hôtes lugubres, devinrent ses compagnons assidus.

Il n'oubliait ni les douleurs ni les regrets du passé, et, pour lui, l'avenir n'avait plus de but.

Depuis la mort d'Émilie, il avait vécu pour la venger.

Sa vengeance accomplie, il se trouvait en face du vide et du néant.

Mieux eût valu mille fois mourir que de vivre ainsi.

Un jour, Raphaël eut, au milieu de sa morne tristesse, comme un tressaillement de joie.

Il venait de se souvenir des poignantes émotions que donne le jeu, il venait de se dire que peut-être ces émotions pourraient galvaniser ses fibres engourdies.

Il courut au Palais-Royal.

Nous ne savons si, ce jour-là, il gagna ou il perdit, mais, à partir de cette heure fatale, il devint joueur.

Ceci explique la fin de cette existence dont nous connaissons les débuts.

En moins d'un an, et après des alternatives inouïes, Raphaël avait perdu ses trois cent mille francs, et, plus que jamais, l'ardente fièvre du jeu bouillonnait dans ses veines.

A hanter ainsi les tripots, Raphaël avait compromis de nouveau le sentiment de sa dignité morale, sentiment reconquis par lui, jadis, à force de douleurs.

Peu à peu il se plongea dans les plus fangeux abîmes de la vie bohémienne, et, cette fois, il n'en sortit plus.

Rien ne surnagea dans ce grand naufrage, si ce n'est quelques lueurs voilées de sa belle intelligence d'autrefois.

De jour en jour il descendit plus avant dans le gouffre de la débauche...

Et c'est ainsi que l'amant de la duchesse Mathilde, le mari d'un jour de la belle et malheureuse Émilie, devint l'étrange personnage que nous avons présenté à nos lecteurs dans le premier chapitre du premier volume des *Confessions d'un Bohême*, et dont nous terminons aujourd'hui l'histoire.

Nous ne l'avons pas revu depuis.
Nous ne savons s'il vit encore.

FIN

TABLE DES MATIÈRES

I. — Famille déchue	5
II. — Premier amour	11
III. — La traite des Blanches	16
IV. — La toilette de Norine	22
V. — Les clercs	27
VI. — Un amoureux et un portier	33
VII. — Enfin !	39
VIII.— Entrevue et confidence	46
IX. — Une lettre d'amour	53
X. — Mercure galant	58
XI. — La mère et la fille	69
XII. — La réponse de Norine	75
XIII.— Les amoureux	80
XIV. — Amour vrai	86
XV. — Folie furieuse	89
XVI. — L'entente des démons	92
XVII.— Fritz Ritter	95
XVIII.— Le nègre	99
XIX. — Le trajet	105
XX. — Le boudoir	110
XXI. — Rue de Choiseul	117
XXII.— La colère	122
XXIII.— Nouveau traité	127
XXIV.— Le départ	129
XXV. — Paysage	135
XXVI.— L'auberge du Soleil d'or	141
XXVII.— Le pavillon de la Marelle	146

TABLE DES MATIÈRES

XXVIII.	— Une étude d'avoué	154
XXIX.	— La police	165
XXX.	— Raphaël et Norine	171
XXXI.	— Raphaël et Jules	177
XXXII.	— Le départ	184
XXXIII.	— Augustin	190
XXXIV.	— Le valet de chambre	196
XXXV.	— Un bon domestique	201
XXXVI.	— Un bon maître	208
XXXVII.	— Un coup de crosse	213
XXXVIII.	— Jules et Raphaël	219
XXXIX.	— L'entrevue	226
XL.	— Adieu	232
XLI.	— Agonie	238
XLII.	— Pauvre Norine!	243

ÉPILOGUE. — LA VENGEANCE.

I.	— Maubert	250
II.	— L'hôtel de la Poste	253
III.	— Encore un voyageur!	259
IV.	— Le bois des Trois-Chênes	264
V.	— Le père et le fils	270
VI.	— L'échafaud	275
VII.	— Post-épilogue	279

Coulommiers. — Typogr. Albert PONSOT et P. BRODARD.

EXTRAIT DU CATALOGUE DE LA LIBRAIRIE DEGORCE-CADOT

COLLECTION DES ROMANS
A 1 FR. 25 LE VOLUME

BERTHET (ÉLIE)

	Vol.
Le Démon de la Chasse	1
Le Capitaine Rémy	1
La Bête du Gévaudan	2
Les Mystères de la Famille	1
Le Garde-Chasse	1
Le Val d'Andorre	1
La Dernière Vendetta	1
Le Colporteur et la Croix de l'affût	1
Le Bon vieux temps	1
Le Gentilhomme Verrier	1
La Tour du Télégraphe	1
La Directrice des postes	1
Antonia	1
Le Juré assassin	1

BILLAUDEL (ERNEST)

Par-dessus le mur	1
Histoire d'un Trésor	1
Un Mariage légendaire	1
Une Femme fatale	1
Ma Tante Lys	1

BOULABERT (JULES)

La Fille du Pilote	3
Les Catacombes sous la Terreur	2
Le Fils du Supplicié	2
La Femme bandit	4
Les Amants de la Baronne	2

CAPENDU (ERNEST)

Mademoiselle la Ruine	2
Les Colonnes d'Hercule	1
Arthur Gaudinet	2
Surcouf	1

CHARDALL (LUC)

Les Vautours de Paris	2
Le Bâtard du Roi	1
Jarretières de Madame de Pompadour	
Trois Amours d'Anne d'Autriche	1

CHARDALL (LUC) Suite

	Vol.
Le Capitaine Dix	1
Geneviève la Rouge	1

CHATEAUBRIAND (DE)

Tous les volumes ornés de gravures sur acier.

Atala et René	1
Les Natchez	2
Génie du Christianisme	2
Voyage en Amérique	1

DESLYS (CHARLES)

Le Canal St-Martin	2
Le Mesnil-au-Bois	1
La Jarretière rose	1
Les Compagnons de minuit	1
La Marchande de Plaisirs	1

DUMAS (ALEXANDRE)

Vie et Aventures de la princesse de Monaco	2
Mémoires d'un Policeman	1

DUPLESSIS (PAUL)

Juanito le Harpiste	1
Les Peaux-Rouges	1
Les Étapes d'un Volontaire	4
L'illustre Polinario	1
Aventures mexicaines	1
Les Grands Jours d'Auvergne	4
La Sonora	2
Les Boucaniers	4
Une fortune à faire	1

FOUDRAS (MARQUIS DE)

Madame Hallali	1
Lord Algernon	2
Jacques de Brancion	2
La Comtesse Alvinzi	1
Madame de Miremont	1
Soudards et Lovelaces	

EXTRAIT DU CATALOGUE DE LA LIBRAIRIE DEGORCE-CADOT

COLLECTION DES ROMANS
A 1 FR. 25 LE VOLUME (suite).

GONDRECOURT (A. DE)

	Vol.
Mademoiselle de Cardonne	1
Le Légataire	2
Le Baron La Gazette	3
Un Ami diabolique	1
Le Bout de l'oreille	1
Médine	2
Le Rubicon	1

KOCK (HENRY DE)

Beau Filou	1
L'Auberge des Treize Pendus	2
L'Amant de Lucette	1
Les Mystères du Village	2
La Dame aux Emeraudes	1
Les Femmes honnêtes	1
La Tribu des Gêneurs	1
Minette	1
Morte et Vivante	2
Les Amoureux de Pierrefonds	1
Bibi et Lolo	1
Les Consolations de Bibi	1
Courses aux Amours	1

LANDELLE (DE LA)

Les Iles de Glaces	2
Les Géants de la Mer	4
Haine à bord	1

MONTÉPIN (XAVIER DE)

La Perle du Palais-Royal	1
La Fille du Maître d'école	1
Le Compère Leroux	1
Un Brelan de Dames	1
Les Valets de Cœur	1
Sœur Suzanne	2
La Comtesse Marie	2
L'Officier de fortune	1
La Sirène	1
Viveurs d'autrefois	1
Les Amours d'un Fou	1
Pivoine	1
Mignonne	1
Geneviève Galliot	1
Les Chevaliers du Lansquenet	4
Les Viveurs de Paris	4
Les Viveurs de Province	3

NOIR (LOUIS)

	Vol.
Jean Chacal	1
Le Coupeur de Têtes	3
Le Lion du Soudan	2
Le Corsaire aux cheveux d'or	2
Sous la tente	1
Les Goelans de l'Iroise	2
Le Pavé de Paris	1
Les Peuplades Algériennes	1

PERCEVAL (VICTOR)

Béatrix	1
Un Excentrique	1
Un Amour de Czar	1
La plus laide des Sept	1
La Pupille du Comédien	1
Une femme dangereuse	1
La Contessina	1

SUE (EUGÈNE)

Plick et Plock	1
La Salamandre	1
La Coucaratcha	1
Les Sept péchés capitaux	5
Les Mystères de Paris	4
Paula Monti	1
Latréaumont	1
Le Commandeur de Malte	1
Thérèse Dunoyer	1
Le Juif-Errant	4
Miss Mary	1
Mathilde	4
Deux Histoires	2
Arthur	3
La Famille Jouffroy	3
Le Morne au Diable	2
La Vigie de Koat-Ven	2
Les Enfants de l'Amour	1
Mémoires d'un Mari	3
Fils de Famille	3

etc., etc., etc.

EXTRAIT DU CATALOGUE DE LA LIBRAIRIE DECORCE-CADOT

ROMANS A 3 FR. 50 LE VOLUME

KOCK (HENRY DE)

	Vol.
Les Treize nuits de Jane....................................	1

VÉRON (PIERRE)

Le Panthéon de Poche......................................	1

L'AMBASSADEUR X...

Histoire secrète des Amours et des Amants de Catherine II.	1

UN AMI DE L'ABBÉ X...

Les Amours d'une Cosaque.................................	1

BLANQUET (ALBERT)

Le Parc aux Cerfs...	1

ROMANS A 3 FR. LE VOLUME

AYMARD (GUSTAVE)

	Vol.
Les Chasseurs mexicains, avec gravure.............	1
Le Lion du Désert, avec gr.	1
Les Fils de la Tortue, 2e éd. avec gravure.............	1
L'Araucan, 2e édit., avec gr.	1

CAPENDU (ERNEST)

Le Tambour de la 32e demi-brigade....................	3
Le Roi des Gabiers, avec gr.	3
Bibi-Tapin...........................	4
L'Hôtel de Niorres..............	3
Une Reine d'Amour, avec gr.	1
Le Mât de Fortune, avec gr.	1
Pour un Baiser, avec grav.	1
Les Pascals......................	1
Le Capitaine Lachesnaye...	1
Les Secrets du Maître Eudes	1
Le Baron de Grandair.......	1
Les Grottes d'Etretat.......	1

FOUDRAS (MARQUIS DE)

L'abbé Tayaut, avec grav...	1
Saint-Jean, Bouche d'Or, avec gravure.............	1
Les Misères dorées, avec gr.	1
Une Vie aventureuse, avec gr.	1
Un Caprice royal, avec gr,	1
Le Père la Trompette, avec g.	1

GONDRECOURT (A DE)

Le Secret d'une Veuve, avec grav..............................	1
Les Jaloux, avec gravures.	1
Le général Chardin, avec gr.	1

SŒUR X....

Les Mémoires { le Couvent.	1
d'une Religieuse { la Défroquée	1

EXTRAIT DU CATALOGUE DE LA LIBRAIRIE DEGORCE-CADOT

COLLECTION

A 2 fr. le volume.

ASSOLANT (ALFRED)

	Vol.
La Confession de l'abbé Passereau	1

AYMARD (GUSTAVE)

Une vendetta mexicaine, avec gravure	1

BERTHET (ÉLIE)

L'Homme des Bois, avec grav.	1
La Route du Mal	1

CASSOT (C.)

Une Héroïne	1

CAPENDU (ERNEST)

Les Coups d'Epingle	1
Le Chat du Bord	1
Blancs et Bleus	1
La Mary-Morgan	1
Un vœu de Haine	1

DAUDET (ERNEST)

Les douze Danseuses de Lamôle	1

MARQUIS DE FOUDRAS

Suzanne d'Estouville	2
Un Caprice de Grande Dame :	
Madeleine pécheresse	1
Madeleine repentante	1
Madeleine relevée	1

GONDRECOURT (A. DE).

	Vol.
Le Sergent la Violette	1

LAVERGNE ALEX. (DE)

Le Lieutenant Robert	1
Epouse ou Mère	1

XAVIER DE MONTÉPIN.

Un Drame en famille, avec gravure	1
La Duchesse de la Tour du Pic, avec gravure	1
Mam'zelle Mélie, avec gravure	1
Un Amour de Grande Dame, avec gravure	1
Le Baron de Maubers	1
La Traite des Blanches	1

PESSARD (HECTOR).

Les Gendarmes	1

PRADEL (GEORGES).

Plaisir d'Amour	1

QUINET (Mme EDGAR).

Mémoires d'exil	1

THOMAS ANQUETIL.

Une femme sauvée	1

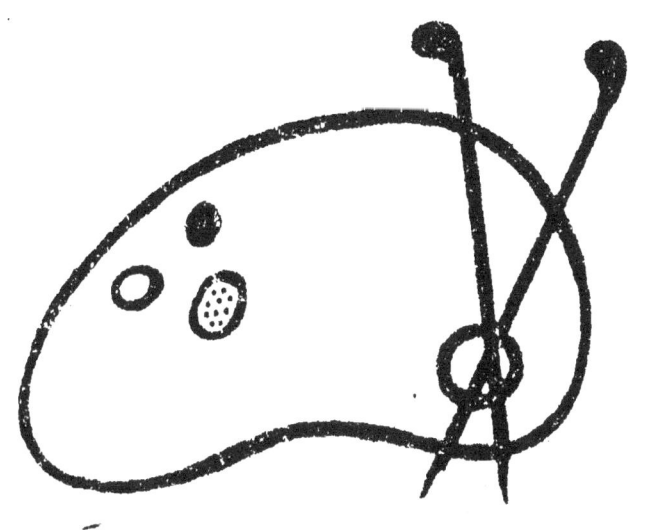

Original en couleur
NF Z 43-120-8

P O R I 15

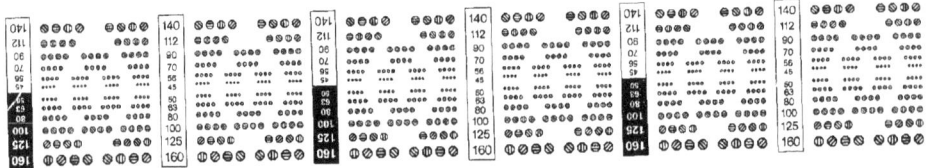

BIBLIOTHÈQUE NATIONALE

CHÂTEAU
de
SABLÉ
1984

www.ingramcontent.com/pod-product-compliance
Lightning Source LLC
Chambersburg PA
CBHW070745170426
43200CB00007B/651